Petrus

Fik Meijer

Petrus

leerling, leraar, mythe

Athenaeum—Polak & Van Gennep
Amsterdam 2016

Athenaeum—Polak & Van Gennep,
Spui 10, 1012 WZ Amsterdam

Omslag Anneke Germers
Omslagbeeld Petrus, afbeelding in het gewelf van
de crypte onder de kerk van Hosios Loukas in Boeotië,
Griekenland (tiende, elfde eeuw). Foto © Leo van Aarle
Foto auteur © Lona Aalders
Boekverzorging Perfect Service

ISBN 978 90 253 0465 2 / NUR 683
www.uitgeverijathenaeum.nl
www.fikmeijer.nl

INHOUD

DEEL 2

PETRUS IN ROME?

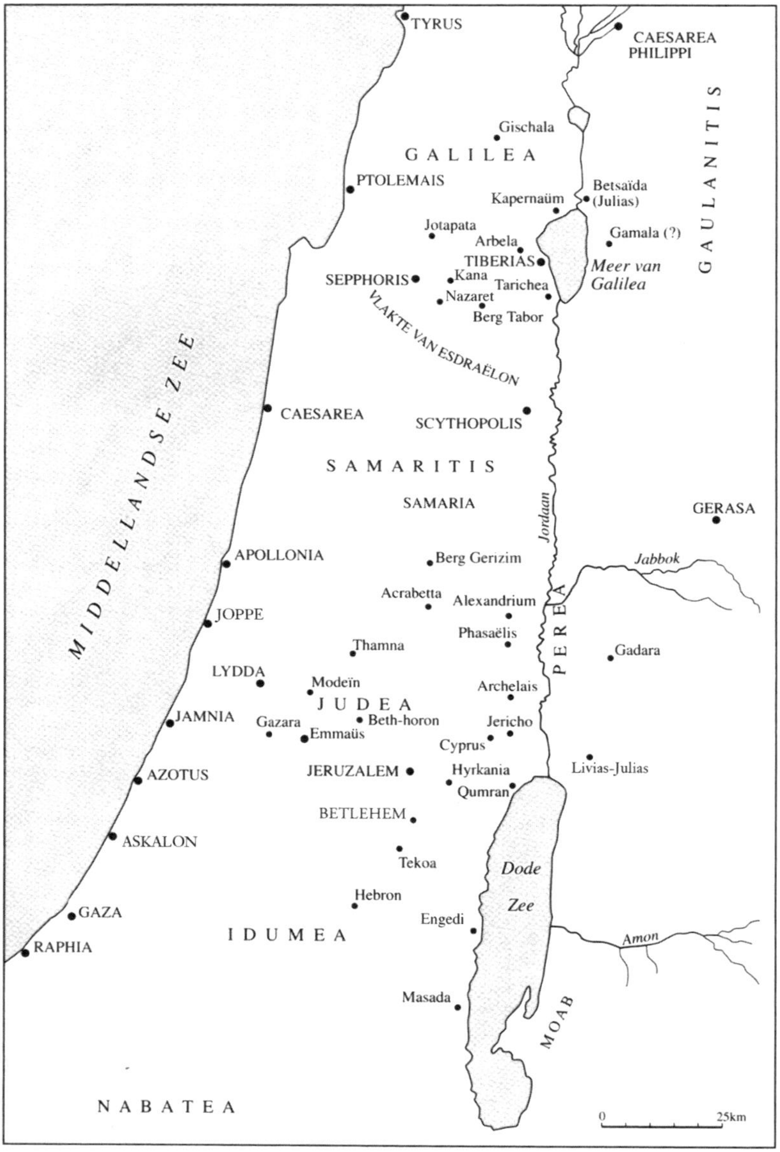

Judea en Galilea ten tijde van Petrus

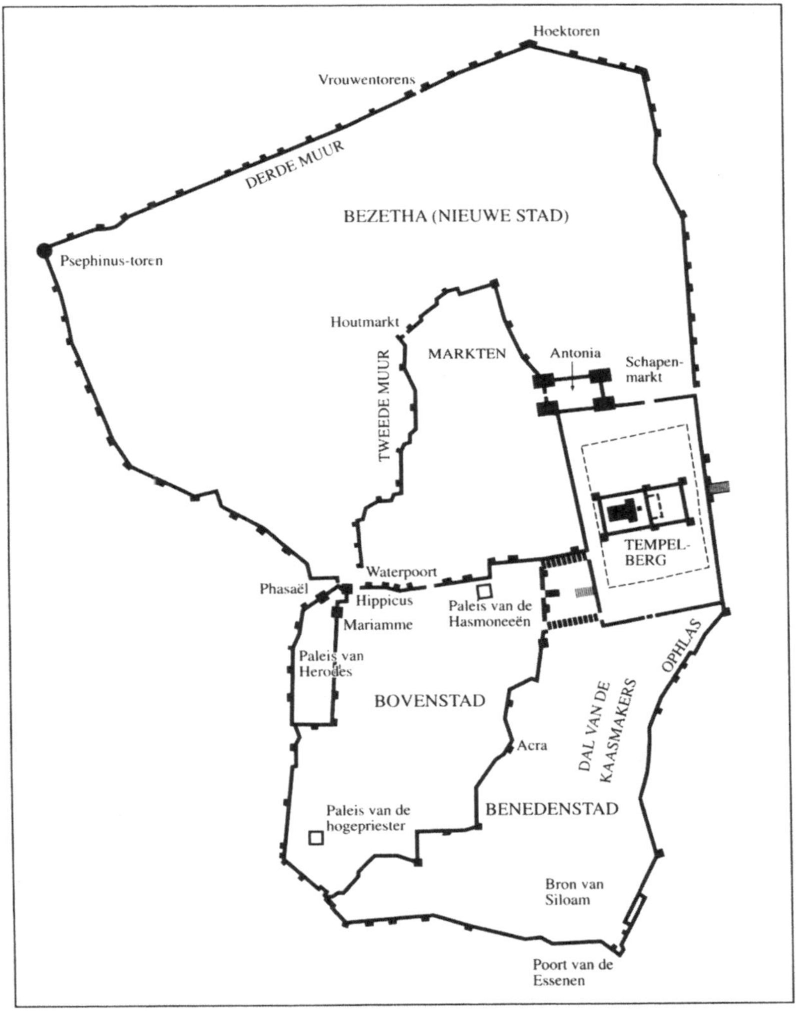

Jeruzalem in de eerste eeuw

CHRONOLOGIE

27 v.Chr-14 n.Chr.	Augustus
14-37	Tiberius
26-36	Pontius Pilatus prefect in Judea
27-28	Optreden en dood van Johannes de Doper
28-30	Petrus leerling van Jezus
30	Kruisdood van Jezus; Petrus leider van de Jeruzalemgemeente
30/32	Jezus' broers treden toe tot de Jeruzalemgemeente
32/33	Dood van Stephanus
33	Bekering van Paulus
37	Paulus bezoekt Petrus in Jeruzalem
37/38	Bekering van Cornelius
37-41	Caligula
41	Herodes Agrippa koning in Jeruzalem
41-54	Claudius
42	Moord op Jakobus, de zoon van Zebedeüs; Petrus ontkomt; Jezus' broer Jakobus leider van Jeruzalemgemeente
46 (of 49)	Bijeenkomst van apostelen in Jeruzalem
49 (of 41)	Joodse christenen uit Rome gegooid
50-51	Paulus in Korinte
52	Petrus en Paulus in Antiochië; Petrus uit beeld
54-68	Nero
61-64/67	Paulus en Petrus in Rome?
62	Jakobus, de voorman van de

	Jeruzalemgemeente, wordt gedood
64	Brand in Rome; christenvervolgingen
64-67	Petrus en Paulus zouden in Rome zijn gedood en begraven bij de Circus Vaticanus en de Via Ostiensis
69-71	Evangelie van Marcus
80-90	Evangelie van Matteüs en Lucas
ca. 100	Evangelie van Johannes
90-100	Handelingen van de apostelen
90-100	Eerste Brief van Petrus
na 96	Eerste Brief van Clemens
na 110	Brief van Ignatius aan de Romeinen
Eerste helft tweede eeuw	*Ascensio Jesaiae*
Eerste helft tweede eeuw	*Apocalyps van Petrus*
100-165	Justinus Martyr
160-170	Teksten van Dionysius van Korinte
130-202	Irenaeus van Lyon
185	Irenaeus schrijft *Adversus Haereses* ('Tegen de ketters')
ca. 180-190	Handelingen van Petrus
ca. 185-195	Handelingen van Paulus
ca. 200	Gaius spreekt over de 'zegetekens' van Petrus en Paulus
170-215	Geschriften van Tertullianus
186-251	Origenes van Alexandrië
250-320	Lactantius
260-339	Eusebius van Caesarea
306-337	Constantijn
313	Edict van Milaan
319	Bouw van Basiliek van Petrus
339-397	Ambrosius
347-420	Hiëronymus
366-384	Damasus bisschop van Rome
440-461	Leo I bisschop van Rome

VOLGELING

Het Meer van Galilea. Een eindeloos wateroppervlak in een schitterend landschap met in de verte de bergen van de Golanhoogte. In de oudheid moet het er, als oorlogen de rust niet verstoorden, nog idyllischer zijn geweest. Het leven voltrok zich in trage regelmaat: boeren bewerkten hun akkers in het laagland, op de flanken van de omliggende heuvels weidden herders hun vee en in de stadjes en dorpen aan de oevers van het meer leefden veel inwoners van de visvangst.

Het meer was in de oudheid befaamd. Flavius Josephus, de Joodse geschiedschrijver en politicus uit de eerste eeuw die als generaal een jaar doorbracht in Galilea en de regio goed kende, geeft een lovende beschrijving van het meer, dat bij hem het Meer van Gennesar[1] heet:

> Het is meer dan zeven kilometer breed en ruim vijfentwintig kilometer lang. Toch is het water in het meer zoet en zeer goed te drinken. Het water is namelijk helderder en schoner dan modderig moeraswater en volkomen zuiver. Dat komt omdat het meer overal omsloten wordt door rotsen en zandstranden. Het water dat uit het meer wordt geschept, heeft een aangename temperatuur; het is verkwikkender dan rivier- of bronwater en koeler dan de grote oppervlakte van het meer doet vermoeden. Het water wordt ijskoud wanneer het aan de lucht wordt blootgesteld, wat de bewoners van die streek tijdens zomernachten regelmatig doen. In het meer leven vissen die er heel anders uitzien en ook heel anders smaken dan de vissen die in andere wateren worden aangetroffen. Dwars door het meer stroomt de Jordaan.[2]

Toetreding

Op een dag in of rond het jaar 28 gooide een Joodse visser uit Kapernaüm hier zijn netten uit. Hij heette Simon. Zijn ouders hadden hem die naam op de achtste dag na zijn geboorte gegeven. Het was een populaire Hebreeuws-Aramese naam, zeker vanaf het midden van de tweede eeuw. Toen had Simon Makkabaeus de Joden definitief bevrijd van het juk van de Seleucidische koningen en van Judea een onafhankelijke Joodse staat gemaakt. Sindsdien droegen veel Joodse jongetjes die naam. Van het gezin waarin Simon opgroeide weten we niet meer dan dat hij ook nog een broer had, Andreas. Omdat zoons veelal het beroep van hun vader kozen mogen we aannemen dat ook zijn vader visser was. Hij was dat aanvankelijk in Betsaïda, waar Simon volgens het evangelie van Johannes (1:46) is geboren en samen met zijn broer opgroeide.[3]

Betsaïda won in het begin van de eerste eeuw snel aan betekenis. Herodes, de wrede koning die de Joden tegen zich had ingenomen met zijn beleid van uitbuiting en moord, was in 4 v.Chr. gestorven. In zijn testament had de vazalvorst van de Romeinen bepaald dat zijn rijk zou worden verdeeld onder zijn zoons. Omdat de exacte formuleringen in zijn laatste wilsbeschikking nogal verwarrend waren besliste keizer Augustus, de feitelijke heerser, hoe de opvolging gestalte zou krijgen. Archelaüs kreeg het grootste deel van Herodes' rijk: Idumea, Judea en Samaria. Zijn wanbestuur leidde evenwel tien jaar later tot een interventie van de keizer, die Archelaüs afzette en verbande en het gezag in handen van Romeinse prefecten legde. Herodes Antipas kreeg Perea en Galilea, Philippus moest het doen met Iturea en Trachonitis en delen van Paneas. Het Meer van Galilea vormde een scheidslijn tussen hun 'rijken'. Herodes Antipas had het gezag over het westelijk deel van de regio en Philippus was de baas ten oosten van het meer. Betsaïda aan de noordoostkant van het meer viel dus onder Philippus.

Hij was anders dan zijn vader en zijn beide broers en voerde een beleid dat minder weerstand opriep. In één opzicht was hij wel een ware zoon van Herodes. Die had overal in Galilea en Judea grote architectonische projecten opgezet, waarvan de bouw van de tempel in Jeruzalem en de aanleg van de haven in Caesarea de meest in het oog springende waren. Philippus had niet de middelen om het in de regio die hem was toevertrouwd even groots aan te pakken, maar ook hij wilde met zijn 'bouwpolitiek' laten zien dat hij de keizer van Rome wilde eren met een fraaie hellenistische architectuur. Flavius Josephus, die in zijn geschiedverhalen aandacht besteedt aan zowel de Joodse als de Grieks-Romeinse context, vertelt dat Philippus de stad Betsaïda uitbreidde en een Romeinse naam gaf: Julias, vernoemd naar Julia, de dochter van keizer Augustus.

Om ons onbekende redenen verhuisde Simons vader vanuit Betsaïda naar Kapernaüm. Misschien voelde hij zich als Jood, gebonden aan de religieuze voorschriften van zijn voorouders, minder thuis in het door de Grieks-hellenistische cultuur beïnvloede stadje en nam hij daarom de wijk naar een plaats waar de Joodse identiteit meer geaccepteerd werd. Veel is er niet over hem bekend. Zelfs zijn naam is omstreden. Mattëus (16:17) noemt Simon Barjona, zoon van Jona. In het laatste evangelie, dat van Johannes (1:41; 21:15), wordt hij in sommige handschriften eveneens zoon van Jona genoemd, maar in andere is hij zoon van Johannes. Het zou kunnen dat de naam Jona minder vaak werd gebruikt en dat Simons vader om die reden de meer gangbare naam Johannes heeft gekregen.[4]

Toen Simon op die bewuste dag zijn net uitwierp, wees niets erop dat zijn leven weldra een opvallende wending zou nemen. Wat er precies gebeurde is slechts in algemeenheden te reconstrueren omdat de evangelisten die verslag doen van de ommekeer in zijn leven er slechts kort en bovendien verschillend over berichten. Ze zijn het erover eens dat Simon zijn oude leven vaarwel zei en besloot een man te volgen die hem op een bijzondere wijze aansprak. Die man was Jezus, die kort daarvoor in de openbaarheid was getreden en bezig was volgelingen te verzamelen. Die moesten hem gaan helpen bij het uitdragen van zijn boodschap van het naderend koninkrijk van God. Op dat moment waren voor Simon de consequenties van zijn beslissing om met Jezus mee te gaan nog niet goed te overzien. Hij kon niet vermoeden dat hij weldra in Jezus' beweging een belangrijke positie zou innemen.

Voor een gebeurtenis met zo verstrekkende gevolgen is er opvallend weinig aandacht in de evangeliën. Zeker in het oudste evangelie, dat van Marcus. Als de paar regels (Marc. 1:16-20) de kern weergeven, zou het als volgt gegaan kunnen zijn: Simon en zijn broer Andreas stonden met een werpnet in de hand op een ondiepe plaats in het water. Ze wachtten tot er een school vissen voorbij kwam. Op dat moment gingen ze over tot actie. Met hun rechterhand wierpen ze het net dat op hun linkerarm rustte in het water. Het was een primitieve manier van vissen, die veel geduld vergde. Als beroepsvissers hadden ze ook sleepnetten, die ze over de bodem trokken. Twee andere vissers, Jakobus en Johannes, waren samen met hun vader Zebedeüs en enkele dagloners in een boot bezig met het herstellen van die netten. Toen gebeurde er iets totaal onverwachts. Een voorgeschiedenis is er niet. Het is een momentopname. De vier mannen worden aangesproken door Jezus. Ze laten hun vissersbestaan achter zich en volgen hem. Een nieuwe tijd is aangebroken. Eenmaal 'geroepen' onderscheidt Simon zich meteen van de andere bekeerlingen. Jezus noemt hem de 'Rots', voor de evangelisten geruime tijd later een bevestiging van de rol die Simon zal spelen en een voorafspiegeling van de positie die hij na Jezus' dood in de gemeenschap van zijn volgelingen zal innemen. In het huis van Simon en Andreas doet Jezus ook zijn eerste grote wonder: hij geneest de schoonmoeder van Simon (Marc. 1:29-31). Zijn reputatie is gevestigd, en hij bevestigt die door ook andere zieken te genezen.

Over de gemoedstoestand van de vier eerste leerlingen, toen ze door Jezus werden aangesproken, laat Marcus zich niet uit. Ze gaven onmiddellijk gehoor aan zijn oproep om hem te volgen. Jezus' woorden waren genoeg om hen te overtuigen. Maar als we bij de historicus Flavius Josephus lezen dat de bevolking onderworpen was aan een hoge belastingdruk, krijgen de motieven van Simon en de andere vissers meer reliëf. Visvangst leverde voor sommigen voldoende inkomsten op om van te leven. Van Zebedeüs en zijn zoons Jakobus en Johannes wordt zelfs expliciet verteld dat ze enkele dagloners in dienst hadden, wat wijst op een in essentie winstgevend bedrijf. Als de winsten echter teniet werden gedaan door hoge belastingen, is het goed voorstelbaar dat vissers dezelfde gedachten koesterden als ontevreden boeren en besloten om iemand te volgen die liet doorschemeren dat hij een einde zou maken aan de uitbuiting in de samenleving. Je zou het een protestactie kunnen noemen tegen het beleid van koning Herodes Antipas, die de bevolking uitperste om zijn luxueuze leefwijze en monumentale bouwpolitiek te kunnen bekostigen. In eerste instantie ben je geneigd te denken dat ze hun oude beroep definitief vaarwel zeiden, maar dat is niet helemaal juist. Na de dood van Jezus, toen wanhoop hen in zijn greep hield, keerden ze terug naar het Meer van Galilea, waar ze (tijdelijk) opnieuw vissers werden (zie blz. 60).

De evangelist Lucas (5:1-11) vertelt een iets ander verhaal, dat rijker is aan symboliek. Jezus loopt langs het Meer van Galilea en ziet twee boten op de oever liggen. De vissers zijn uitgestapt en zijn bezig de netten te spoelen. Jezus stapt in de boot van Simon en vraagt hem een eindje het meer op te varen. Dan begint hij te preken voor de op de oever verzamelde menigte. Klaarblijkelijk was zijn boodschap al door velen opgepikt en wilden ze hem nu persoonlijk zien en horen preken. Als Jezus zijn preek heeft beëindigd vraagt hij Simon verder het meer op te varen en de netten uit te werpen. Simon antwoordt dat ze de hele nacht hebben gevist zonder iets te vangen. Toch geeft hij gehoor aan het verzoek. Dan vindt het eerste 'wonder' plaats in het leven van Simon. De school vissen die in de netten zwemt is zo groot dat de hulp van andere vissers moet worden ingeroepen om te voorkomen dat de netten scheuren. Zo halen ze een enorme vangst aan boord van twee vissersboten. Als Simon het resultaat van hun inspanningen ziet, valt hij op zijn knieën en zegt dat hij een te zondig mens is om Jezus te volgen. Maar die stelt hem gerust met de woorden: 'Wees niet bang, voortaan zul je mensen vangen.' De vissers trekken de boten aan land en volgen hem. Simon is een nieuwe levensfase ingegaan.

De evangelist Johannes zou wel eens dicht bij de waarheid kunnen zijn als hij zegt dat het contact tussen Simon en Jezus tot stand kwam via zijn broer Andreas, een volgeling van Johannes de Doper, die iets eerder dan Jezus in de openbaarheid was getreden (Joh. 1:19-23). Het is heel goed mogelijk dat Andreas thuis heeft verteld over zijn belevenissen bij deze charismatische prediker met zijn eenvoudige levenswijze en zijn verkondiging van een boetedoening om vergeving van zonden te verkrijgen, en dat zijn oudere broer eveneens ontvankelijk bleek voor diens ideeën over het naderend koninkrijk van God. Simon was dus niet onvoorbereid toen hij Jezus op zijn pad vond. Hij was in zekere zin al bezig met de gedachte dat de komst van de messias, die het koninkrijk van God op aarde zou vestigen, nabij was. Johannes de Doper gaf hem het laatste zetje dat nodig was om een volgeling van Jezus te worden. Zijn woorden dat na hem iemand zou komen die tot veel méér in staat was dan hijzelf (Joh. 1:26-28) trokken hem over de streep.

Leonardo da Vinci (1452-1519), Johannes de Doper in de wildernis (Musée du Louvre, Parijs)

Johannes de Doper zegt tegen zijn volgelingen dat hij het niet waard is om de riemen van de sandalen los te maken van de man die weldra zijn opwachting zal maken (Joh. 1:27). De volgende dag ziet hij Jezus naar zich toekomen en zegt: 'Daar is het lam van God dat de zonde van de wereld wegneemt.' (Joh. 1:29) Weer een dag later spreekt Johannes opnieuw over hem tegen twee van zijn leerlingen. Als hij Jezus voorbij ziet komen zegt hij: 'Daar is het lam van God.' Zij bedenken zich geen moment en gaan met hem mee. Opvallend in deze weergave is dat de namen van de eerste twee leerlingen van Jezus niet worden genoemd. Ze gaan met Jezus mee naar de plaats waar hij onderdak heeft gevonden. Dan pas wordt de naam van een van hen prijsgegeven: Andreas, de broer van Simon. De laatste is dan nog geen volgeling, maar hij wordt het onmiddellijk als zijn broer tegen hem zegt: 'Wij hebben de messias gevonden' (dat is Christus, 'gezalfde') (Joh. 1:40). Dan gebeurt er iets opvallends, dat voor Simon en vooral voor de latere beeldvorming rond zijn persoon grote gevolgen zal hebben. De onbekende Simon wordt door Jezus aangesproken met de woorden: 'Jij bent Simon, de zoon van Johannes, maar voortaan zul je Kephas heten' (dat is Petrus, 'rots'). De nieuwe Simon Petrus (Joh. 1:42) doet daarmee zijn intrede in de geschiedenis.

Kepa, Kephas, Petrus

Toen de evangelisten hun teksten op papier zetten was Simon al lang bekend onder zijn bijnaam Petrus, 'de rots' (Marc. 3:16). Die naam heeft een voorgeschiedenis, die begint bij het in de Joodse wereld gangbare gebruik om personen met veel voorkomende namen van elkaar te onderscheiden. Jezus' leerlingen vormden hierop geen uitzondering. Johannes en Jakobus, de zonen van Zebedeüs, werden Boanerges genoemd, wat door sommigen wordt uitgelegd als 'zonen van de donder', een aanduiding voor hun opvliegende karakter.[5] Judas Iskariot ontleende zijn bijnaam vermoedelijk aan de plaats waar hij vandaan kwam: Keriot. En de andere Simon uit de kring van leerlingen had de Hebreeuwse bijnaam Kananaeus (Marc. 3:18), wat niet wil zeggen dat hij een Kanaäniet was of een bewoner van Kana. Het is een verbastering van de Aramese aanduiding voor ijveraar: Kana'ana. Later werd hij in het Grieks openlijk 'de Zeloot' genoemd (Matt. 10:4; Luc. 6:15), om aan te geven dat hij een verleden had in de kringen van de Zeloten, een radicale Joodse groepering die geweld niet schuwde om haar doelen te bereiken. Het verschil tussen hun bijnamen en die van Simon is dat zij bekend zijn gebleven onder hun echte namen, maar dat Petrus een blijvende aanduiding is geworden, soms samen met de oorspronkelijke naam Simon, soms alleen zonder nadere toevoeging.

De evangelisten doen het voorkomen alsof Jezus persoonlijk verantwoordelijk is geweest voor de nieuwe benaming van Simon, dat hij die heeft gegeven kort nadat Simon zijn leerling was geworden. Marcus (3:16) en Lucas (6:14) schrijven dat Jezus hem meteen als Petrus aansprak, terwijl Johannes (1:42) het één keer heeft over Kephas, maar daar meteen Petrus aan toevoegt: 'Maar voortaan zul je Kephas heten (dat is Petrus, 'rots')'. Het is niet aannemelijk dat de Jood Jezus, prekend onder Joden, zelf de naam Petrus in de mond heeft genomen. Toen hij Simon betitelde als 'de rots', gebruikte hij vermoedelijk het Aramese woord voor rots, *Kepa*, dat later werd vergriekst tot Kephas. Onder die naam was Simon ook bekend bij de Griekssprekende Joden, die na de dood van Jezus een prominente rol in de geloofsverkondiging speelden. Het bewijs daarvoor levert de bekendste Griekssprekende prediker Paulus. Als hij in zijn brief aan de Galaten zijn eerste ontmoeting met Petrus in Jeruzalem vermeldt, schrijft hij: 'Pas drie jaar later ging ik naar Jeruzalem om Kephas te ontmoeten, en bij hem bleef ik twee weken.' (Gal. 1:18)[6]

Deze zin schreef Paulus twintig jaar voordat het eerste evangelie van Marcus het licht zag. De naam Petrus kreeg Simon pas later, eveneens door toedoen van Grieksprekende geloofsverkondigers, die na de dood van Jezus westwaarts waren getrokken. Ze vertelden in de Grieks-Romeinse wereld over Petrus, niet over Kephas. Na verloop van tijd wisten de gelovigen niet beter of Simon was door Jezus Petrus genoemd. De oorspronkelijke Aramese benaming raakte in de vergetelheid. Simon Kepa was overal Petrus geworden, de rots waarop Jezus zijn kerk zou bouwen (Matt. 16:18).[7] Als Petrus werd de eerste apostel later ook in Rome geïntroduceerd. Het kwam de christelijke gemeente goed uit, want de naam Simon was in Rome te beladen als gevolg van het optreden van een andere Simon, een magiër, met wie Petrus in Samaria de nodige problemen had gehad en die in Rome volgens de wonderverhalen uit de tweede en derde eeuw opnieuw het pad van Petrus zou hebben gekruist (zie blz. 115).

Leerling van Jezus

De evangelisten Marcus en Lucas wekken de indruk dat de 'omslag' in het leven van Petrus heel snel plaatsvond. Eén ontmoeting was voldoende. Of waren het niet zozeer de ideeën van Jezus maar was het meer zijn persoon die zo'n indruk op hem maakte dat hij niet lang hoefde na te denken om hem te volgen? Gezien zijn beroep ligt dat voor de hand. Petrus was een visser, geen schriftgeleerde. Het is niet aannemelijk dat hij uitgebreid studie had gemaakt van de denkbeelden van Farizeeën, Sadduceeën of van predikers in de synagogen. In de ogen van de gestudeerde Joden waren de leerlingen van Jezus 'gewone en ongeletterde mensen' (Hand. 4:13), van wie niet veel te verwachten viel. Dat kunnen we althans afleiden uit het commentaar van de Joodse leiders, die zich er, na Jezus' dood, tijdens een ondervraging van Petrus over verbaasden dat hij zo vrijmoedig sprak, iets wat ze gezien zijn opleiding niet hadden verwacht.

Het was zeker in de beginfase moeilijk voor Petrus om de denkbeelden van Jezus te plaatsen in de bonte ideeënwereld van de Joden, waarbinnen de Farizeeën de grootste groepering vormden. Zij verkondigden hun visie op de Tora, die erop neerkwam dat ze zich niet alleen gebonden achtten aan de 'geschreven' Tora, maar ook aan de 'mondelinge' Tora, de uitleg en correcte interpretatie van bepaalde voorschriften door Schriftgeleerden in later tijden. In feite waren er onder de Farizeeën twee stromingen: die van Hillel, een Farizeese leider die kort voor de geboorte van Jezus leefde, en die van de iets later geboren Shammai. De volgelingen van de laatste waren meestal strenger in hun opvattingen over de Wet van Mozes, maar in hun interpretatie van de reinheidswetten waren ze juist soepeler dan de aanhangers van Hillel.[8]

Over de Sadduceeën is veel minder bekend, omdat hun geschriften niet zijn overgeleverd. Ze waren minder talrijk en bij het volk zeker niet geliefd, mede omdat een aantal van hen met de Romeinen samenspande. Ze dachten heel anders over de interpretatie van de Tora. Voor hen telde alleen de tekst van de eerste vijf boeken van Mozes; de latere boeken van de Profeten en de toelichtingen en verklaringen die in de voorgaande eeuwen ingang hadden gevonden wezen zij af. Een nauwe band van Petrus met de Farizeeën of de Sadduceeën is óók uit te sluiten omdat zij tot de hogere standen behoorden, en Petrus duidelijk niet.

De denkbeelden van de Essenen worden in de evangeliën niet genoemd. Hoewel zij er een sobere leefwijze op nahielden, die overeenkomsten had met de manier van leven die Jezus voorstond, vormden ze vermoedelijk geen rechtstreekse inspiratiebron voor Petrus en zijn medevissers. De Essenen leefden niet tussen de andere mensen in de stad waar Petrus opgroeide, maar hadden zich teruggetrokken in besloten gemeenschappen. Over hun leefwijze zijn we geïnformeerd door het exposé van de Joodse geschiedschrijver Flavius Josephus,[9] maar meer nog door berichten van 'binnenuit', door de schriftrollen die zijn gevonden in Qumran aan de noordwestoever van de Dode Zee, waarbij we ons wel moeten realiseren dat de denkbeelden van de Qumran-gemeenschap niet zonder meer van toepassing kunnen worden verklaard op alle gemeenschappen van de Essenen. In Qumran waren huwelijken niet toegestaan, maar er waren ook communes waar wel werd getrouwd. Wie tot hun gemeenschap wilde toetreden werd aan een streng introductieprogramma onderworpen. Pas daarna kon hij een volwaardig lid worden. Bij zijn inauguratie moest hij zweren dat hij al zijn bezittingen zou afstaan aan de gemeente. Rijkdom verachtten zij. Het was onmogelijk dat iemand bij hen meer bezat dan een ander. Het gevolg was dat bij hen armoede noch rijkdom voorkwam. De Essenen waren voortdurend bezig met reinheid. Zij hielden er de gewoonte op na zich pas na een ritueel bad rein aan de gemeenschappelijke maaltijd te zetten.[10]

Petrus kende de denkbeelden van de Essenen wellicht via Johannes de Doper.[11] Marcus (1:4-6) opent zijn evangelie met een beschrijving van zijn optreden, dat in een aantal opzichten doet denken aan de gedragingen van de Essenen:

> Dit gebeurde toen Johannes de Doper naar de woestijn ging en de mensen opriep zich te laten dopen en tot inkeer te komen, om zo vergeving van zonden te verkrijgen. Alle inwoners van Judea en Jeruzalem stroomden toe en lieten zich door hem dopen in de rivier de Jordaan, terwijl ze hun zonden beleden. Johannes droeg een ruwe mantel van kameelhaar met een leren gordel; hij leefde van wilde honing.

Er wordt hier een beeld geschetst van een in onze ogen zonderlinge man, die zich buiten het normale leven had geplaatst en met zijn ascetische levenswijze een inspiratiebron was geworden voor velen die leefden in armoede. In de ogen van de evangelisten inspireerde hij de mensen tot een deugdzaam leven. Hoewel over zijn beweging weinig betrouwbare mededelingen worden gedaan, zijn er wel overeenkomsten te herkennen met de beweging van de Essenen. Zo komen de door Johannes de Doper uitgesproken woorden (Joh. 1:23) uit Jesaja (40:3) 'Ik ben de stem die roept in de woestijn: "Maak recht de weg van de heer"', ook voor in teksten van de Essenen. Dat wil niet zeggen dat Johannes hoorde tot hun gemeenschap, maar wel dat hij een hervormingsbeweging leidde die eveneens opriep tot hervorming van het Jodendom.[12]

Petrus kende de inhoud van de Tora. Of hij de teksten kon lezen is niet zeker, maar hij had ze in de synagogen van Betsaïda en Kapernaüm vaak horen voorlezen. Zijn kennis kan evenwel niet veel groter zijn geweest dan die van de andere leerlingen. En daarmee rijst direct de vraag waarom Jezus Petrus bijna onmiddellijk een vooraanstaande positie toekende. Zag hij onmiddellijk zijn capaciteiten? Was hij zich er direct al van bewust dat Petrus een steunpilaar in zijn beweging zou worden en na zijn dood zijn boodschap verder zou verspreiden? Of had hij een meer praktische reden om hem op de voorgrond te plaatsen? Petrus leefde samen met zijn broer Andreas, zijn vrouw en zijn schoonmoeder onder één dak in Kapernaüm. Het was geen groot huis. Vermoedelijk bestond het uit niet meer dan een of twee kamers, met daarboven een dak. Vóór het huis was wellicht een kleine voorhof waar wat bomen stonden, waaraan Petrus en zijn broer hun netten te drogen konden hangen. Hoewel het zijn bedoeling was om al predikend rond te trek-

Muren van het huis van Petrus in Kapernaüm

ken en vele plaatsen in Galilea aan te doen, wilde Jezus ook een vast onderkomen waar hij zich kon terugtrekken. Dat vond hij in Petrus' huis in Kapernaüm.

De groep leerlingen groeide snel. Ze vormden een bevoorrechte groep. Hier zien we een duidelijk verschil met de traditionele rabbijnleraren, naar wie leerlingen op eigen initiatief kwamen. De Joodse geleerde en wonderdoener Chanina ben Dosa ging spontaan naar rabbi Jochanan ben Zakkai om bij hem over de Tora te leren.[13] De schrijver Flavius Josephus, die eigenlijk Joseph Ben Mattias heette en uit een vooraanstaande Joodse familie kwam, bewandelde dezelfde weg. Hij vertelt in *Uit mijn leven*[14] dat hij op zijn zestiende jaar de verschillende geloofsrichtingen onder de Joden van nabij wilde leren kennen om vervolgens een keuze te maken. Toen zijn verblijf bij de Farizeeën, Sadduceeën en Essenen niet het gewenste resultaat opleverde, zocht hij zijn toevlucht bij Bannus, een kluizenaar in de woestijn. Drie jaar bracht hij daar door. Toen keerde hij terug in Jeruzalem en koos uiteindelijk toch voor de Farizeeën. In tegenstelling tot Chanina ben Dosa en Flavius Josephus gingen Jezus' leerlingen niet zelf op zoek naar een leraar. Jezus was geen leraar naar wie je zo maar kon gaan om iets over de

Tora te leren. Hij *nodigde* mensen *uit* om hem te volgen. In de evangeliën van Marcus, Matteüs en Lucas lezen we enkele keren over personen die Jezus benaderen en hem meedelen dat ze zich bij hem willen aansluiten, als leerling. Velen worden afgewezen, omdat Jezus hen niet geschikt achtte of omdat hij vermoedde dat ze niet zouden loskomen van hun verleden. Treffend is de afwijzing van een rijke jongeman. Nadat hij heeft uitgelegd wat voor goeds hij heeft gedaan, vat Jezus sympathie voor hem op. Maar wanneer hij hem erop wijst dat hij als hij werkelijk een goede leerling wil zijn, al zijn bezittingen moet verkopen, betrekt zijn gezicht. Bedroefd vertrekt hij (Marc. 10:17-27).

Wie toetrad tot de 'keurgroep' van Jezus liet huis en haard achter en volgde hem, niet om speciaal iets over de Tora te leren, maar om 'mensenvisser' te worden. Ze bepaalden niet zelf wat ze wilden bereiken, maar ze werden 'beroepen': hun wachtte een levenswijze die door Jezus was bedacht. Lucas verwoordt het kernachtig en legt Jezus de volgende uitspraak in de mond:

> Wie mij volgt, maar niet breekt met zijn vader en moeder en vrouw en kinderen en broers en zusters, ja zelfs met zijn eigen leven, kan niet mijn leerling zijn. Wie niet zijn kruis draagt en mij op mijn weg volgt, kan niet mijn leerling zijn. (Luc. 14:26)

Marcus (8:34-38) schrijft hierover uitgebreider. Jezus vraagt van zijn leerlingen dat ze zichzelf volledig wegcijferen, zichzelf verloochenen. Want, zo lezen we, ieder die zijn leven wil behouden, zal het verliezen, maar wie zijn leven verliest omwille van hem en het evangelie zal het behouden. Hij voegt er dan aan toe dat wie zich tegenover de niet-begrijpende buitenwereld schaamt voor hem en zijn boodschap, zal merken dat de Mensenzoon zich bij zijn terugkeer ook voor hem schaamt. Marcus en Lucas (3:14) laten er geen twijfel over bestaan dat van de leerlingen een levenslange dienstbaarheid werd verlangd. Ze moesten Jezus vergezellen, hij wilde hen ook uitzenden om zijn boodschap te verspreiden. Voor de nieuwe leerlingen was het volgen van Jezus al met al een ingrijpende gebeurtenis. Ze deden afstand van een vertrouwd leven en verbonden zich aan een rondtrekkende prediker. Velen kwamen er al snel achter dat ze niet geschikt waren voor dit ongewisse leven. En anders wees Jezus hen er wel op.

Hij verwachtte van zijn leerlingen niet dat hun dienstbaarheid zo ver ging dat ze hem alle denkbare diensten van een knecht bewezen. Marcus drukt het kernachtig uit: 'De Mensenzoon is niet gekomen om gediend te worden, maar om te dienen en zijn leven te geven als losgeld voor velen.' (Marc. 10:45) Lucas is nog iets concreter. Hij laat Jezus in de discussie tijdens het Paasmaal over wie hem zal verraden iets zeggen over de hiërarchie in zijn beweging. Hij geeft zijn leerlingen, van wie hij weet dat ze weldra zonder hem verder moeten, de volgende boodschap mee:

> Vorsten oefenen heerschappij uit over de aan hen onderworpen volken, en wie macht heeft laat zich weldoener noemen. Laat dat bij jullie niet zo zijn! De belangrijkste van jullie moet de minste worden en de leider de dienaar. Want wie is belangrijker, degene die aanligt om te eten of degene die bedient? Is het niet degene die aanligt? Maar ik ben in jullie midden als iemand die dient. (Luc. 22:25-27)

Deze woorden moeten in de verdeelde, conflictueuze wereld van Judea en Galilea in de eerste eeuw velen hebben aangesproken. Of Jezus deze gedachte van meet af aan uitdroeg of pas later ontwikkelde, toen hij een grote toeloop van sympathisanten kreeg, is moeilijk te achterhalen. Voor zijn leerlingen was het in ieder geval een geruststellend idee dat ze niet meteen aan het zware onderricht in de Tora werden onderworpen, maar door Jezus werden voorbereid op een levenswijze die hun nieuwe hoop gaf.

Zoals al gezegd waren Petrus en Andreas Jezus' eerste leerlingen, gevolgd door Jakobus en Johannes, de jonge zonen van Zebedeüs, alle vier vissers met praktische levenservaring maar zonder specifieke scholing. Later wordt de 'kerngroep' uitgebreid tot twaalf, allen met een gelijksoortige achtergrond. Dat aantal was niet zomaar gekozen. Jezus gaf ermee aan dat hij de droom van de Joden dat in de eindtijd de twaalf stammen van Israël zouden worden hersteld wenste te vervullen. In Matt. 10:7-8 lezen we dat Jezus zijn leerlingen eropuit stuurt om aan de Joden te verkondigen dat Gods koninkrijk, waarin deze verwachting gestalte zal krijgen, nabij is. Maar hij instrueerde zijn leerlingen ook dat dat koninkrijk anders zou zijn dan de Joden verwachtten. Hij beloofde geen politieke messias, maar een lijdende messias. Het koninkrijk van God was niet imponerend vanwege zijn omvang, maar omdat het verankerd was in de harten van de mensen die Jezus volgden. Voor vele Joden was dat niet waarop zij hoopten, en zij wezen Jezus dan ook af.

Als we alle namen van de keurgroep van twaalf leerlingen die in de drie synoptische evangeliën[15] en Handelingen van de apostelen voorkomen naast elkaar zetten, ontstaan de volgende lijsten:[16]

Marcus 3:16-19	Matteüs 10:2-4	Lucas 6:13-16	Handelingen 1:13
Simon Petrus	Simon Petrus	Simon Petrus	Simon Petrus
Jakobus	Andreas	Andreas	Johannes
Johannes	Jakobus	Jakobus	Jakobus
Andreas	Johannes	Johannes	Andreas
Philippus	Philippus	Philippus	Philippus
Bartolomeüs	Bartolomeüs	Bartolomeüs	Tomas
Matteüs	Tomas	Matteüs	Bartolomeüs
Tomas	Matteüs	Tomas	Matteüs
Jakobus/Alphaeus	Jakobus/Alphaeus	Jakobus/Alphaeus	Jakobus/Alphaeus
Taddeüs	Taddeüs	Simon de Zeloot	Simon de Zeloot
Simon Kananaeus	Simon Kananeüs	Judas/Jakobus	Judas/Jakobus
Judas Iskariot	Judas Iskariot	Judas Iskariot	—

De evangelisten gebruiken voor deze trouwste volgers twee aanduidingen: *mathetes* (meervoud: mathetai), leerlingen die onderricht krijgen, en *apostolos* (meervoud: apostoloi), zij die worden uitgezonden om te getuigen van de boodschap van Jezus. Lucas (6:13) brengt de verbinding tussen beide termen aan wanneer hij meedeelt dat Jezus alle leerlingen bij zich riep en twaalf van hen uitkoos, die hij apostelen noemde. Ook Matteüs (10:2) heeft het over de twaalf apostelen. Toch wordt het woord mathetes verreweg het vaakst gebruikt. Marcus spreekt zesenveertig keer over (een van) de leerlingen, Matteüs tweeënzeventig, Lucas zevenendertig en Johannes achtenzeventig.[17] Toen Jezus nog leefde waren zijn trouwste volgelingen als leerlingen permanent in zijn gezelschap te vinden. Pas na de dood van Jezus, toen ze hun eigen koers moesten bepalen, werden ze steeds meer apostelen.

In de verhalen die om Jezus draaien spelen de meeste leerlingen een bijrol. Ze blijven vaak kleurloos. Alleen wanneer ze betrokken zijn bij een opvallende gebeurtenis of iets doen dat voor Jezus vergaande consequenties heeft, wordt het beeld van hen iets kleurrijker. Zo krijgt de 'ongelovige' Tomas gestalte omdat hij twijfels heeft over de opstanding van Jezus (Joh. 20:24) en wordt Judas Iskariot door zijn wandaden misschien wel Jezus' bekendste leerling, na Simon Petrus.[18] Hij wordt de tegenpool van Simon Petrus, die ondanks zijn zwakheden en een niet altijd voldoende sterk geloof door zijn meester herhaaldelijk apart wordt genomen en bijzondere opdrachten krijgt. In Simon Petrus wordt de continuïteit van Jezus' boodschap gewaarborgd. In de evangeliën staat dat hij Jezus zal navolgen tot in de dood en in de apocriefe geschriften (vanaf de tweede eeuw) wordt die navolging tot zijn kruisiging ook daadwerkelijk beschreven. Lijden omwille van Jezus is overigens niet alleen voor hém weggelegd. Volgens de latere overlevering vonden alle leerlingen een gewelddadige dood. Jakobus, de zoon van Zebedeüs als eerste. Hij werd in 42 tijdens het regime van koning Herodes Agrippa vermoord, de anderen stierven later de martelaarsdood.

Naast de twaalf was er nog een groep van tweeënzeventig leerlingen, waarmee Jezus intensief contact had (Luc. 10:1-2). Mogelijk waren zij een soort wegbereiders. Zij trokken er 'twee aan twee' op uit, deden zo veel mogelijk steden en dorpen aan en probeerden daar de mensen voor de boodschap van Jezus te winnen. Ze kregen duidelijke richtlijnen mee. Ze wisten dat voorzichtigheid geboden was, want ze zouden herhaaldelijk in een hun vijandig gezind gebied terechtkomen. Ze moesten er niet al te opvallend uitzien; ze mochten geen geldbuidel, geen reistas en geen sandalen meenemen en zich onderweg niet bekend maken. Als ze een huis binnengingen moesten ze zeggen 'vrede voor dit huis', en voedsel en drank moesten ze weigeren. Waren ze in een stad niet welkom, dan moesten ze zeggen: ‘Zelfs het stof van uw stad dat aan onze voeten kleeft, vegen we van ons af als aanklacht tegen u; maar bedenk wel: het koninkrijk van God is nabij.’ En als de mensen hen dan nog niet te woord wilden staan, moesten ze als laatste dreigement zeggen dat het lot van Sodom draaglijker was dan wat hun stad nog te wachten stond (Luc. 10:3-12; Matt. 10:7-16).

Behalve de volgelingen waren er ook enkele vrouwen die geregeld in de omgeving van Jezus verkeerden. Zij volgden hem op zijn tocht door Galilea en Judea. Soms worden ze zichtbaar in de geschriften, meestal blijven ze op de achtergrond. De keuze van de vrouwen voor Jezus is alleszins begrijpelijk. Zij zagen in hem de charismatische profeet die met zijn boodschap van het koninkrijk van God een einde zou maken aan hun ondergeschoven positie in de patriarchale Joodse cultuur. Van sommigen van hen wordt verteld dat ze Jezus en zijn volgelingen financieel ondersteunden (Luc. 8:3). Echte ‘leerlingen’ waren zij niet, want nergens in de evangeliën wordt verteld dat een van hen door Jezus persoonlijk werd aangesproken. De namen van enkele bekende vrouwelijke volgelingen zijn overgeleverd: Maria, de moeder van Jakobus en Joses, Salome, Johanna, de vrouw van Chuzas, en Susanna. De bekendste volgelinge is Maria Magdalena, die herhaaldelijk in Jezus’ gezelschap te vinden was. Zij was volgelinge geworden nadat bij haar zeven demonen waren uitgedreven, wat erop duidt dat haar bekering heel wat voeten in de aarde heeft gehad. In de canonieke evangeliën gedraagt zij zich niet echt opvallend. Zij is bescheiden en volgt met hart en ziel de richtlijnen van haar meester. In de latere evangeliën is haar relatie met Jezus heel anders, wat voor Petrus enkele malen aanleiding is om haar terecht te wijzen (zie blz. 58).

De inspanningen van de twaalf, de tweeënzeventig en de vrouwen zouden zonder resultaat zijn gebleven als ze niet in de steden en dorpen de blijvende sympathie genoten van inwoners die hun boodschap begrepen en die binnen hun gemeenschap doorgaven. Zij zorgden ervoor dat Jezus en zijn leerlingen een gastvrij onthaal vonden. Enkelen van hen zijn met name bekend. In Betanië was Jezus aanwezig bij een feestmaal ten huize van Simon, een man die aan huidvraat had geleden. Dat laatste vertelt Marcus (14:3) er nadrukkelijk bij. Johannes (12:1-2)

Caravaggio (1573-1610), Maria Magdalena in extase (privécollectie)

vertelt bijna hetzelfde verhaal, alleen met andere personen. Jezus is nu niet in het huis van Simon, maar in dat van Lazarus, die hij uit de dood had laten opstaan. De vertrouwelingen worden niet altijd bij hun naam genoemd. Wanneer hij in Jeruzalem een plek zoekt voor de laatste gemeenschappelijke maaltijd, stuurt Jezus er mensen op uit met de vage aanwijzing dat een man met een kruik hun tegemoet zal komen en hen zal leiden naar een huis, waar ze aan de eigenaar naar het gastenvertrek moeten vragen om daar het Paasmaal te gebruiken (Marc. 14:12-15).

De twaalf intiemste leerlingen hadden herhaaldelijk overleg met deze vertrouwelingen als ze op zoek waren naar geschikte slaapplaatsen en maaltijden moesten voorbereiden. Belangrijker was dat ze één met Jezus waren. Ze moesten zijn boodschap begrijpen en doorgeven, wat voor hen, eenvoudige mannen van het platteland zonder opleiding bij godsdienstleraren, geen gemakkelijke opgave kan zijn geweest. Ze moesten kunnen getuigen van het naderende koninkrijk van God en aan de mensen uitleggen dat zich een verandering zou voltrekken met een nieuwe samenleving als gevolg. Om die taak te kunnen volbrengen werd van hen verwacht dat ze zich een mening vormden over teksten uit de Tora en over de uitspraken en handelingen van Jezus. Ze moesten met enige kennis van zaken vragen uit de menigte kunnen beantwoorden, wat hun overigens lang niet altijd goed afging.

Als we het evangelie van Marcus erop naslaan zien we dat de auteur heeft geworsteld met de vraag hoe hij de daden van de leerlingen moest weergeven. Aan de ene kant is hij positief, als hij vertelt hoe Jezus de twaalf uitzond, twee aan twee, om zijn opdrachten uit te voeren. Hoe laagopgeleid ook, op basis van nauwgezette instructies hoe ze zich moesten kleden en wat ze moesten doen als mensen niet naar hen wilden luisteren, begaven ze zich op pad. Ze dreven boze geesten uit, zalfden zieken met olie en genazen hen (Marc . 6:7-13). De leerlingen deden zo wat hun meester hen had voorgedaan. Ze stonden echter niet op dezelfde hoogte als hij, herhaaldelijk schoten ze tekort. Marcus vertelt dat de leerlingen er op een keer niet in slaagden een boze geest uit te drijven (Marc. 9:18-19). Ook bij andere gelegenheden bleven ze in gebreke, zelfs de prominentste leerlingen, ook Petrus.

Op het eerste gezicht lijken de twaalf leerlingen gelijk, maar binnen de groep was wel degelijk een soort hiërarchie. Petrus, Jakobus, Johannes en Andreas treden het meest op de voorgrond, en van hen is de eerste ontegenzeglijk de belangrijkste. Zijn naam wordt veel vaker genoemd bij opvallende gebeurtenissen dan die van zijn drie medeleerlingen die ongeveer gelijktijdig door Jezus werden 'beroepen'. De evangelisten laten doorschemeren dat Petrus geen gewone leerling was. Matteüs (10:2) betitelt hem expliciet als 'de eerste'; de andere evangelisten vermelden hem steeds als eerste in de namenlijst van de twaalf.

Petrus was dus voorbestemd voor een grote carrière in dienst van God. Maar voordat het zo ver was, moest hij een lange ontwikkeling doormaken, met vallen en opstaan. Zijn menselijke sterkten en zwakheden worden soms breed uitgemeten, maar de evangelisten beschrijven hem niet hetzelfde. Zo verschillen ze van mening over wat hij in dienst van zijn Heer heeft gezegd.

Marcus behandelt Petrus in een aantal op het eerste gezicht los van elkaar staande situaties. Hij doet dat consciëntieus, zeker als we in ogenschouw nemen dat hij de mondelinge verhalen van de apostelen en van anderen moest omwerken tot een begrijpelijk verhaal. Wat Marcus ook over Petrus te zeggen heeft, of het nu gaat om diens eerste ontmoeting met Jezus, om zijn bekentenis dat Jezus de messias is of om zijn toekomstig leiderschap, zijn woorden zijn steeds duidelijk: Petrus wordt dé volgeling bij uitstek. Echte kritiek op zijn handelwijze, die lang niet altijd vlekkeloos is, ontbreekt.

In het evangelie van Matteüs is veel te vinden dat ook bij Marcus voorkomt, maar er zijn ook verschillen. Petrus is bij Matteüs meer een man van uitersten. Hij heeft goede eigenschappen, maar vertoont ook tekortkomingen. Hij kan impulsief reageren en zijn geloof is niet altijd voldoende sterk om de woorden van zijn meester volledig te kunnen begrijpen en ernaar te handelen.

Lucas vertelt het verhaal van Petrus met weer andere accenten. Hij is minder fel in zijn uitspraken dan Matteüs. Wanneer Petrus tekortschiet, beschrijft hij dat ingetogener. Het gaat hem erom hem naar voren te halen als de eerste van de leerlingen, als de man die steeds op de voorgrond treedt. Petrus is bij Lucas de woordvoerder namens de anderen, voorbestemd om na de dood van Jezus de leiding op zich te nemen.

Het begin van Jezus' missie

Johannes de Doper, Jezus en Simon Petrus komen in het evangelie van Johannes op een onbekende plaats aan de benedenloop van de Jordaan samen. De vrij exacte weergave van het eerste openbare optreden van Jezus krijgt geen vervolg in het verslag van zijn handelingen in de weken die volgen. De evangelist wekt de schijn dat hij de verhalen die over

Jezus de ronde deden naar eigen inzicht in willekeurige volgorde heeft geplaatst. Het ging hem er niet om zijn lezers te informeren over de juiste tijd, hij wilde de boodschap uitdragen. Het was zijn intentie om het geloof van zijn lezers in Jezus als de opgestane Christus en de zoon van God te stimuleren (Joh. 20:31), zodat zij een nieuw leven konden beginnen. Zijn evangelie was bedoeld om de christenen in het Romeinse rijk een hart onder de riem te steken. De hoofdzaken moesten dus worden belicht, én de hoofdpersonen. Naast Jezus waren dat Johannes de Doper en Simon Petrus. De eerste stond aan de oorsprong van de beweging van Jezus, de laatste zou na de kruisdood en opstanding van Jezus als leider van de christengemeente van Jeruzalem de fakkel overnemen. Bij de andere evangelisten is van een directe betrokkenheid van Johannes de Doper minder te merken. Zij vertellen dat hij door Herodes Antipas gevangengenomen wordt en kort daarop om het leven gebracht. Voor Jezus is een nieuwe fase aangebroken. Na de doorstane beproevingen in de woestijn, waar Satan hem probeert te verleiden, begint hij aan zijn missie, ver van de plaats waar hij door Johannes is gedoopt. Hij werft leerlingen om hem bij te staan.

Het had in de lijn der verwachting gelegen als Jezus in zijn woonplaats Nazaret was begonnen aan zijn nieuwe leven, maar uit de informatie van Marcus krijgen we niet de indruk dat zijn dorpsgenoten onmiddellijk enthousiast waren over de boodschap die hij uitdroeg. Als Jezus tijdens zijn rondtocht door Galilea in zijn woonplaats is aangekomen en daar in de synagoge zijn boodschap begint te verkondigen, staan de mensen die hem horen versteld van zijn woorden en vragen zij zich af waar hij die wijsheid vandaan heeft. Ze zeggen: 'Hij is toch die timmerman, de zoon van Maria, en de broeder van Jakobus en Joses en Judas en Simon? En wonen zijn zusters niet bij ons?' (Marc. 6:3-4) De waardering van de mensen in Nazaret voor Jezus was blijkbaar niet groot. Ze konden niet begrijpen waarom hun voormalige dorpsgenoot zich plotseling gedroeg als een profeet, en namen aanstoot aan zijn gedrag. Ook zijn moeder en broers moeten zich over zijn optreden hebben verbaasd. Hij laat hen niet toe. Tegen de mensen die hem vertellen dat zijn familie hem wil bezoeken, antwoordt hij: 'Wie zijn mijn moeder en mijn broers?', waarop hij laat volgen: 'Jullie zijn mijn moeder en mijn broers. Want iedereen die de wil van God doet, die is mijn broer en zuster en moeder.'(Marc. 3:31-35)[19] Het is een opvallende uitspraak, want Jezus lijkt ermee te zeggen dat zijn familie buiten de grote kring van sympathisanten staat.

Zo bezien is het logisch dat de 'zegetocht' van Jezus begint in Kapernaüm, waar de inwoners niet twijfelen aan zijn mogelijkheden. Petrus is vrijwel vanaf het begin de belangrijkste leerling. Hij wordt ook herhaaldelijk als zodanig door Jezus aangesproken, vanaf zijn eerste openbare optreden tot vlak voor zijn dood. Woorden als 'visser van mensen' komen bij Marcus (1:17), Matteüs (4:19) en Lucas (5:10) geregeld voor. Ze laten er geen twijfel over bestaan dat Petrus vanaf het eerste begin een uitgelezen positie inneemt, wat ook nog eens bevestigd wordt door het aantal vermeldingen van hem in de drie synoptische evangeliën. Bij Marcus en Matteüs komt zijn naam vijfentwintig keer voor, Lucas noemt hem dertig keer. De andere leerlingen komen niet bij hem in de buurt.[20]

Messias

Interessant voor de positie van Petrus is een veel aangehaalde tekst in het evangelie van Matteüs. Jezus heeft dan al de nodige wonderen verricht en er zijn al enkele felle woordenwisselingen geweest met Farizeeën en Schriftgeleerden. Tijdens zijn rondgang doet hij het gebied van Caesarea Philippi, niet ver van de bronnen van de Jordaan, aan en legt zijn leerlingen enkele vragen voor. Het moet een gewone dag zijn geweest, waarop Jezus zich na een prediking met zijn leerlingen terugtrok en met hen in debat ging. Hij had dat ongetwijfeld vaker gedaan, net zoals andere Joodse leraren, die met hun leerlingen rondreisden, samen met hen aten en gezamenlijk sabbat vierden. Jezus en zijn leerlingen spraken met elkaar over uiteenlopende onderwerpen, waarbij Jezus meestal aan het woord was. Maar die ene keer was heel speciaal, omdat Jezus van hen wilde horen wie de mensen dachten dat hij was (Matt. 16:13-18).

Zelf had Jezus zich in deze fase van zijn leven ongetwijfeld een idee gevormd over zijn speciale rol in de boodschap die hij uitdroeg. Hij moet overtuigd zijn geweest van zijn bijzondere gaven, zoals we kunnen lezen bij Matteüs (11:2-6) in een wat merkwaardig verhaal. Johannes de Doper is door koning Herodes Antipas gevangengenomen en is in afwachting van het vonnis dat aan hem voltrokken zal worden. Dat vormt voor hem geen beletsel om enkele leerlingen naar Jezus te sturen met de vraag: 'Bent u degene die komen zou of moeten we een ander verwachten?' Jezus geeft geen rechtstreeks antwoord, hij zegt alleen dat blinden weer kunnen zien, verlamden weer zullen lopen, mensen met huidvraat gereinigd worden, doven weer kunnen horen, doden worden opgewekt en aan armen het goede nieuws bekendgemaakt wordt. Johannes de Doper en Jezus gebruiken niet de term messias, maar Jezus' antwoord dat zijn wonderen tekenen zijn van de verlossing door toedoen van hem is een impliciete verwijzing naar zijn belangrijke rol. Hij laat met andere woorden doorschemeren dat hij degene is die zou komen.[21]

Midden in het evangelie van Matteüs, kort voordat Jezus' tocht naar Jeruzalem wordt beschreven, komt de vraag of Jezus de messias is opnieuw aan de orde.[22] Gezien de politieke en sociale situatie in Galilea en Judea en de verwachting van de Joden naar de komst van de messias is het een logische vraag: 'Wie zeggen de mensen dat de Mensenzoon is?' Ze antwoordden: 'Sommigen zeggen Johannes de Doper, anderen Elia, weer anderen Jeremia of een van de andere profeten.' (Matt. 16:13-14) Dat antwoord kan Jezus niet hebben verbaasd. Hij kende de Joodse bijbel en was vermoedelijk ook op de hoogte van de teksten uit Qumran, waarin over de Verlosser wordt gesproken en de namen van oude profeten worden genoemd. Dan richt Jezus zich rechtstreeks tot zijn leerlingen: 'Wie ben ik volgens jullie?' Het heldere antwoord komt van Petrus, de zegsman van de leerlingen: 'U bent de messias, de Zoon van de levende God.' (Matt. 16:16) Jezus reageert daarop met een uitspraak die van grote betekenis zou worden voor de rol van Petrus tijdens zijn tocht door Galilea en Judea, maar vooral voor de periode daarna:

> Gelukkig ben je Simon Barjona, want dit is je niet door mensen van vlees en bloed geopenbaard, maar door mijn Vader in de hemel. En ik zeg je: jij bent Petrus, de rots waarop ik mijn kerk zal bouwen, en de poor-

> ten van het dodenrijk zullen haar niet kunnen overweldigen. Ik zal je de sleutels van het koninkrijk van de hemel geven, en al wat je op aarde bindend verklaart zal ook in de hemel bindend zijn, en al wat je op aarde ontbindt zal ook in de hemel ontbonden zijn. (Matt. 16:17-20)

Petrus wordt geprezen, zijn toekomst staat vast: hij zal het werk van Jezus voortzetten. Daarmee is echter niet gezegd dat hij nu al volledig begrijpt wat de bedoelingen van zijn leraar zijn. Diens diepere gedachten kan (of wil) hij nog niet begrijpen, zoals Matteüs even verderop laat weten (Matt. 16:21-23). Jezus maakt in deze tijd een ontwikkeling door die voor zijn leerlingen niet te doorgronden is, ook niet voor Petrus. Vermoedelijk zagen zij Jezus uitsluitend als de verkondiger van de komst van het koninkrijk van God. Zijn diepste zielenroerselen op dat moment konden zij niet bevroeden. Het drong niet voldoende tot hen door dat hij met zijn gedachten ver weg was, dat voor hem het eindspel al begonnen was. Jezus probeert zijn leerlingen duidelijk te maken dat hij naar Jeruzalem moet gaan en veel zal moeten lijden door toedoen van het Sanhedrin, de hogepriesters en de schriftgeleerden. Hij verklaart dat hij zal worden gedood, maar op de derde dag uit de dood zal opstaan. Voor zijn leerlingen moet de aankondiging van zijn dood een zware slag zijn geweest, zeker voor Petrus. Hij houdt zich niet in, neemt Jezus terzijde en spreekt hem tegen: 'God verhoede het, Heer! Dat zal u zeker niet gebeuren.' De repliek van Jezus liegt er niet om. Hij keert hem de rug toe met de woorden: 'Ga terug, achter mij, Satan! Je denkt niet aan wat God wil, maar alleen aan wat de mensen willen.' De bedoelingen van Petrus waren ongetwijfeld zuiver, maar niet in de ogen van zijn leermeester. Jezus nam het Petrus buitengewoon kwalijk dat hij hem van zijn levenstaak, die zijn Vader hem had opgedragen, wilde afbrengen.

Met opzet heb ik de verwijten aan het adres van Petrus in de versie van Matteüs behandeld, hoewel de oudste weergave van Jezus' vraag aan zijn leerlingen (wie zij denken dat hij is) te lezen is in het evangelie van Marcus (8:27-33). Matteüs beschrijft eerst Petrus' *finest hour*, als Jezus hem een grote toekomst in zijn beweging voorspelt, en daarna zijn diepe val, de terechtwijzing. Ik heb de stellige indruk dat Matteüs geworsteld heeft met de vraag hoe hij Petrus moest neerzetten. Aan de ene kant mocht hij er geen twijfel over laten bestaan dat Petrus onder de volgelingen van Jezus een uitgelezen positie had ingenomen, anderzijds wilde hij laten doorschemeren dat zwakheden geen van de leerlingen vreemd waren, ook Petrus niet. In hem komen de tekortkomingen van de leerlingen samen. Diezelfde benadering van Petrus zien we ook verderop in het evangelie van Matteüs, zo lijkt het. Wanneer Jezus zijn leerlingen kort na het Paasmaal voorspelt dat ze na zijn dood uiteengejaagd zullen worden, als schapen waarvan de herder is gedood (Matt. 26:31), protesteert Petrus, waarop Jezus speciaal hem terechtwijst en zegt dat hij hem nog dezelfde dag zal verloochenen (zie blz. 47).

De terechtwijzing van Petrus is meer dan alleen kritiek op de eerste leerling. Een diepere bodem wordt zichtbaar als we de tekst leggen naast de zogeheten *Apocalyps van Ezra* (4 Ezra), een geschrift uit de Joodse apocalyptische literatuur. De profeet Ezra verwoordt erin zijn twijfels over de bedoelingen van God. Hij kan niet begrijpen dat de rechtvaardigen lijden onder de onrechtvaardigen, hij kan het niet verdragen dat de Joden in Babylon in grote ellende moeten leven. God stuurt daarop de aartsengel Uriël, die hem terechtwijst en zegt dat Gods wegen voor de mensen niet altijd begrijpelijk zijn. Ezra is nog niet overtuigd en vraagt God in een tweede visioen waarom Hij heeft toegelaten dat Israël in handen van de vijanden is gevallen. Uriël vertelt hem dat hij niet Gods besluiten moet bekritiseren, daarvoor schiet zijn bevattingsvermogen te kort. De toon van de engel is af en toe hard. Hij maakt Ezra verwijten, waarbij het niet om zijn persoon gaat, maar om de mens in het algemeen, die niet moet proberen op de stoel van God te gaan zitten. Zo zie ik ook de terechtwijzing van Petrus. In de persoon van zijn meest vooraanstaande leerling bekritiseert Jezus niet alleen het onbegrip van Petrus en van zijn medeleerlingen, maar laat hij zich eigenlijk kritisch uit over alle mensen die in hun beperkte geloof te veel aan menselijke zaken denken en te weinig oog hebben voor wat God met de wereld voorheeft.[23]

Petrus' geloof

Het optreden van Jezus was de aankondiging van een andere wereld waarin de Joden als volk van God zouden leven. In het nieuwe rijk zou alles zuiver, rein en gezond zijn. Met ieder wonder maakte Jezus als het ware opnieuw een stukje van dat rijk op aarde zichtbaar. De evangelisten gingen er daarbij terecht van uit dat hun lezers niet onmiddellijk de vraag zouden stellen of de door Jezus verrichte wonderen wel realistisch waren. Kritische vragen werden niet verwacht. Hun verhalen zijn dan ook geen directe reportages, geen verslagen die gecontroleerd kunnen worden, geen historische of medische protocollen. Het zijn volksvertellingen, die verbazing en verwondering wekten. Ze pasten bij die charismatische prediker, die tot heel veel in staat werd geacht.[24]

Sommige wonderen zijn zo opzienbarend, dat het de vraag is wat er in de evangeliën terug te vinden is van de 'echte' gebeurtenissen waarvan de leerlingen persoonlijk getuige waren. Enkele keren rijst het beeld op dat ook de leerlingen verbaasd waren over de wonderen van Jezus. Marcus (6:36-52) twijfelt openlijk aan hun geloof als hij meedeelt dat ze niet begrepen wat er gebeurde toen Jezus hun vijf broden en twee vissen gaf met het verzoek die in de menigte van vijfduizend mensen uit te delen. Iedereen werd gevoed en ze hielden nog twaalf manden met brood en een aantal vissen over. Er is vervolgens, aldus Marcus, een uitzonderlijk voorval voor nodig om hen uiteindelijk te overtuigen van de grootheid van hun meester. Als ze diezelfde avond over het meer varen in de richting van Betsaïda komen ze tegen de sterke wind in nauwelijks vooruit, hoe hard ze ook roeien. Dan zien ze hoe Jezus over het water naar hen toe loopt. Eerst denken ze dat hij een geestverschijning is en raken ze in paniek, pas als hij hun toeroept hun kalmte te bewaren, en bij hen aan boord gaat, komen ze weer tot zichzelf. Marcus besluit zijn verslag hierover met de woorden: 'Ze waren niet tot inzicht gekomen door wat er met de broden was gebeurd, omdat ze hardleers waren.'

Bij Matteüs (14:15-33) vinden we hetzelfde verhaal over de wonderlijke broodvermenigvuldiging en Jezus' wandeling over het Meer van Galilea. In die laatste scène is een hoofdrol weggelegd voor Petrus.

Wanneer Jezus over het water nadert, raken de leerlingen in paniek. Jezus weet hen tot kalmte te manen. Dan treedt Petrus naar voren. Hij wil getuigen van zijn grote liefde voor Jezus en over het water naar hem toe komen. Op Jezus' antwoord 'kom' stapt hij overboord. Maar door de harde wind raakt hij in paniek. Hij wordt bang en dreigt in het water te verdwijnen. Op zijn uitroep 'Heer, red me' strekt Jezus zijn hand uit, grijpt hem vast en zegt: 'Kleingelovige, waarom heb je getwijfeld?'

Het is een opmerkelijke passage. Petrus' voornemen om Jezus tegemoet te gaan getuigt van een grote toewijding aan zijn meester, maar volgens Matteüs is zijn geloof in Jezus nog niet sterk genoeg. Je kunt de tekst negatief uitleggen en de nadruk leggen op Petrus' geringe vertrouwen in de capaciteiten van zijn meester, maar het is ook mogelijk om in Petrus' mislukte 'wandeling' het begin van een geloof in de bijzondere eigenschappen van Jezus te zien. Het is weliswaar nog onvoldoende, maar het vormt voor Jezus geen beletsel om Petrus kort daarop aan te wijzen als de rots waarop hij zijn kerk zal bouwen. Het effect

Petrus en Jezus lopen over het water. Illuminatie. Armeens Museum, Isfahan

van Jezus' handelwijze op het meer is groot, want als hij en Petrus aan boord stappen vallen de andere leerlingen voor hem neer en roepen uit dat hij werkelijk Gods Zoon is. Het geloof ontluikt nu snel, de twijfels nemen af.

Deze wonderlijke vertelling lijkt bedoeld om de onbegrensde mogelijkheden van Jezus en de tekortkomingen van zijn leerlingen te benadrukken. Het volgende verhaal van Matteüs (17:24-27) is voor mij een mooi voorbeeld van de grote inventiviteit die hij aan Jezus toeschrijft en, tegelijk, een bewijs van diens bijzondere relatie met Petrus, die hij op een bijzondere manier in vertrouwen neemt. De geschiedenis speelt zich af in Kapernaüm. Inners van de tempelbelasting vragen Petrus of zijn meester van plan is de dubbeldrachme (een halve sjekel) af te dragen. Zijn antwoord 'Zeker wel!' moet hen hebben verrast. Terug bij Jezus is die Petrus voor met de vraag van wie de heersers op aarde hun belastingen innen. Van hun eigen kinderen of van anderen? Op Petrus' antwoord 'van anderen' reageert Jezus onmiddellijk met de woorden dat de kinderen dus vrijgesteld zijn van belastingen. Om de belastinggaarders niet voor het hoofd te stoten zegt Jezus tot zijn leerling: 'Ga naar het meer, werp daar je hengel uit en haal de vis die het eerst bijt van de haak. Als je zijn bek opent, zul je een vierdrachmestuk vinden. Neem dat mee en betaal voor ons allebei.'

We zouden deze tekst kunnen afdoen als een legende, zeker het laatste gedeelte over het vierdrachmestuk in de bek van een vis. Het doet namelijk denken aan het verhaal van de Griekse historicus Herodotus over de ring van Polykrates, de tiran uit Samos uit de zesde eeuw voor Christus, die in een vis werd teruggevonden.[25] Gelijksoortige verhalen komen ook voor in rabbijnse teksten.[26] Beter is het om te zoeken naar de historische kern van het verhaal en de tekst te interpreteren vanuit de relatie van Jezus met Petrus, die door zijn leermeester in vertrouwen wordt genomen. Als het verhaal historisch is, gaat het om een gesprek over de verplichte bijdrage aan de Tempel in Jeruzalem. Jezus instrueert zijn leerling over de gang van zaken: hoe te handelen tegen de boven hen gestelde overheden. Petrus is hier niet langer de leerling met een beperkt geloof. Hij toont zich een volgzame leerling, die volledig openstaat voor de ideeën van zijn leermeester en met kennis van zaken handelt naar diens inzichten. Hij wordt hier opgevoerd als iemand die Jezus' standpunten (later) aan anderen kan uitdragen.[27]

In latere delen van de evangeliën wordt de rol van Petrus dominanter. Hij wordt zich steeds meer bewust van zijn taak om uit naam van de andere leerlingen op te treden, vragen aan Jezus te stellen en antwoorden te geven op diens vragen. Lang niet altijd is hij zo begripvol als in de discussie over de tempelbelasting. Wanneer een vrouw die al twaalf jaar aan bloedverlies lijdt Jezus ongezien van achteren nadert en de zoom van zijn kleed aanraakt, waarop de bloedvloeiing onmiddellijk ophoudt, vraagt Jezus wie hem heeft aangeraakt. Geen van de aanwezigen wil de waarheid vertellen, ook Petrus niet. Alsof hij een scherm rond Jezus wil aanbrengen zegt hij namens alle omstanders dat de mensen om hen heen duwen en dringen. Jezus stelt daarop dat hij wel degelijk merkte dat iemand hem welbewust heeft aangeraakt en dat hij de kracht uit zich voelt wegstromen (Luc. 8:43-47). Petrus zegt tenminste nog iets, de andere leerlingen houden zich stil.

Petrus krijgt bij Matteüs ook een speciale positie als Jezus geconfronteerd wordt met Farizeeën en schriftgeleerden, die hem verwijten dat zijn leerlingen de tradities overtreden door hun handen niet te wassen voor ze hun brood eten (Matt. 15:1-21). Dat is voor Jezus het moment om ten overstaan van zijn leerlingen tegen zijn opponenten uit te varen en hun te verwijten dat ze alleen hun eigen tradities in stand houden, maar geen oog hebben voor het gebod van God. Hij betitelt hen als huichelaars en als niet-ziende blindenbegeleiders, die elkaar de put in praten. Jezus antwoordt: 'Niet wat de mond ingaat maakt een mens onrein, maar wat de mond uitkomt, dat maakt een mens onrein.' (Matt. 15:11) Ook zijn leerlingen begrijpen hem niet onmiddellijk. Weer is het Petrus die aan zijn meester om een nadere uitleg vraagt, die Jezus ook geeft (Matt. 15:15-17). Petrus wordt opgevoerd als de leerling aan wiens kennis en geloof nog geschaafd moet worden, maar die wel op de goede weg is.[28]

Interessant in dit verband is ook de vraag van Petrus aan Jezus hoe vaak hij zijn broeder of zuster die tegen hem zondigt, vergeving moet schenken. Wanneer hij oppert 'tot zevenmaal toe?' antwoordt Jezus: 'Tot zeventig maal zeven.' De correctie en toelichting van Jezus illustreren dat Petrus de goedheid van Jezus nog niet helemaal doorgrondt (Matt. 18:21-22), maar in de toekomst Jezus' boodschap wel zal begrijpen.

Het geloof van Petrus mag dan sterker worden, maar een enkele keer is het nog onvoldoende, zoals toen hij samen met twee andere leerlingen van het eerste uur, Jakobus en Johannes, door Jezus werd meegenomen naar een hoge berg (Marc. 9:2-13). Kort daarvoor had Petrus Jezus aangeduid als de messias. Hoog op de berg zijn de leerlingen verbijsterd door een plotselinge transfiguratie, een gedaanteverandering van Jezus. Zijn kleren worden glanzend wit. Dan verschijnen Elia en Mozes aan Jezus. De totaal verbouwereerde Petrus neemt het woord en spreekt de vaak geciteerde woorden: 'Rabbi, het is goed dat we hier zijn; laten we drie tenten opslaan, een voor u, een voor Mozes en een voor Elia.' Een antwoord van Jezus komt er niet. Er valt een schaduw van een wolk over hen, en daaruit klinkt een stem: 'Dit is mijn geliefde Zoon, luister naar hem!' Dan is alles voorbij. De drie zien alleen nog Jezus.

De stem uit de hemel wees de drie leerlingen op de bijzondere kwaliteiten van hun meester. Zij hadden nog geen weet van Jezus' lijden, dood en opstanding. De woorden riepen bij hen nog niet de associatie op met zijn opstanding. Ze waren niet in staat om het mysterie te doorgronden. Hun vertwijfeling moet het op dat moment hebben gewonnen van hun geloof, en Jezus voelde zich genoodzaakt nadere toelichting te geven. Ze mochten over wat ze gezien hadden pas spreken als hij uit de dood zou zijn opgestaan. Marcus verhult niet dat deze toelichting hun niet direct de benodigde duidelijkheid verschafte. Ze bleven zitten met vragen.

Het zou mooi zijn als we de herkomst van het verhaal, zoals het door Marcus, Matteüs (17:1-9) en Lucas (9:28-36) wordt verteld, zouden kennen. Welke versies brachten de eerste volgelingen van Jezus in omloop? Wilden ze een voorafspiegeling geven van zijn opstanding? Wilden ze vertellen over zijn bijzondere positie in het koninkrijk van zijn Vader? Was de stem uit de hemel een herinnering aan Exodus 24:9-18, waarin Mozes de berg Sinaï bestijgt en Gods glorie alles in een wolk overdekt? Of was het misschien een gebruikelijke manier om de macht van God weer te geven, aangezien in de rabbijnse bronnen eveneens sprake is van stemmen uit de hemel?

Hoe onbegrijpelijk de uitspraken uit de wolk voor Petrus ook waren, Marcus en de andere evangelisten benadrukken dat hij zich steeds meer bewust werd van zijn bijzondere opdracht. Hij stelt vragen, hij is de woordvoerder van de leerlingen, ook weer vlak voordat Jezus de weg inslaat naar Jeruzalem. Jezus houdt zijn leerlingen voor hoe moeilijk het is om het koninkrijk van God binnen te gaan. Hij spreekt dan de beroemde woorden: 'Het is gemakkelijker voor een kameel om door het oog van een naald te gaan dan voor een rijke om het koninkrijk van God binnen te gaan.' (Matt. 19:24) Verbazing alom onder de leerlingen, die niet goed begrijpen wat Jezus bedoelt en zich afvragen wie er dan nog gered kan worden. Jezus' repliek, dat voor God niets onmogelijk is, brengt Petrus tot de verzuchting: 'Wij hebben alles achtergelaten om u te volgen.' Er is enige twijfel in zijn woorden te bespeuren. Jezus moet hem en de anderen geruststellen met de opmerking dat iedereen die huis en haard verlaten heeft daarvoor honderdvoudig zal worden beloond en dat de eersten de laatsten zullen zijn. Het is een laatste beroep van Jezus op de volledige loyaliteit van zijn volgelingen, voordat hij in Jeruzalem arriveert.

Twijfels in Jeruzalem

Met zijn uitspraak in Caesarea Philippi, 'U bent de messias', sprak Petrus zijn onvoorwaardelijke steun uit. Jezus mag hem dan kort daarop Satan hebben genoemd, zijn aanzien had er niet onder geleden. Maar als Jezus onderweg is naar Jeruzalem en het allengs duidelijk wordt dat voor hem de laatste fase van zijn leven is ingegaan, krijgt Petrus het wederom zwaar te verduren.

Jezus en zijn leerlingen trekken vanuit Galilea langs de Jordaan in de richting van Jericho. Ze zijn op dat moment zeker niet de enigen. Talloze pelgrims gaan dezelfde weg om in Jeruzalem het Paasfeest te vieren. Onderweg vertolkt Petrus steeds vaker een standpunt dat ook de andere leerlingen moeten hebben ingenomen. Zij zwijgen, hij brengt het naar buiten. Hij is hun woordvoerder, hij wordt in de evangeliën prominent ten tonele gevoerd. Wanneer het gezelschap op een dag van Betanië naar Jeruzalem loopt, ziet Jezus in de verte een vijgenboom die vol in blad staat en loopt ernaartoe. De boom draagt echter geen vruchten, de tijd is er nog niet rijp voor. Jezus vervloekt de boom met de woorden: 'Nooit ofte nimmer zal er nog iemand vruchten van jou eten.' (Marc. 11:14) De volgende dag passeren ze de boom opnieuw. Petrus herinnert zich het voorval met de vijgenboom en zegt tegen Jezus: 'Rabbi, kijk, de vijgenboom die u vervloekt hebt, is verdord.' Jezus hoeft zijn volgelingen er niet op te wijzen, Petrus heeft het al gedaan. Het is nu duidelijk: hij zal het verlengstuk van Jezus worden. De 'uitleg' van allerlei raadselachtige voorvallen komt evenwel niet van hem maar van Jezus zelf. Ook nu. Jezus vraagt hun om op God te vertrouwen (Marc. 11:20-26).[29]

De laatste dagen van Jezus zijn in de evangeliën ook de moeilijkste in het leven van Petrus. Als woordvoerder van de leerlingen wordt hij het sterkst op de proef gesteld. Van hem wordt meer verwacht dan van de anderen. Maar hij is nog niet de man die Jezus in alles kan volgen. Die heeft nog maar weinig tijd en zegt in kort bestek heel veel dat bij Petrus en de andere leerlingen paniekerige reacties oproept. Alleen die van Petrus worden eruit gelicht, omdat hij de prominentste leerling is, met wie Jezus grote plannen heeft. Hij moet uitgroeien tot de hoeder van diens schapen. In zijn toespraak tot zijn leerlingen aan de vooravond van het Joodse Paasfeest, tijdens het Pesachmaal, stelt Jezus trouw en verraad tegenover elkaar. Hij weet wie hem zal verraden, maar noemt geen naam. Hij wil dat de leerlingen er zelf achter komen wie hij op het oog heeft. Ze komen aan tafel niet verder dan wanhopige vragen als: 'Ik ben het toch niet?' De sfeer is gespannen, omdat Jezus vertelt dat hij zal heengaan zoals over hem geschreven staat. (Marc. 14:17-21)

Na het avondmaal vertrekken Jezus en de leerlingen naar de Olijfberg. Jezus is somber. Uitlatingen als die over de herder die zal worden gedood en de schapen die uiteengedreven zullen worden, maken de stemming er niet beter op. Zijn opmerking dat hij uit de dood zal worden opgewekt en hen zal voorgaan naar Galilea stelt zijn leerlingen niet gerust. Bij hen overheerst het idee dat de beweging van Jezus op een fiasco dreigt uit te lopen. Niemand wil de schuld van het verraad op zich nemen, ook Petrus niet. Opnieuw blijkt dat zijn geloof nog onvoldoende sterk is. In de ogen van Jezus kent hij zichzelf niet. Petrus' woorden: 'Misschien zal iedereen ten val komen, maar ik niet' worden door Jezus onmiddellijk weersproken: 'Ik verzeker je, juist jij zult me vannacht, nog voordat de haan tweemaal gekraaid heeft, driemaal verloochenen.' Petrus houdt met grote stelligheid vol dat hij dat nooit zal doen, zelfs niet als hij ervoor moet sterven. Hij zet hoog in, maar zal diep vallen, want de voorspelling van Jezus gaat al snel in vervulling. (Marc. 14:66-72)

Niet meteen, want eerst wordt de zwakte van Petrus en twee andere leerlingen bij een andere gelegenheid gememoreerd. Jezus neemt de twaalf leerlingen mee naar de hof van Getsemane. Daar laat hij een aantal van hen bij de ingang achter en neemt alleen Petrus, Jakobus en Johannes met zich mee. Hij vraagt hun te waken en loopt een stukje verder. Wanhoop neemt bezit van hem als hij tot zijn Vader bidt en hem vraagt om deze beproeving van hem weg te nemen. Maar hij realiseert zich tegelijkertijd dat het de wil van zijn Vader is dat hij zal sterven. De eenzaamheid die uit zijn woorden spreekt wordt nog groter, als hij ziet dat zijn drie vertrouwelingen in slaap zijn gevallen. Hij richt zich speciaal tot Petrus, alsof hij niet kan begrijpen dat juist hij, die hij in vertrouwen heeft genomen, zorgeloos in slaap is gevallen. De situatie herhaalt zich tot drie keer toe. Dan zegt Jezus, nadat hij zich erover heeft verbaasd dat ze nog steeds liggen te slapen: 'Het is zover: het ogenblik is gekomen waarop de mensenzoon wordt uitgeleverd aan de zondaars.' (Marc. 14:41)

Dan doemt Judas Iskariot op. Of Petrus, die door Jezus geregeld in vertrouwen werd genomen, geweten heeft dat Judas zijn meester zou verraden, daarover bestaat geen zekerheid, maar hij laat zich in de hof van Getsemane nadrukkelijk gelden.[30] Niet volgens Marcus. In het oudste evangelie wordt zijn naam niet eens genoemd, wanneer Judas aan het hoofd van een groep gewapende mannen op Jezus afgaat en hem kust. Er ontstaat een handgemeen. Een van de omstanders trekt een zwaard en slaat de dienaar van de hogepriester een oor af (Marc. 14:47). Jezus moet het geweld hebben opgevat als een grote vernedering. Zijn boodschap van een koninkrijk van God op aarde waarin alles zuiver en rein zou zijn werd nu door een van zijn volgelingen geweld aangedaan. In de schermutselingen die volgen laten allen Jezus in de steek, ook Petrus.

De oudste traditie spreekt over een omstander die zijn zwaard trok. Zo kwam het verhaal via lange omwegen bij Marcus terecht. Matteüs

Albrecht Dürer (1471-1528), Gevangenneming. (Op de voorgrond: Petrus in gevecht). Rijksmuseum, Amsterdam

en Lucas hebben waarschijnlijk ook andere verhalen gehoord of andere conclusies getrokken uit de berichten die hen bereikten. Ze noemen de dader weliswaar niet bij naam, maar vertellen wel dat het een leerling van Jezus betrof (Matt. 26:51; Luc. 22:49-50). Pas Johannes (18:10-11) wijst de dader aan: Simon Petrus. Híj trekt het zwaard dat hij bij zich draagt en slaat het rechteroor af van een zekere Malchus, de slaaf van de hogepriester. Jezus gebiedt Petrus het zwaard terug in de schede te steken. Wat zijn hemelse Vader met hem voorheeft, daarin mag Petrus zich niet mengen. Jezus' woorden dat als hij zijn Vader zou aanroepen, deze hem onmiddellijk twaalf legioenen engelen zou sturen (Matt. 26:53) moeten bij Petrus hard zijn aangekomen. Hij had nog altijd geen weet van het lijden dat Jezus moest ondergaan.

Johannes portretteert Petrus als een impulsieve man, met onvoldoende begrip voor het plan van God. Petrus doet wat hem invalt. Tijdens het Paasmaal had hij zich ook al laten gaan. Aanvankelijk had hij zelfs geweigerd zich door Jezus de voeten te laten wassen: 'U wilt toch niet mijn voeten wassen, Heer?' (Joh. 13:6) Pas toen Jezus zei dat hij anders niet bij hem hoorde, sloeg hij om: 'Heer, dan niet alleen mijn voeten, maar ook mijn handen en mijn hoofd!' (Joh. 13:9) Omdat de andere evangelisten hierover zwijgen, lijkt het erop dat het 'voetwassingsincident' een latere toevoeging is van de christelijke gemeenschap in de tijd van Johannes, waar de voetwassing onderdeel uitmaakte van de liturgische vieringen.

Petrus gedraagt zich in deze fase als de onverschrokken leerling die alles wil doen voor zijn meester. Zijn opmerking dat iedereen ten val kan komen, maar niet hij, getuigt van een vastberadenheid die grenst aan zelfoverschatting. Hij kan zijn openlijk uitgesproken loyaliteit ook niet lang volhouden. De andere leerlingen evenmin. Vlak voordat Jezus wordt afgevoerd laten ze hem in de steek en vluchten weg (Marc. 14:50), zoals hij hun kort daarvoor, op weg naar de Olijfberg, had voorspeld. Er stond immers geschreven: 'Ik zal de herder doden, en de schapen van zijn kudde zullen uiteengedreven worden.' (Matt. 26:31) Vermoedelijk hebben de meeste leerlingen de wijk genomen naar Betanië, waar Jezus zijn 'basis' in de omgeving van Jeruzalem had. Misschien waren enkelen van hen zo wanhopig en in paniek dat ze naar huis zijn gevlucht, naar Galilea, waar ze zich veilig waanden voor de lange arm van het Romeinse gezag en de ordetroepen van de hogepriester. Petrus onderscheidt zich in zoverre van hen dat hij niet wegvlucht, maar op afstand de stoet volgt waarin Jezus wordt afgevoerd. Hij loopt mee naar de binnenplaats van het paleis van de hogepriester, om te zien hoe het zijn meester zal vergaan (Matt. 26:58).

Petrus begeeft zich in het hol van de leeuw. Terwijl Jezus in het huis van Kajafas wordt ondervraagd en schuldig wordt bevonden aan godslastering, wacht hij af. In grote angst. Niet alleen het lot dat zijn meester te wachten staat, ook zijn eigen veiligheid baart hem zorgen. Zijn vastberadenheid is ver te zoeken. Als hij zich bij het vuur warmt, kijkt een dienstmeisje hem aan en zegt: 'Jij was ook bij die Jezus van Nazaret!' Maar hij ontkent in alle toonaarden en zegt dat hij echt niet begrijpt waar zij op doelt. Daarop loopt hij weg, naar het voorportaal, en er kraait een haan. Het meisje geeft niet op en zegt tegen omstanders: 'Hij is een van hen!' Maar wéér ontkent hij. Petrus bevindt zich nu in een hachelijke situatie. Als ook de omstanders tegen hem zeggen: 'Jij bent wel degelijk een van hen, jij komt immers ook uit Galilea', begint Petrus te vloeken en zweert: 'Ik ken die man over wie jullie het hebben niet!' En meteen daarop kraait de haan weer, voor de tweede keer, en Petrus herinnert zich dat Jezus tegen hem had gezegd dat hij voordat de haan twee keer had gekraaid, hem drie keer zou verloochenen. Als die voorspelling van Jezus hem te binnen schiet begint hij te huilen (Marc. 14:66-72). Lucas (22:61-62) maakt de verloochening nog tragischer. De haan kraait niet tweemaal, maar slechts één keer, juist op het moment waarop Jezus wordt afgevoerd. Pas wanneer zijn meester hem aankijkt herinnert Petrus zich dat hij hem driemaal zou verloochenen voor de haan zou kraaien. Het heeft zijn reputatie niet geschaad. Zijn optreden is hem niet aangerekend, het is uitgelegd als een teken van menselijke zwakte van een leerling, die nog in zijn rol moest groeien, maar die onmiddellijk het foute van zijn handelwijze inzag.

De verloocheningscène maakt het portret van Petrus tot nu toe redelijk compleet. De eenvoudige visser uit Kapernaüm heeft zich opgewerkt tot Jezus' meest vertrouwde leerling. Maar hij is geen volmaakte discipel. Hij gelooft dat Gods heerschappij aanstaande is, maar heeft duidelijk moeite met het pad dat Jezus voor hemzelf en voor zijn volgelingen heeft uitgestippeld. Hij reageert daardoor niet altijd even adequaat op uitspraken en handelingen van zijn meester, die hem, zoals we hebben gezien, enkele malen moet corrigeren. Het is moeilijk voor hem om Jezus in alles te kunnen volgen. Het gaat met vallen en opstaan. Op zijn geloofsijver is niets aan te merken, wel op de manier waarop hij die toont. Zijn impulsiviteit leidt tot gedrag dat bij zijn meester niet steeds in goede aarde valt, maar verder geen consequenties heeft voor de hiërarchie onder de leerlingen.

Jezus' opstanding en verschijningen[31]

In Getsemane had Jezus voor het laatst het woord tot zijn leerlingen gericht. Hij had gezegd dat zijn stervensuur nabij was, maar dat hij op de derde dag zou verrijzen uit de dood. Dat laatste was niet de eerste gedachte die bij hen opkwam toen zij hoorden van zijn vernederende kruisdood. Somberheid overheerste. Anderhalf jaar hadden zij Jezus gevolgd en nu was hij op een gruwelijke wijze van hen weggerukt. Het kan haast niet anders of vele sympathisanten hebben zijn beweging de rug toegekeerd, gedesillusioneerd door het 'falen' van zijn missie. De kleine harde kern van leerlingen zal hebben geprobeerd het geloof in Jezus levend te houden, maar op welke manier?

Als de evangelisten hun tekst hadden afgesloten met de dood en de begrafenis van Jezus, zou zijn naam mogelijk snel uit de geschiedenis zijn verdwenen. Jezus' intenties zouden met zijn dood aan het kruis een tragisch einde hebben gevonden. Binnen enkele jaren zou hij zijn vergeten. Vermoedelijk zou hij het lot van de vergetelheid hebben gedeeld met andere charismatische leiders en profeten, die met wisselend succes in Galilea en Judea de bevolking hadden opgeroepen om hen te volgen en een nieuwe staat te stichten, maar hun streven hadden zien stuklopen op het nietsontziende geweld van de Romeinen. Alleen Flavius Josephus heeft hen in zijn geschiedwerken enkele bladzijden waardig gekeurd, maar niet genoeg om hen blijvend in de herinnering te houden. Wat weten we bijvoorbeeld nog van Simon en Athronges, die na de dood van Herodes in 4 v.Chr. grote aantallen mensen op de been kregen om de heersende ongelijkheid in Judea en Galilea ongedaan te maken? Geweld maakte een einde aan hun leven. Tien jaar later, in 6 n.Chr., herhaalde de situatie zich en werden Judas en Sadok, die zich verzetten tegen de door de Romeinen opgelegde registratieplicht en de daaraan verbonden belastingheffing, gedood. Latere profeten ondergingen hetzelfde lot. Een van hen trad ongeveer zes jaar na Jezus op de voorgrond met zijn aankondiging dat hij de Joden als een nieuwe Mozes zou leiden. Zijn ambities strandden jammerlijk in het geweld dat de Romeinse prefect Pontius Pilatus ontketende. Bijna tien jaar later, in 45, was er opnieuw een man die zichzelf profetische gaven toedichtte. Zijn naam was Theudas. Hij riep zijn volgelingen op hem te volgen naar de Jordaan, die zich op een teken van hem zou splijten en hun een gemakkelijke doortocht zou verschaffen. Ook in zijn geval liep het plan op niets uit. En dan was er nog de valse profeet uit Egypte. Wat hij precies wilde weet Josephus niet te vertellen, maar zijn populariteit moet groot zijn geweest, want hij wist meer dan dertigduizend mensen op de been te brengen. Hij voerde hen in 56 naar de Olijfberg om hun te laten zien hoe op zijn bevel de muren van Jeruzalem zouden instorten. Vervolgens zou hij hen dwars door de puinhopen heen de stad binnenleiden. Maar de muren bleven overeind staan. Toen de Romeinen hem aanvielen vluchtte hij weg, de woestijn in. Er werd nooit meer iets van hem vernomen.[32]

De vraag rijst hoe het kon gebeuren dat de herinnering aan Jezus wel levend is gebleven, sterker nog dat zijn betekenis in de loop der jaren alleen maar groter is geworden. Het grote verschil met de andere leiders is dat die weliswaar over volgelingen beschikten, maar niet over leerlingen die hun boodschap konden uitdragen. Zij hadden ook geen consistente boodschap, zij hadden mensen alleen opgeroepen om hen te volgen in hun strijd tegen de overheden. Na hun mislukking bleef er niets van over. Jezus had een duidelijk thema: het komende koninkrijk van God. Maar als er geen resultaten werden bereikt, als de boodschap niet nader werd ingevuld, was de kans levensgroot dat zijn beweging na zijn dood snel uit elkaar zou vallen. De grote voorman was per slot van rekening aan het kruis gestorven.

De 'nieuwe invulling' geschiedde middels een wonder dat alle voorgaande wonderen in Jezus' leven overtrof: zijn opstanding. Hoe het begonnen is, hoe de leerlingen zich over hun teleurstelling over de catastrofe van Jezus' kruisdood heen zetten, kunnen we niet achterhalen. Wie vervolgens de eerste verhalen over de opstanding heeft doorgegeven en hoe die vervolgens verder zijn verspreid blijft eveneens in nevelen gehuld. We kunnen alleen maar zeggen dat de verhalen in de decennia na Jezus' dood steeds sterker zijn geworden.

Als je ervan uitgaat dat de evangeliën getuigenissen zijn van de boodschap van Jezus en geen geschiedschrijving, dan geldt dat het sterkst voor de weergaven van de omvorming van de aardse Jezus tot de verrezen Christus. Jezus' wonderen in Galilea hadden de evangelisten al voor problemen gesteld, zij moesten hun lezers ervan overtuigen dat het voortekenen waren van het rijk van God dat aanstaande was. Als ze over de opstanding van Jezus geloofwaardig wilden vertellen, deden zich problemen voor die veel gecompliceerder waren dan die naar aanleiding van de wondergenezingen en natuurwonderen. Jezus had de laatste twee jaar van zijn leven met overtuiging zijn heilsleer verkondigd. Zijn wonderen pasten in zijn strategie om de boodschap van het naderend koninkrijk geloofwaardig te maken. Nu moest worden verkondigd dat Jezus niet was gestorven, maar uit het graf was opgestaan. De evangelisten vroegen hun lezers een grens te overschrijden die een diep geloof vergde: Jezus was niet langer de wonderdoener, en de verkondiger van de boodschap waarbij die wonderen hoorden, maar hij was nu zélf de boodschap geworden: Jezus was de Christus geworden.

Er diende zich daarbij een nieuwe hindernis aan: niemand was getuige geweest van de opstanding van Jezus. Niemand had gezien dat hij persoonlijk de steen had weggerold en zich vanuit Golgota op weg had begeven. De evangelisten moesten dus voorzichtig manoeuvreren om het verhaal enigszins geloofwaardig te maken. Ze moesten het zo inkleden dat de opstanding een nieuw begin inluidde. Voor een historicus vormen de discussies over de opstanding een rituele dans rond een verschijnsel dat niet te verklaren is. Niemand heeft het *gezien*, maar wel is de opgestane Jezus aan een aantal mensen *verschenen*. Dat hoeft niet te betekenen dat zij Jezus daadwerkelijk hebben gezien. De mensen aan wie hij in de eerste dagen na zijn opstanding is 'verschenen', hadden toen hij nog leefde allemaal een speciale band met hem gehad, als leerling, volgeling of sympathisant. Als de evangelisten erin slaagden zijn verschijning te presenteren als sluitstuk van zijn wonderen, ontstond er een continuïteit. Tijdens zijn leven had hij indruk gemaakt met wonderen. Zijn toehoorders hadden die ervaren als in een soort trance, niemand had er openlijk zijn twijfels over uitgesproken. Nu, bij het grootste wonder, moesten ze omzichtig te werk gaan, ze moesten de verschijningen van Jezus zo 'geloofwaardig' beschrijven dat de indruk werd gewekt dat hij werkelijk uit de dood was opgestaan. Omdat de vier evangelisten geruime tijd na de dood van Jezus schreven, moesten ze zich baseren op verhalen van diens tijdgenoten, die na zijn dood in verschillende versies in omloop waren gekomen.

De verhalencyclus begint bij het graf van Jezus, als de avond is gevallen en de stilte is ingetreden. Op de volgende dag, de sabbat, de dag van Pesach, wijst niets erop dat er iets wonderlijks te gebeuren staat. Op de derde dag, zo schrijven de evangelisten, verschijnt Jezus voor de eerste keer, precies zoals hij had voorspeld. Je zou verwachten dat Petrus en de overige leerlingen de eersten waren tot wie hij zich zou richten, maar zij blijven aanvankelijk op de achtergrond. De meesten van hen hadden de wijk genomen, volgens Johannes (16:32) in overeenstemming met wat Jezus al ruim van tevoren had aangekondigd: 'Er komt een tijd, en die tijd is er al, dat jullie uiteengedreven worden, dat ieder zijn eigen weg gaat en mij alleen achterlaat.' Op de derde dag bevonden zij zich waarschijnlijk ver buiten Jeruzalem.

De eerste volgelingen die met de opstanding van Jezus in verband worden gebracht, zijn de vrouwen: Maria Magdalena, Maria, de moeder van Jakobus, en Salome (Marc 16:1). Tot nu toe waren zij voor de beweging van Jezus minder belangrijk geweest dan zijn twaalf leerlingen. Die hadden lief en leed met hem gedeeld, maar hadden het in zijn stervensuur wel laten afweten. De vrouwen waren tot het bittere einde gebleven, ze hadden het sterven van Jezus gezien en waren ook bij zijn graflegging geweest. Tot zover zijn de evangelisten het grotendeels eens over hun rol. Maar over wat er daarna gebeurde is er minder eenstemmigheid. Ze verschillen van mening over de vraag wie de opgestane Jezus als eerste heeft gezien. Volgens Matteüs (28:1-10) waren Maria

Magdalena en de andere Maria de eersten die het lege graf zagen. Het is een bijna surrealistisch filmisch verhaal: de beide vrouwen zijn bij het graf, als de aarde begint te beven en een engel uit de hemel afdaalt, naar het graf loopt, de steen wegrolt en erop gaat zitten. Tegen de vrouwen zegt hij dat ze niet bang moeten zijn, want Jezus, de gekruisigde, is niet hier, hij is immers opgestaan zoals hij had gezegd. Ze moeten naar zijn leerlingen gaan en hun het heuglijke nieuws vertellen. In Galilea zal hij zich aan hen vertonen. Wanneer de vrouwen het graf verlaten om het nieuws aan de leerlingen te gaan vertellen, zien zij Jezus, die hen tegemoet komt. Ze lopen op hem af, grijpen zijn voeten, waarop Jezus zegt dat ze naar Galilea moeten gaan waar ze hem zullen zien.

Nog duidelijker is Johannes (20:1-2). In zijn evangelie komt Maria Magdalena alleen naar het graf. Als ze ziet dat de steen voor de opening van het graf is weggehaald, gaat ze naar Petrus en naar 'de leerling van wie Jezus het meeste hield' om hun het nieuws te vertellen. Dat ze Petrus opzoekt is niet zo opzienbarend. Hij was immers de voorman van de apostelen, hij was hun woordvoerder. Maar die 'geliefde leerling' is een ander verhaal, mysterieus ook, omdat zijn naam nergens wordt genoemd. Hij komt alleen voor bij Johannes, die hem een belangrijke rol toedicht tijdens de laatste dagen in het leven van Jezus. De evangelist noemt hem voor de eerste keer als Jezus en zijn leerlingen het Paasmaal gebruiken (Joh. 13:21-23). Hij ligt naast Jezus aan tafel aan. Hij is Jezus op dat moment nader dan Petrus, die, en dat mag opmerkelijk worden genoemd, hem verzoekt om aan Jezus te vragen wie hem zal verraden. Hij staat ook als enige van de leerlingen samen met de moeder van Jezus bij het kruis en neemt haar ook in zijn huis op (Joh. 19:25-26). Hij is ook de eerste van de leerlingen die de opgestane Jezus herkent als hij zich op de oever van het Meer van Galilea aan hen vertoont (Joh, 21:7).

Wie was deze leerling, die Jezus in de laatste fase van diens leven zo nabij was? Verschillende namen zijn genoemd, het vaakst die van Johannes, de zoon van Zebedeüs. Een logische verklaring daarvoor is er niet, of het zou moeten zijn dat hij, een van de eerste leerlingen van Jezus, in de vergetelheid was geraakt en dat de evangelist Johannes hem naar voren wilde halen om te laten zien dat hij niet voor Petrus onderdeed. Hij wordt ook samen met Petrus opgevoerd, en steeds in een rol waarin hij zijn meerdere lijkt te zijn. Ook wordt wel beweerd dat hij niet een van de leerlingen is, maar dat het een geval betreft van zuivere literaire fictie. In dat geval staat hij symbool voor de volmaakte leerling. Het kan ook zijn dat in de omgeving van de evangelist Johannes Petrus niet bijster populair was, omdat hij zijn meester enkele malen niet volledig had gehoorzaamd en zelfs had verloochend. De gefingeerde 'geliefde leerling' voldeed aan de eisen die voor Petrus te hoog waren.[33]

Terug naar Maria Magdalena. Petrus en de 'geliefde leerling' horen haar verhaal en begeven zich naar het graf. Hoewel de laatste eerder bij het graf is en zich voorover buigend de doeken ziet, gaat Petrus voorop naar binnen. Daarna volgt hij. Maria Magdalena staat dan nog buiten en ziet in een visioen dat Jezus aan haar verschijnt. Er zitten twee engelen in witte kleren bij het graf. Als zij zich erover beklaagt dat Jezus uit het graf is verdwenen en dat ze niet weet waar hij is, kijkt ze om en ziet hem staan. Maria herkent hem niet. Ze denkt eerst dat het de tuinman is en vraagt hem waar het lichaam van Jezus is gebleven. Als Jezus haar bij haar naam aanspreekt, draait ze zich om en roept *Rabbouni*, wat meester betekent. Daarop geeft hij haar de opdracht om aan zijn broeders en zusters te vertellen dat hij weldra zal gaan naar zijn Vader

Eugène Burnand (1850-1921), Petrus en de geliefde leerling spoeden zich naar het graf (Musée d'Orsay, Parijs)

die ook hun Vader is, naar zijn God die ook hun God is. Maria doet wat haar gevraagd wordt. Zo wordt aan hen bekendgemaakt dat Jezus uit de dood is opgestaan (Joh. 20:1-17). In het evangelie van Johannes, het laatste van de canonieke evangeliën, is het dus duidelijk Maria Magdalena aan wie Jezus na zijn dood als eerste verscheen.

In het evangelie van Marcus verschijnt Jezus eveneens het eerst aan Maria Magdalena (Marc. 16:9-11), maar wanneer zij aan anderen vertelt wat ze heeft gezien wordt zij niet geloofd. Ook het verhaal van twee anderen, van wie de namen niet worden gegeven, wordt als fantasie ter zijde geschoven. Pas als Jezus zich vertoont aan de elf leerlingen en tegen hen zegt dat ze de wereld in moeten trekken om aan alle mensen het goede nieuws bekend te maken geloven zij hem.

Bij lezing van Lucas (24:1-52) krijg je de indruk dat verschillende verhaallijnen aan elkaar zijn geregen: Maria Magdalena en de andere vrouwen bij het lege graf, het ongeloof van de leerlingen bij het horen van hun ervaringen (met uitzondering van Petrus, die naar het lege graf rent om zich persoonlijk van de situatie op de hoogte te stellen), de Emmaüsgangers, die niet doorhebben dat Jezus zich aan hen vertoont en hem pas herkennen wanneer hij het brood breekt en het aan hen uitdeelt, de leerlingen die vertellen dat Jezus aan Petrus is verschenen (24:34), en ten slotte de komst van Jezus in hun midden. Dat is de enige keer dat in de evangeliën met nadruk wordt verteld dat hij aan Simon Petrus is verschenen.

Als we alle teksten over de verschijningen van Jezus naast elkaar leggen kunnen twee personen aanspraak maken op de zogeheten *protophanie*, de eerste verschijning: Simon Petrus en Maria Magdalena. De eerste is in de loop der jaren uitgegroeid tot de man die zich er met recht op kon beroepen dat hij Jezus na zijn opstanding als eerste had gezien, de verschijning aan Maria is in de vergetelheid geraakt. Op zich is dat niet zo verwonderlijk. In de mannenwereld van de leerlingen van Jezus was weinig ruimte voor een voorkeursbehandeling van een vrouw. In de tweede eeuw zijn er evenwel christenen geweest die van mening waren dat de rol van Maria Magdalena groter was dan in de synoptische evangeliën wordt verteld en dat het heel goed mogelijk is dat Jezus het eerst aan haar is verschenen. Maria is bijvoorbeeld prominent aanwezig in het Evangelie van Tomas uit het einde van de tweede eeuw.[34] Petrus kan het op zeker moment nauwelijks verdragen dat Jezus een speciale band met haar heeft en laat zich verleiden tot een emotionele uitval: 'Maria moet ons verlaten, want vrouwen zijn het leven niet waardig.' (Tom. 114) Later werd de veronderstelling dat Maria Magdalena tot Jezus' meest geliefde leerlingen had behoord, vaker verkondigd, vooral in het Evangelie van Maria Magdalena, dat in 1896 op papyrusfragmenten in Egypte werd aangetroffen. Maria is in dit evangelie de leerling aan wie Jezus 'geheime leerstellingen' verkondigt. Petrus heeft het er moeilijk mee. Hij vraagt Maria: 'Zuster, we weten dat de Redder jou meer liefhad dan de andere vrouwen. Vertel mij de woorden van de Redder die je je herinnert, maar die wij niet kennen en die we niet hebben gehoord.' (Mar. Magd. 17:18-18:15) Wanneer Maria hem heeft verteld over Jezus' onderricht over de spirituele reis van de ziel, merkt Petrus' broer Andreas op dat Jezus nooit zoiets kan hebben gezegd. Petrus zelf weet niet goed wat hij met de situatie aan moet en vraagt zich af of ze een andere houding tegenover Maria moeten aannemen en naar haar moeten luisteren. Vertwijfeld roept hij uit: 'Hield hij meer van haar dan van ons?' Maria reageert geëmotioneerd en verwijt Petrus dat hij niet moet denken dat zij dit allemaal heeft gelogen. Hij moet haar er niet van beschuldigen dat ze alles over de Heer heeft verzonnen. Het evangelie eindigt ermee dat de leerlingen de lessen van Jezus aan Maria ter harte nemen en verder uitdragen.

De overgrote meerderheid van de christenen moest niets hebben van deze gedachte. Zij hielden vast aan de canonieke evangeliën, waarin duidelijk staat dat Maria niet een van de 'twaalf' was. Het zou dus wel erg vreemd zijn als Jezus haar apart had genomen. Sommige christenen vonden het evangelie van Maria Magdalena zo schandelijk dat ze het beschouwden als pure ketterij. Zij voelden zich ook gesterkt door de Eerste Brief van Paulus aan de Korintiërs, waarin hij Petrus noemt als de eerste aan wie de opgestane Christus was verschenen. Paulus, een Jood uit Tarsus in Klein-Azië, ook bekend onder de naam Saulus, was een Farizeeër die zich had ontpopt als een fanatiek vervolger van de 'aanhangers van de Weg', zoals de christenen aanvankelijk werden betiteld. Op korte afstand van Damascus werd alles ineens anders. Een hemels licht omstraalde hem. Hij viel op de grond en hoorde een stem die tegen hem zei: 'Saul, Saul, waarom vervolg je mij?' Hij antwoordde: 'Wie bent u, Heer?' De stem antwoordde: 'Ik ben Jezus die jij vervolgt. Maar sta nu op en ga de stad in, daar zal je gezegd worden wat je moet doen.' (Hand. 9:3-7)[35]

Paulus heeft zelf over zijn visioen gesproken, in de context waarin mensen die door Christus persoonlijk waren aangesproken genoemd worden. Het is opvallend dat hij met zoveel stelligheid spreekt over de verschijning van Jezus, omdat hij nooit in zijn directe omgeving had verkeerd. Als overtuigde Farizeeër had hij Jezus' geloofsleer categorisch afgewezen. Maar in zijn Eerste Brief aan de Korintiërs is van enige twijfel over de bedoelingen van Christus geen sprake en ruimt hij voor zijn eigen visioen een plaats in tussen de verschijningen van Christus aan meer dan vijfhonderd anderen:

> Het belangrijkste dat ik u heb doorgegeven, heb ik op mijn beurt ook weer ontvangen: dat Christus voor onze zonden is gestorven, zoals in de schriften staat, dat hij is begraven en op de derde dag is opgewekt, zoals in de schriften staat, en dat hij is verschenen aan Kephas en vervolgens aan de twaalf leerlingen. Daarna is hij verschenen aan meer dan vijfhonderd broeders en zusters tegelijk, van wie er enkelen gestorven zijn, maar de meesten nu nog leven. Vervolgens is hij aan Jakobus verschenen en daarna aan alle apostelen. Pas op het laatst is hij ook aan mij verschenen, aan het misbaksel dat ik was. Want ik ben de minste van de apostelen, ik ben de naam apostel niet waard omdat ik Gods gemeente heb vervolgd. Alleen dankzij zijn genade ben ik wat ik ben. (1 Kor. 15:3-8)

Een expliciete vermelding van Maria Magdalena ontbreekt. We moeten haar meetellen onder de 'meer dan vijfhonderd broeders en zusters'. De vrouw die als eerste het lege graf zag en volgens Johannes de opgestane Jezus aanschouwde, heeft van Paulus niet de eer gekregen die zij verdient. De meeste latere christelijke auteurs hebben hem daarin nagevolgd. Iedereen die iets over de verschijning van Jezus te melden had concentreerde zich op Petrus. Hij was Jezus' meest vooraanstaande leerling, en het was dus 'logisch' dat Jezus zich het eerst aan hém had vertoond. De schrijvers die het opnamen voor Petrus vonden, opmerkelijk genoeg, houvast bij Johannes, die zich in het laatste deel van zijn evangelie concentreert op Petrus en Maria Magdalena verder buiten beschouwing laat.

Johannes (21:1-23) staat uitgebreid stil bij de bijzondere relatie van Petrus met Jezus. De opgestane Jezus bereidt Petrus voor op zijn actieve leiderschap. Hij geeft hem de instructies die Petrus later zelf zal moeten geven. Hij vraagt hem het net uit te werpen, hoewel hij de hele voorafgaande nacht niets had gevangen. Petrus en de andere leerlingen doen wat Jezus hun vraagt en ze vangen zoveel vis dat ze het net niet omhoog kunnen trekken. Petrus' geloof in zijn meester is nu duidelijk sterker dan toen Jezus nog leefde: hij springt in het water en gaat naar hem toe. Nu hoeft Jezus hem niet meer te redden. De andere leerlingen brengen de vissen aan land, in totaal 153. Nadat Jezus met de leerlingen de maaltijd heeft gebruikt vraagt hij speciaal aan Petrus of hij hem meer liefheeft dan de andere leerlingen. Op diens bevestigende antwoord zegt Jezus: 'Hoed mijn schapen.' En alsof hij nog niet voldoende overtuigd is van Petrus' onvoorwaardelijke trouw, stelt Jezus hem nog een keer dezelfde vraag. Als Petrus zegt: 'Heer, u weet alles, u weet toch dat ik van u houd', is Jezus overtuigd van zijn toewijding en zegt dan tegen hem: 'Weid mijn schapen.' Zijn opwaardering is daarmee compleet. Zijn geloof is nu sterk genoeg om de boodschap van Jezus verder uit te dragen. De rolverdeling voor de toekomst is vastgelegd: Petrus zal de onbetwiste leider worden van de gemeenschap van Jezus. Johannes gaat nog verder en laat Jezus tegen Petrus zeggen dat hij het leven zal laten tot eer van God. De *imitatio Christi*, de navolging van Christus, is begonnen. De leerling is definitief de leraar geworden. Tot in de dood.

VOORGANGER IN DE VERKONDIGING

Jeruzalem

Tijdens zijn leven stuurde Jezus zijn leerlingen er herhaaldelijk op uit om zijn boodschap te verkondigen. Na zijn dood zijn zij daarmee doorgegaan, zoals we kunnen lezen in de Handelingen van de apostelen, het boek dat wordt toegeschreven aan Lucas. Hij zou het hebben geschreven tussen 80 en 100, maar het is ook niet uit te sluiten dat het werk van een eerdere datum is, nog uit de jaren 60. Het eerste deel speelt zich af in Jeruzalem, het middenstuk in de Grieks-Romeinse wereld en het slot in Rome. De tekst van Handelingen onderscheidt zich van de evangeliën in die zin dat de schrijver zich niet alleen profileert als historicus, maar zich ook bedient van stilistische kunstgrepen die we kennen uit Grieks-hellenistische romans. Soms leest het verhaal ook echt als een Griekse roman: visioenen, wonderlijke genezingen, uitdrijvingen, miraculeuze ontsnappingen en woedende menigten. Het komt allemaal voor.

Eigenlijk is de titel Handelingen van de apostelen onjuist. De 'echte' apostelen komen alleen voor in de eerste hoofdstukken. Er is sprake van een duidelijke caesuur, met in het eerste deel de apostel Petrus als hoofdpersoon en Paulus in het laatste. Zonder dit geschrift zouden we niet weten hoe het de volgelingen van Jezus na zijn dood is vergaan. We zouden in het duister tasten over de verspreiding van het vroege christendom in de Joodse en Grieks-hellenistische wereld en zouden niet bekend zijn met de eerste groei van de 'beweging van Christus' tot een religie met vele gemeenschappen in de oostelijke helft van het Romeinse rijk.

Voor de leerlingen was de situatie na de dood en opstanding van Jezus totaal anders geworden. Ze verspreidden niet alleen de boodschap van Jezus maar verkondigden vooral ook het verhaal van de kruisiging, over hoe hun meester door zijn tegenstanders op onrechtmatige gronden ter dood was veroordeeld. Ze wisten heel goed dat de Joden, die zich fel tegen Jezus hadden verzet, zich nu ook tegen hen zouden keren. Dat was voor hen geen reden om dan maar af te zien van hun missie. Alles begon voor hen nadat Jezus voor hun ogen was 'omhooggeheven en opgenomen in een wolk, zodat ze hem niet meer zagen.' (Hand. 1:9) De elf leerlingen (de twaalf minus Judas Iskariot) moesten het nu zelf uitzoeken. Ze kwamen bijeen en wijdden zich samen met de vrouwen en met Maria, de moeder van Jezus, aan gebed. Zou het bij deze personen zijn gebleven, dan zou je kunnen spreken van een directe voortzetting van de activiteiten van de meest gemotiveerde volgelingen. Maar opvallend genoeg staan in de aan Lucas toegeschreven Handelingen van de apostelen ook de broers van Jezus vermeld, wat duidt op een verandering. In het evangelie van Marcus (6:3-4) waren de vier broers, Jakobus, Josef, Judas en Simon, al bij naam genoemd, maar ze waren op dat moment nog geen actieve volgelingen van Jezus. Dat ze het nu wél zijn, wil zeggen dat ze volgens de personen die de verhalen over de kruisdood en de opstanding van Jezus in de openbaarheid hebben gebracht, uiteindelijk overtuigd waren geraakt van de juistheid van de denkbeelden van hun broer. Maar geen van hen was nog toegelaten tot de twaalf. De eer om de lege plaats van Judas op te vullen viel toe aan een zekere Mattias. Samen met een ander, Josef Barsabbas, werd hij voor die post voorgedragen. Het lot beschikte in zijn voordeel (Hand. 1:23-26).

Petrus en de anderen bevonden zich na de opstanding van Jezus in Jeruzalem. Misschien zijn ze enige tijd uitgeweken naar Galilea, maar ze hadden uiteindelijk toch gekozen voor Jeruzalem als uitvalsbasis, vermoedelijk omdat ze dachten dat Jezus daar zou terugkeren en het koninkrijk van God zijn beslag zou krijgen. Aanvankelijk schuwden ze de openbaarheid, wellicht uit angst voor de hogepriester en andere Joden die hen graag van het toneel zagen verdwijnen. Pas vijftig dagen na de opstanding kwam de doorbraak. Op het Pinksterfeest, het Joodse Wekenfeest (zeven volle weken vanaf de sabbat na het Joodse

Paasfeest).[1] De volgelingen waren bijeengekomen in een huis, waar, zoals de auteur van Handelingen het beeldend uitdrukt (Hand. 2:3-4), ‘vlammen zich als vuurtongen verspreidden en zich op ieder van hen afzetten, en allen werden vervuld van de Heilige Geest en begonnen te spreken in vreemde talen, zoals hun door de Geest werd ingegeven.’ De ‘vurige tongen’ symboliseren een omslag in de geloofsverkondiging. Met de opmerking dat de leerlingen begonnen te spreken in talen waarmee ze niet vertrouwd waren wil Lucas uitdrukken dat steeds meer mensen in contact kwamen met de heilsleer van Jezus: niet alleen de Arameessprekende joden konden nu de boodschap ontvangen, ook Joden uit de diaspora, die uit verafgelegen gebieden naar Jeruzalem waren gekomen voor het Wekenfeest, waren nu ontvankelijk voor het verhaal van Jezus’ leerlingen. Ze hoorden de Galileeërs spreken in de taal van de regio waar zij woonden. Parten, Meden en Elamieten, inwoners van Mesopotamië, Judea en Kappadocië, mensen uit Pontus, Asia, Frygië en Pamfylië, Egypte en de omgeving van Cyrene in Libië, Romeinen, Kretenzers en Arabieren met een Joodse achtergrond kregen nu de boodschap van Jezus in hun eigen taal aangereikt. Het is een veelzeggende mededeling, die we overigens niet al te letterlijk moeten nemen. Het feit dat er zoveel diasporajoden worden genoemd, duidt erop dat een nieuwe fase in de prediking was aangebroken. De leerlingen waren een andere weg ingeslagen, ze oriënteerden zich op de buitenwereld, zij het nog heel voorzichtig. Zij predikten het geloof nog steeds onder Joden, maar nu betrof het niet alleen Joden uit Judea of Galilea, maar ook mensen afkomstig uit Joodse gemeenschappen in gebieden waarvan sommigen van hen vermoedelijk nog nooit gehoord hadden.

De grotere geografische spreiding had ook consequenties voor de organisatie. Jezus had geopereerd vanuit Kapernaüm in Galilea, maar was vooral rondgetrokken van de ene naar de andere plaats. Petrus gaf leiding vanuit Jeruzalem, maar had ook de oprichting van andere gemeenschappen op het oog, die naar het voorbeeld van de Jeruzalemgemeente moesten worden ingericht. Er is een zekere gelijkenis zichtbaar met de organisatiestructuur van de leefgemeenschappen van de Essenen, waarvan Qumran de bekendste en misschien ook wel de strengste was. De Essenen leidden, zoals al eerder gezegd, een eenvoudig en sober bestaan en schonken al hun bezittingen aan de gemeenschap. Een soortgelijke benadering zien we nu ontstaan bij de Jeruzalemgemeente. De leden verkochten hun bezittingen en verdeelden de opbrengst daarvan onder degenen die iets nodig hadden (Hand. 2:44-45). Hoewel de strikte verplichting om alles te verkopen ontbrak, werd van de leden wel verwacht dat ze afstand deden van al hun goederen, en de opbrengsten van de verkoop daarvan aan de gemeenschap schonken. Wie zich op enigerlei wijze daaraan onttrok en een deel van het geld achterhield kon rekenen op felle kritiek. Een zekere Ananias en zijn vrouw Saffira hebben dit aan den lijve ondervonden. Zij deden alsof ze aan de apostelen het hele bedrag van de verkoop van hun goederen overdroegen, maar hielden een deel achter. Een felle reprimande van Petrus was hun deel. Hij voegde Ananias toe: 'Waarom heb je je door Satan laten misleiden?' Toen hij hem ook nog verweet dat hij niet de mensen had bedrogen maar God, viel Ananias dood neer. Zijn vrouw onderging kort daarop hetzelfde lot (Hand. 5: 1-11).

De Jeruzalemgemeente groeide snel. Ook Maria en de broers van Jezus waren aanwezig bij het dagelijkse ritueel van het breken van het brood en de gemeenschappelijke gebeden. Dat wil niet zeggen dat de gemeenschap zich had afgekeerd van het Jodendom. De leden hadden in veel opzichten dezelfde opvattingen als orthodoxe Joden en leefden ook zoals zij. Ze besneden hun zonen, volgden de Joodse spijswetten en hielden zich aan de sabbat. In de andere gemeenten deden Joden hetzelfde. Er was sprake van Joodse *ekklesiai*, kerken die gelijkenis vertoonden met de traditionele synagogen. Het verschil school in het feit dat ze anders dachten over Jezus, in hun ogen de beloofde messias.[2]

Petrus deed in Jeruzalem herhaaldelijk van zich spreken met opvallende redevoeringen, die ver afstaan van de korte uitspraken die de evangelisten hem in de mond leggen. Hij bracht thema's ter sprake die het geloof een diepere basis gaven. Lucas laat hem enkele keren spreken over de dood van Jezus, diens opstanding en zijn verheffing tot de positie aan Gods rechterhand. Hij schildert Petrus en de andere apostelen af als getuigen van de veranderingen die zich voltrokken. Met wonderen zet Petrus zijn woorden kracht bij, zoals die keer toen hij een vanaf zijn geboorte verlamde man bij de poort van de Tempel genas, tot verbijstering van de mensen die de man al jaren onmachtig bij de ingang hadden zien liggen (Hand. 3:1-10). Vervolgens richt hij het woord tot de verzamelde menigte en vertelt dat hij de macht om mensen beter te maken heeft ontvangen van God, de God van Abraham, Isaak en Jakob (Hand. 3:13).

De weifelende Petrus uit de evangeliën heeft plaatsgemaakt voor de zelfverzekerde leraar. Hij is niet meer de eenvoudige visser, wiens geloof in de ogen van Jezus herhaaldelijk tekortschiet, maar hij is nu met afstand de belangrijkste representant van de aanhangers van Jezus geworden. De leden van het Sanhedrin, de Joodse raad, zagen dat ook. Ze waren verbaasd toen ze Petrus zo openhartig en vrijmoedig hoorden spreken. Het viel niet goed. Ze arresteerden hem en zouden hem wellicht hebben veroordeeld, ware het niet dat het grote aantal bekeerlingen (Hand. 4:4 spreekt over vijfduizend gelovigen) noopte tot voorzichtigheid. Ze probeerden aanvankelijk Petrus en Johannes ertoe te bewegen met niemand over Jezus te spreken, maar toen dat niet lukte lieten ze hen gaan. Dat getuigt enerzijds van machteloosheid van de leden van het Sanhedrin, maar tegelijkertijd is het ook een bewijs dat ze Petrus niet konden betrappen op iets wat tegen de voorschriften van de Wet van Mozes inging.

Als we kritisch kijken naar de verhalen in Handelingen over de vele wonderen van Petrus en de andere leerlingen en de overdrijvingen eruit filteren, dan blijft er nog genoeg over aan de hand waarvan we kunnen vaststellen dat velen in die dagen de beweging van Jezus serieus namen. Gelovigen beeldden zich in dat er werkelijk onverklaarbare genezingen plaatsvonden, wat ertoe leidde dat steeds meer mensen op het grote tempelplein in de zuilengang van Salomo bijeenkwamen. Petrus werd populair, zeer tot ongenoegen van de hogepriester en zijn medestanders. Zij zagen met grote ergernis dat de leden van de Jeruzalemgemeente zieken op draagbedden of matrassen op straat legden in de hoop dat als Petrus voorbijkwam een glimp van zijn schaduw op hen zou vallen (Hand. 5:12-16).

Toen ook nog vele mensen uit de omgeving toestroomden en zieken onder hen genezen werden, was het geduld van de Joodse autoriteiten op. Ze arresteerden de leerlingen en sloten hen op. Dan volgt in Handelingen een wonderlijke uiteenzetting, die aangeeft dat niets de auteur te ver ging om het verbond van Petrus en de anderen met God te beklemtonen. 's Nachts verscheen een engel die de deuren van de gevangenis opende en hen naar buiten leidde. In de vroege ochtend trokken de leerlingen naar de Tempel en gingen door met hun onderricht (Hand. 5:17-21). Als het aan het Sanhedrin had gelegen zou er snel een einde gekomen zijn aan hun prediking. Angst voor een felle reactie van sympathisanten van Petrus weerhield hen er echter van om hen onmiddellijk keihard aan te pakken. De hogepriester onderwierp hen aan een verhoor, in de hoop hen te kunnen betrappen op blasfemische opmerkingen. Petrus trad opnieuw als woordvoerder van de leerlingen op toen de hogepriester hem confronteerde met het feit dat ze de naam Jezus hadden gebruikt hoewel hun dat eerder al uitdrukkelijk was verboden. Petrus kende geen enkele twijfel toen hij tot hun verdediging aanvoerde dat men God eerder moet gehoorzamen dan mensen. Zijn betoog over Jezus, die door God tot leven was gewekt en een plaats had gekregen aan zijn rechterhand, wekte opnieuw de woede op van de hogepriester en de leden van het Sanhedrin, vooral door Petrus' aantijging dat zij hem hadden vermoord.

Wellicht zou het voor Petrus slecht zijn afgelopen als hij niet hulp had gekregen van Gamaliël, een Farizeeër en wetsgeleerde die bij het hele volk in aanzien stond. Hij was lid van het Sanhedrin, dat in meerderheid bestond uit Sadduceeën. Toen het ernaar uitzag dat de raad Petrus en de anderen ter dood zou veroordelen (Hand. 5:33) kwam hij tussenbeide. Hij trok onmiddellijk het initiatief naar zich toe, want hij vroeg zijn collega's niet om de leerlingen voor korte tijd naar buiten te brengen, nee, hij gaf er opdracht toe. Hij eiste het. Van de kant van de overige leden kwam er geen protest. Gamaliël maande hen geen overhaaste beslissingen te nemen. Hij haalde het verleden erbij en vertelde indringend over twee mannen die het volk enige tijd hadden misleid: Theudas en Judas de Galileeër. Ze waren beiden gedood en hun aanhang was vervolgens uiteengevallen. Hij sprak over de mislukte pogingen van de twee volksleiders om een 'oplossing' aan te dragen: de raad moest zich dus niet met de apostelen bemoeien, want als het mensenwerk was wat ze nastreefden, zou dat op niets uitlopen, maar als het Gods werk was, zouden ze niets tegen hen kunnen uitrichten. Niemand wil er toch van beschuldigd worden dat hij tegen God ingaat? luidde zijn retorische slotvraag. Zijn argumentatie overtuigde zijn toehoorders en de acties tegen de apostelen kregen geen vervolg. Na een geseling en een herhaald bevel om de naam van Jezus niet meer te gebruiken lieten ze hen gaan.

De woorden van Gamaliël komen geloofwaardig over, maar over de voorbeelden van de twee mislukte volksleiders valt nog wel het een en ander te zeggen. De auteur van Handelingen doet het voorkomen alsof zowel Theudas als Judas de Galileeër in het verleden een grote populariteit had verworven. Van de laatste is dat ontegenzeglijk waar. Judas had bijna dertig jaar eerder, in het jaar 6 n.Chr., een nieuwe politieke beweging geïntroduceerd die later zou uitgroeien tot de Zeloten (de 'IJveraars'). Ideologische en pragmatische beweegredenen hadden daarbij een rol gespeeld. Samen met zijn geestverwant Sadok had hij een breed protest georganiseerd tegen de verplichte aangifte van eigendommen op last van de Romeinse gouverneur Quirinius. Het ging om de volkstelling waar ook de evangelist Lucas over schrijft als hij de geboorte van Jezus in Betlehem behandelt (Luc. 2:1-7). Als de opstand succesvol zou verlopen, zou dat het welzijn van het land ten goede komen. Mocht de onderneming op een mislukking uitlopen, dan zouden ze geprezen worden om hun fiere houding. God stond aan hun zijde en zou stellig bereid zijn aan hun plannen mee te werken en hen bij te staan totdat ze in hun opzet waren geslaagd.[3] Beide leiders werden uiteindelijk gedood. Over Theudas is de auteur van Handelingen minder goed geïnformeerd. Hij 'dateert' hem vóór Judas de Galileeër, terwijl hij nog in actie moest komen toen Petrus vrijmoedig sprak in het Sanhedrin. Volgens Flavius Josephus bracht hij in 44 een enorme massa mensen op de been. Hij wist hen ertoe te bewegen hem naar de Jordaan te volgen. Hij beweerde dat hij een profeet was en dat op zijn bevel de rivier in tweeën zou splijten en dat hij hun zo een gemakkelijke doortocht zou verschaffen. Ook in zijn geval liep het plan op niets uit. Theudas werd gevangengenomen en geëxecuteerd.[4]

Petrus en zijn medestanders beschouwden het als een overwinning dat het Sanhedrin hen liet gaan. Het sterkte hen in hun streven om op de ingeslagen weg door te gaan. Met nog meer enthousiasme dan voorheen bleven ze onderricht geven, in de tempel en bij de mensen thuis. De kleine geloofsgemeenschap werd steeds groter.

Grieksprekende Joden

Jezus had zijn boodschap verkondigd aan de kinderen van Israël, die daar geworteld waren en dezelfde taal spraken: Aramees. Na zijn dood was er het nodige veranderd. De Jeruzalemgemeente had aanwas gekregen van Joden met een andere achtergrond. De meesten van hen kwamen uit de periferie, een minderheid uit verder weg gelegen streken als Egypte, Syrië en Klein-Azië. Ze waren nazaten van Joden in de diaspora, de verstrooiing van de Joden die al begonnen was in 587 v.Chr., toen de Babylonische koning Nebukadnezar Jeruzalem had veroverd en inwoners van de stad had gedeporteerd naar Babylon. Later, toen de Perzische en de Seleucidische koningen in Israël aan de macht waren gekomen, trokken nog meer Joden weg, of ze werden weggevoerd. Na verloop van enige tijd ontstonden er in de grote steden rond de Middellandse Zee Joodse gemeenschappen, die hun eigen identiteit levend hielden, maar of ze nu wilden of niet ook in contact kwamen met andere godsdiensten en culturen. Een aantal Joden uit die gemeenschappen keerde na verloop van tijd terug naar Jeruzalem, waar sommigen van hen in hun zoektocht naar de ware God teleurgesteld raakten over het starre gedrag van conservatieve Joden, die vasthielden aan de voorouderlijke tradities en de oude Joodse identiteit tegen iedere prijs wilden bewaren. Zij voelden zich meer aangesproken door de Profeten die de Tora nader hadden geduid en goede werken van minstens zoveel betekenis achtten als de rigide handhaving van de reinheidsvoorschriften en spijswetten.[5] In hun zoektocht naar de juiste interpretatie van de Tora kwamen de Joden uit de Grieks-hellenistische wereld in contact met de volgelingen van Jezus en constateerden tot hun vreugde dat de Jeruzalemgemeente hun ruimte bood. Er diende zich wel een probleem aan: hoewel ze de uitgangspunten van de Jeruzalemgemeente accepteerden, bleven ze, mede door taalbarrières, bijeenkomen in hun eigen gebedshuizen, waardoor de mogelijkheid bestond dat ze in hun vieringen ook afwijkende standpunten verkondigden.

De toeloop van Griekssprekende gelovigen leidde tot organisatorische moeilijkheden. De twaalf hadden zich ten doel gesteld Gods woord aan zoveel mogelijk Joden te verkondigen, maar de toestroom van nieuwe gelovigen vroeg om een soort taakverdeling. Ze konden niet meer alles zelf doen. Meer personen zouden een dienende rol op zich moeten nemen. Het leek geen al te moeilijke opgave om kandidaten te vinden, maar omdat de integratie van Griekssprekende Joden met de Arameessprekende Joden niet zonder slag of stoot verliep en spanningen zichtbaar werden, moest er omzichtig worden opgetreden.

Tegenstellingen tussen beide groepen manifesteerden zich toen de Griekssprekenden zich er openlijk aan ergerden dat weduwen uit hun geledingen werden achtergesteld bij de dagelijkse voedseluitdeling (Hand. 6:1). Klaarblijkelijk werden in de begindagen van de Jeruzalemgemeente mensen die niet in staat waren voor zichzelf te zorgen door de gemeenschap onderhouden, maar werd daarbij wel onderscheid gemaakt tussen de autochtone Joden en de nieuwkomers uit andere gebieden. De laatsten vonden de kwestie zo belangrijk dat ze zich er bij Petrus en de andere voormannen van de Jeruzalemgemeente over beklaagden. Petrus nam hun klachten serieus, maar hij zag geen noodzaak om deze zaak persoonlijk op te lossen. De verkondiging van Gods woord had voor hem een hogere prioriteit. Vermoedelijk had hij toen al de stichting van andere gemeenschappen op het oog en wilde hij daaraan zelf leiding geven. 'Jeruzalem' was inmiddels immers een volwaardige gemeenschap. Het religieuze fundament was gelegd, nu hoefde alleen nog maar de organisatie vastere vorm te krijgen.

Er was een groep die vlak onder de twaalf stond. De leden daarvan waren minder bekend, maar hadden voldoende charisma om de gemeente te leiden. Zo kon het 'keurcorps' van de twaalf bij elkaar worden gehouden om de boodschap buiten Jeruzalem verder uit te dragen. Alle leerlingen stemden in met het voorstel om het zo te organiseren en kozen Stephanus, Philippus, Prochorus, Nikanor, Timon, Parmenas en Nikolaüs als nieuwe voormannen. Omdat ze alle zeven Griekse namen hebben en alleen van Nikolaüs wordt verteld dat hij een proseliet (een bekeerling) was, is het aannemelijk dat de andere zes Joden waren die in de diaspora of in een hellenistische omgeving waren opgegroeid. Tijdens een plechtige bijeenkomst werden de nieuwe leiders officieel benoemd (Hand. 6:5-6).

Van deze zeven zijn ons er twee goed bekend: Stephanus en Philippus. Zij het niet door hun bemoeienis met de zorg voor de weduwen. Die wordt in Handelingen in feite alleen maar aangestipt en niet verder uitgewerkt. De auteur signaleert de problemen als een direct gevolg van de snelle groei van de gemeente. Hij ziet de tegenstellingen tussen Arameessprekende en Griekssprekende Joden als een scenario dat zich ook in andere nieuwe gemeenschappen kon voordoen. Het was niet van wezenlijk belang om de meningsverschillen nader toe te lichten. Hij had zijn punt gemaakt. Zijn lezers konden er hun voordeel mee doen bij het stichten van nieuwe gemeenten.

Stephanus en Philippus waren aangesteld om de praktische problemen in goede banen te leiden, maar net als de twaalf voelden zij de behoefte om méér te doen, om zélf de boodschap van Jezus uit te dragen. Het verslag in Handelingen neemt ineens een dramatische wending als de nadruk volledig komt te liggen op de geloofsverkondiging van Stephanus. Hij wordt afgeschilderd als een man die vol is van geloof en van de Heilige Geest (Hand. 6:5). Hij trok door Jeruzalem, preekte en deed wonderen – maar niet naar de zin van iedereen. Hem werd 'de voet dwars gezet door de synagoge van de vrijgelatenen', waartoe ook Joden uit Egypte, Cilicië en Klein-Azië behoorden (Hand. 6:8-9).[6] Zij hadden hem in het Grieks horen spreken en vonden dat zijn boodschap indruiste tegen de geloofsregels van de Joden. Bij hen overheerste de angst dat hij mensen uit hun gemeenschappen ertoe zou kunnen bewegen zijn volgelingen te worden. Ze schoven valse getuigen naar voren die hem lasterlijke uitspraken hadden horen doen over Mozes en over God. Op gezag van de schriftgeleerden moest Stephanus voor het Sanhedrin verschijnen. Toen hij aan een kruisverhoor werd onderworpen en hem de vraag werd gesteld of het waar was dat hij had verteld dat de Tempel zou worden afgebroken en of hij de zeden en gebruiken die Mozes aan de Joden had onderwezen wilde veranderen, hield hij een imposante verdedigingsrede. Zijn betoog voor een vrijere houding ten opzichte van de Wet van Mozes en zijn kritiek op de tempeldienst moet bij sommigen bijzonder slecht zijn gevallen. Uiteindelijk werd hij naar buiten gesleurd en gestenigd.

Als de marteling van Stephanus nagenoeg voorbij is, wordt ineens, zonder nadere introductie, de latere apostel Paulus, dan nog Saulus geheten, ten tonele gevoerd. In een paar regels tekst vertelt Lucas, de vermoedelijke auteur van Handelingen, dat de stenengooiers hun mantels afwierpen en neerlegden aan de voeten van een jongeman die Saulus heet. Die keurde de terechtstelling van Stephanus goed (Hand. 7:58-60). Waarom hij dat deed vertelt Lucas niet, maar hij suggereert dat Paulus als fanatieke Farizeeër aan de zijde stond van de tegenstanders van Stephanus. Later, na zijn overgang naar de Jezusgemeente, zou Paulus refereren aan zijn eigen verleden:

> Ik werd besneden toen ik acht dagen oud was en behoor tot het volk van Israël, tot de stam Benjamin. Ik ben een geboren Hebreeër met de wetsopvatting van een Farizeeër en heb de gemeente fanatiek vervolgd. Aan wat er in de wet over gerechtigheid staat, voldeed ik volledig. (Phil. 3:5)

Paulus geeft dus openlijk toe dat hij het op volgelingen van Jezus had voorzien. Hij was de enige niet. De leden van de Jeruzalemgemeente kregen het zwaar te verduren, van Paulus én van zijn geestverwanten, die het niet konden verkroppen dat het aantal volgelingen van de opgestane Christus gestaag groeide. De vervolgingen moeten hen hard hebben getroffen, want een aantal van hen verliet de stad en verspreidde zich over Judea en Samaria. Opmerkelijk genoeg bleven de apostelen, die Stephanus en de andere zes hadden aangewezen om in Jeruzalem de gemeente te leiden, buiten schot. Zij konden in Jeruzalem blijven. Het leek Paulus en de andere Farizeeën vooral te gaan om de Grieks-sprekende volgelingen van Jezus. In hun ogen verkondigden vooral zij blasfemische denkbeelden. Zij wekten vermoedelijk Paulus' woede op, omdat zij de kernpunten van het Joodse geloof, vastgelegd in de Tora, niet onderschreven.

Ook Philippus moest de stad verlaten. Hij ging naar Samaria, waar hij de boodschap van Jezus uitdroeg en met wonderen zijn geloofsverkondiging onderstreepte. Hij dreef demonen uit en genas talrijke lammen en kreupelen. De lokale bevolking was vooral verbaasd, omdat zich in hun midden al een man bevond die met zijn wonderen velen onder zijn invloed had gebracht: Simon Magus. In Handelingen lezen we over hem:

> Voordien had een zekere Simon in de stad magie bedreven en de bevolking versteld doen staan. Hij beweerde over bijzondere gaven te beschikken, en iedereen, van groot tot klein, keek vol ontzag naar hem op omdat ze werkelijk meenden dat de grote macht van God in hem zichtbaar werd. Hij boezemde de bevolking ontzag in omdat hij hen geruime tijd verbaasd had met zijn magische kunsten. (Hand. 8:9-11)

Simon wordt dus afgeschilderd als een geduchte concurrent. Wat zich in Samaria precies heeft afgespeeld tussen hem en Philippus wordt niet duidelijk, evenmin is er iets te vinden over wat Simon de mensen nu precies vertelde. Daar ging het de auteur van Handelingen ook niet om. Van belang was dat de prediking van Philippus meer effect had dan die van Simon. Het resultaat was spectaculair: Simon aanvaardde het geloof en liet zich dopen. In het vervolg was hij voortdurend in de omgeving van Philippus te vinden, wiens wonderkracht hem versteld deed staan (Hand. 8:13).

Philippus' prediking in Samaria betekende een dubbele doorbraak in de geloofsverkondiging. Philippus begaf zich buiten de kringen van traditionele Joden. De Samaritanen waren weliswaar Joden, maar ze hadden zich afgescheiden van de andere Joden, die het hun vooral kwalijk namen dat zij hun eigen tempel op de berg Gerizim belangrijker achtten dan de Tempel in Jeruzalem. Nieuw was ook dat het initiatief om de Samaritanen tot geloof te brengen uitging van Philippus en niet van Petrus en de andere leerlingen die tot dan toe de boodschap hadden verkondigd. Zij hadden bepaald wat wel en niet gezegd moest worden. Zij vormden als het ware een commissie die de geloofsinhoud vaststelde. Nu Philippus zoveel succes kende in Samaria voelden de twaalf zich geroepen actie te ondernemen. Omdat hij in het Grieks en niet in het Aramees preekte, waren ze bang dat hij ideeën zou verkondigen die in strijd waren met de lijn die zij hadden uitgestippeld. Controle leek derhalve noodzakelijk. Hoe sterk er getwijfeld werd aan de inhoud van Philippus' prediking, blijkt wel uit de zware delegatie die naar Samaria werd gestuurd. Petrus en Johannes kwamen persoonlijk naar hem toe en lieten doorschemeren dat er nog iets ontbrak aan de toetreding van de Samaritanen. Zij waren dan wel gedoopt door Philippus, maar, zo staat er in Handelingen, de Heilige Geest was nog niet op hen neergedaald. Met andere woorden: Philippus had wel goed werk verricht, maar het was nog niet af. Het beslissende woord was aan Petrus. Hij legde de nieuwe gelovigen de handen op, waardoor zij de Heilige Geest ontvingen (Hand. 8: 14-17).

En nog was de bemoeienis van Petrus niet ten einde. Je zou verwachten dat alles nu geregeld was en dat het geloof ingang had gevonden bij iedereen. Maar de oude gedachten leefden nog bij Simon Magus. Hij had blijkbaar weinig geleerd van het optreden van de apostelen en dacht nog steeds dat hun handelwijze, en speciaal die van Petrus, één grote truc was. Hij wordt afgeschilderd als een man die denkt dat alles te koop is, ook de kracht om wonderen te doen. Zijn vraag aan Petrus om hem in ruil voor geld ook die macht te geven, zodat ook degenen die hij de handen oplegt tot geloof komen,[7] maakt bij Petrus een boosheid los die doet denken aan de reacties van Jezus als mensen een groot gebrek aan geloof vertoonden. Simon wordt de verpersoonlijking van het kwaad. Hij kan en wil ook niet begrijpen dat God van zijn volgelingen onvoorwaardelijke toewijding vraagt en aan zijn leerlingen persoonlijk de gave heeft geschonken om mensen van de Heilige Geest te vervullen. Hij zal nooit de taken van de apostelen kunnen uitoefenen. Simons repliek mag hem niet baten. Zijn verzoek aan Petrus om voor hem te bidden, zodat het hem niet zal vergaan als Petrus heeft gezegd, is tevergeefs.

In Handelingen wordt verder niets meer over Simon Magus gezegd, wel over 'magische praktijken' van anderen die op een vergelijkbare manier te werk gingen. Tijdens zijn eerste zendingsreis na zijn bekering, rond 44, kreeg Paulus eveneens te maken met een valse profeet. Diens naam was Barjesus. Hij werd ook wel Elymas genoemd, wat 'magiër' betekent (Hand. 13:6-12). Deze Barjesus had een grote invloed op de Romeinse gouverneur op Cyprus, Sergius Paulus, maar tegen Paulus was hij niet opgewassen. De apostel keek hem recht in de ogen en noemde hem een zoon van de duivel, vol list en bedrog, een vijand van alle gerechtigheid. Eén blik van Paulus was voldoende om zijn tegenstander met blindheid te slaan. Het slachtoffer bood een deerniswekkende aanblik. Tastend in het duister zocht hij iemand om hem bij de hand te nemen (Hand. 13: 6-12). De verblinding van Barjesus is natuurlijk meer dan een gewone anekdote. Lucas wilde ermee aantonen dat Paulus zich na een omstreden verleden dusdanig had opgewerkt dat hij zich op één lijn kon plaatsen met Petrus, die de magische krachten van Simon Magus had overwonnen.

Philippus zal de hele gang rond Simon Magus en Petrus met verwondering hebben aanschouwd. Hij meende de valse profeet op het rechte pad te hebben gebracht, maar de werkelijkheid was anders. Zijn mogelijkheden om mensen tot het geloof te brengen wogen niet op tegen die van Petrus, die openlijk had laten zien dat hij als leider van de gemeenschap valse getuigenissen onmiddellijk doorzag. Philippus' rol was echter nog niet uitgespeeld. De aanhang onder de Joden, zowel onder de Arameessprekenden als de Griekssprekenden, was zo gegroeid dat Petrus en de overige elf niet overal aanwezig konden zijn. De Griekssprekende leerlingen traden steeds vaker zelfstandig op, ook Philippus. De overgang van een teleurgestelde, wellicht gekrenkte prediker naar een succesvolle verkondiger van Gods boodschap vindt plaats op de weg van Jeruzalem naar Gaza tijdens een bijzondere ontmoeting met een eunuch (Hand. 8:26-40). Hij was een hoge ambtenaar, beheerder van de schatkist, onder de *Kandakè*, de koningin van Ethiopië. De man was op de terugweg naar huis vanuit Jeruzalem, waar hij op pelgrimage was geweest en God had aanbeden. Op de terugweg las hij een tekst uit Jesaja (53:7-8), waarin de betekenis van de lijdende dienaar van de Heer wordt behandeld:

Als een schaap dat naar de slacht wordt geleid,
als een ooi die stil ligt bij haar scheerders
deed hij zijn mond niet open.

Door een onrechtvaardig vonnis werd hij weggenomen.
Wie van zijn tijdgenoten heeft er oog voor gehad?
Hij werd verbannen uit het land der levenden,
om de zonden van mijn volk werd hij geslagen.

De eunuch raakte hierover in verwarring, hij wist niet wat hij met deze woorden aan moest. Tegelijkertijd kreeg Philippus een ingeving om hem de betekenis ervan uit te leggen. Hij gebruikte de tekst als uitgangspunt voor zijn uitleg van het evangelie van Jezus. De eunuch kwam onmiddellijk tot geloof en liet zich door Philippus dopen. Die bleef hierna in de omgeving actief en verkondigde zijn boodschap aan de mensen in Azotus, de oude Philistijnse stad Ashdod, zo'n dertig kilometer van Gaza. In de jaren die volgden bracht hij het evangelie naar meer kuststeden, tot in Caesarea, de stad die tussen 22 en 10 v.Chr. door koning Herodes gebouwd was als een eerbewijs aan keizer Augustus.

Boodschap aan niet-Joden

Tot nu toe hadden Jezus' volgelingen zich vooral begeven onder Joden. De komst van Philippus naar Caesarea betekende weer een nieuwe fase in de verkondiging. De stad met zijn immens grote haven had vanaf de stichting een grote toestroom van mensen met een uiteenlopende achtergrond gekregen: Joden, Grieken en Romeinen. De inwoners leefden niet in harmonie, ze leefden vooral naast elkaar. Herhaaldelijk kregen de verschillende bevolkingsgroepen het met elkaar aan de stok. Philippus zal zich in eerste instantie vooral gericht hebben tot de Joden, en dan met name de Griekssprekende Joden. Maar het is aannemelijk dat ook anderen in deze stad zijn boodschap hebben opgevangen. Philippus sprak immers hun taal. Veel van wat zij hoorden kwam hun min of meer bekend voor. De wonderen waarover hij sprak hadden ze mogelijk ervaren bij de heiligdommen van de god Asclepius, waar eveneens genezingen plaatsvonden die hun bevattingsvermogen te boven gingen, maar die zij accepteerden als uitingen van de wonderkracht van de godheid. De boodschap van Philippus zal bij hen de nodige twijfels hebben opgeroepen. Een Joodse prediker die hen toesprak was een vreemde gewaarwording.

In Handelingen vormt Philippus' optreden een scheidslijn tussen de oude verkondiging van de boodschap en de nieuwe, die gericht was op niet-Joden. Toen Philippus langs de kuststeden trok, verscheen er een andere Griekssprekende Jood ten tonele: Saulus/Paulus. Voor Lucas, die hem in Handelingen al had geïntroduceerd bij de steniging van Stephanus, is hij zo belangrijk dat hij veel plaats inruimt voor het visioen dat hem van het ene op het andere moment tot een ander mens maakte, dat hem veranderde van een vervolger van Jezus' volgelingen in een van de felste pleitbezorgers van diens leer. Hij was op weg naar Damascus, om een aantal Griekssprekende Joden, volgelingen van Jezus, te vervolgen. Paulus behoorde in die dagen vermoedelijk tot de radicale Farizeeën, die met leedwezen zagen dat de Toragetrouwe Joden het moeilijk hadden. Hij wilde daar iets tegen doen en kreeg van de hogepriester een 'aanbevelingsbrief' voor de bestuurders van de synagogen in Damascus waarin hun werd gevraagd hem te helpen bij zijn pogingen 'aanhangers van de Weg, mannen zowel als vrouwen, in die stad op te sporen en hen als gevangenen af te voeren naar Jeruzalem'.

Velen zullen in deze periode hebben verwacht dat Paulus zich zou ontwikkelen tot een geduchte vervolger en dat hij met zijn acties het goede voorbeeld zou geven om de groei van het nieuwe geloof buiten Jeruzalem tot staan te brengen. Andere gemeenten zouden vervolgens hetzelfde lot ondergaan, en zo zouden Jezus' volgelingen in Jeruzalem verstoken blijven van aanwas en zou hun beweging worden gereduceerd tot een in zichzelf gekeerde sekte. Maar alles wat hem tot dan toe had geïnspireerd verloor zijn betekenis op de weg naar Damascus, waar Paulus zijn visioen kreeg. Hij heeft er nooit aan getwijfeld dat hij door de genade van God werd tot wie hij moest worden (1 Kor. 15:10). Het is een discutabele verklaring, want Paulus had Jezus niet gekend en kon dus niet weten of Hij hem had aangesproken. Hij deed het later voorkomen alsof hij de opgestane Jezus had gezien en zijn stem had gehoord.

Paulus kon dan wel beweren dat Jezus aan hem verschenen was, de gemeenschap in Damascus was daar niet zo zeker van. Zelfs toen hij door Ananias, een toegewijde volgeling, was gedoopt, kostte het hem de grootste moeite om de gelovigen te bewijzen dat hij een van hen was geworden. Zeker in Jeruzalem, waar hij de reputatie had een hardvochtige vervolger te zijn, werd hij niet gemakkelijk geaccepteerd. Het was aan Barnabas, met wie hij later zijn eerste zendingsreis zou maken, te danken dat hij door de leerlingen in hun midden werd opgenomen. Voor hen moet het een vreemde ervaring zijn geweest dat de man die zij hadden gemeden en geschuwd zich nu in hun gezelschap vertoonde en vrijmoedig sprak over God. Of zij toen al enig vermoeden hadden dat hij de grote verkondiger van de boodschap van Jezus zou worden, is lang niet zeker. Dat hij het geloof onder niet-Joden zou verkondigen, was een gedachte die helemaal nog niet bij hen opkwam.

Lucas wist later wel beter. Het was alom bekend dat Paulus enkele grote zendingsreizen had gemaakt en Grieken en Romeinen tot het geloof had gebracht. Hij kon de bekeerde vervolger Paulus natuurlijk niet onmiddellijk prominent presenteren als degene bij wie de prediking onder de heidenen was begonnen. Daarmee zou hij Petrus, die de lijnen had uitgezet, ernstig tekort hebben gedaan. Hij wilde zijn lezers dus laten zien dat de eerste stap was gezet door Petrus, in opdracht van God. Het was weliswaar een kleine stap, maar wel een die een doorbraak betekende.

Het al genoemde Caesarea speelt hierbij een belangrijke rol. Daar zetelde de Romeinse prefect, daar waren Romeinse troepen gestationeerd. Onder de soldaten bevond zich een centurio met de naam Cornelius. Hij wordt afgeschilderd als een godvrezend man met een grote interesse voor de Joodse religie. Hij behandelde de Joden in hun synagogen met respect. Vermoedelijk verkeerde hij geregeld in hun gezelschap. Zijn bekering is een wonderlijk verhaal, waarin visioenen de doorslag geven (Hand. 10:1-48).

Petrus bekeert Cornelius niet spontaan. Het initiatief ligt zowel bij hem als bij Cornelius. De centurio heeft een droom, waarin hem wordt gezegd Petrus bij hem thuis uit te nodigen. De apostel is dan nog in de stad Joppe. Nog voordat de door Cornelius uitgezonden soldaten bij Petrus arriveren, krijgt deze op zijn beurt een droom. Hij ziet een linnen kleed dat vanuit de hemel wordt neergelaten, met daarop allerlei dieren, reine en onreine, en hoort een stem die zegt: 'Slacht en eet.' Petrus weet zich geen raad. Tot driemaal toe gebiedt de stem hem gehoor te geven aan de opdracht. Petrus raakt lichtelijk vertwijfeld, want als Jood die de Wet van Mozes in acht neemt had hij nooit het vlees van onreine dieren geproefd. Dan arriveren de drie gezanten van Cornelius. Ze leggen Petrus uit dat de centurio hem uitnodigt om in diens huis te vertellen over Jezus en zijn boodschap. Dan wordt het Petrus duidelijk dat het kleed met de reine en onreine dieren en het verzoek van Cornelius niet los van elkaar gezien kunnen worden. Hij preekt ten huize van Cornelius en legt uit hoe moeilijk het voor hem als Jood is om voor niet-Joden te spreken. De Romein en zijn kennissen zijn een en al oor. De Joodse gelovigen die met Petrus zijn meegekomen zijn verbaasd bij het zien van de wonderlijke transformatie van de heidenen. Ze zullen zich wellicht nog wel meer hebben verwonderd over Petrus. Die stelde onomwonden dat God geen onderscheid maakt tussen mensen, maar zich het lot aantrekt van iedereen, uit welk volk dan ook, die ontzag voor hem heeft en rechtvaardig handelt (Hand. 10:34-35).

De vergelijking met de gebeurtenissen tijdens Pinksteren dringt zich op. Werd toen de afstand tussen Arameessprekende en Griekssprekende Joden overbrugd, nu wordt een begin gemaakt met het dichten van de kloof tussen Joden en niet-Joden. Niet op grote schaal overigens. De bekering van Cornelius is vooralsnog een incident. De apostelen maken er niet echt werk van, ook Petrus niet. Hij beweegt zich in die dagen vooral onder Joden en doet zich bij hen steeds duidelijker gelden als een ware representant van Jezus die met wonderen zijn boodschap onderstreept. In Lydda geneest hij een man die al acht jaar verlamd op bed ligt, wat voor de inwoners van de stad aanleiding is om zich massaal te bekeren (Hand. 9:32-35). Een nog groter wonder verricht hij in Joppe, als hij een volgelinge, Tabitha, die kort tevoren was gestorven weer tot leven wekt (Hand. 9:36-42). Steeds meer mensen kijken tegen hem op.

Tot een grootscheepse kerstening van niet-Joden kwam het nog niet. Petrus had na het bekend worden van de bekering van Cornelius alle moeite om de apostelen en de andere leden van de Jeruzalemgemeente ervan te overtuigen dat hij juist had gehandeld. Zij hielden vast aan het oorspronkelijke voornemen van Jezus om zijn boodschap te verkondigen aan de kinderen van Israël. Daar lag het vertrouwde arbeidsterrein, daar hoefden ze zich niet in bochten te wringen om de boodschap nader toe te lichten. Zelfs de Grieksssprekende Joden uit Jeruzalem, die na de steniging van Stephanus waren uitgezwermd preekten in Phoenicië, Cyprus en Antiochië voornamelijk onder volksgenoten. Dat niet-Joden toch met de boodschap van Jezus in contact kwamen was te danken aan Grieksssprekende Joden uit de diaspora, uit Cyprus en Cyrene. Zij wendden zich ook tot de Griekse bevolking, die daar al geruime tijd woonde. De namen van de vroegste predikers onder niet-Joden zijn niet overgeleverd. Ze zijn in de vergetelheid weggezakt, wat jammer is, want zij legden de basis, waarvan latere predikers als Barnabas en Paulus konden profiteren.

De verspreiding van de boodschap van Jezus (onder de Joden) kreeg in de volgende maanden een krachtig vervolg. Op verschillende fronten waren apostelen actief, en de resultaten werden geleidelijk zichtbaar. In Judea en Galilea waren Petrus en de overige elf leerlingen nog bij de leiding betrokken. Ze wilden het liefst persoonlijk het geloof uitdragen, wat als consequentie had dat de organisatie van de Jeruzalemgemeente in gebreke bleef en er dus helpers nodig waren. In die dagen meer dan ooit, omdat de protesten tegen de volgelingen van Jezus weer oplaaiden. Veel Joden zagen met afgrijzen hoe sterk het aantal gelovigen groeide. Ook koning Herodes Agrippa, een kleinzoon van Herodes de Grote, ontging het niet. Hij had zijn jeugd doorgebracht in Rome en had zich met hulp van de Romeinen steeds grotere gebieden in Palestina toegeëigend. Als het waar is wat van hem wordt gezegd, dat hij zich graag als een god liet toejuichen, is het niet verwonderlijk dat hij een grote aversie had tegen mensen die de boodschap van Jezus en de opstanding verkondigden. De situatie werd gespannen toen hij in 42 Jakobus, de broer van Johannes en de zoon van Zebedeüs, liet ombrengen. Kort daarop werd ook Petrus gearresteerd. Het was de bedoeling om hem na het Pesachfeest ten overstaan van het volk te berechten, maar zo ver kwam het niet. Petrus wist dankzij een wonder te ontsnappen. Lucas treedt bij de beschrijving daarvan in herhaling. Net als eerder (Hand. 5:17-21) schiet een engel de gevangen Petrus te hulp. De ketenen vallen van hem af als de engel hem gebiedt mee te gaan. Zij passeren samen twee wachtposten, en de gevangenispoort gaat vanzelf open. Petrus meldt zich bij het huis van Maria, de moeder van Johannes Marcus, waar veel gelovigen bijeen zijn gekomen om te bidden.

Dan volgt er in Handelingen een opmerkelijke passage. Als Petrus zich opmaakt om Jeruzalem te verlaten zegt hij: 'Stel Jakobus en de anderen op de hoogte.' (Hand. 12:17) Hij doelt op Jakobus, een van de broers van Jezus (Marc. 6:3-4; Matt. 13:55). Daarop vertrekt hij, met onbekende bestemming, en in paniek, omdat Agrippa bevel geeft om hem op te sporen en terecht te stellen.

Jakobus wordt dan in Handelingen ineens, zonder nadere toelichting, geïntroduceerd. Petrus kende hem goed, Jakobus was op dat moment feitelijk de leider van de Jeruzalemgemeente, wat verbazingwekkend is, omdat hij niet tot de twaalf had behoord, maar pas na de kruisdood van Jezus echt actief was geworden in de gemeenschap. Hoewel hij na zijn toetreding als broer van Jezus een streepje voor had, lag het niet voor de hand dat hij zo snel de leider van de gemeenschap zou worden. Petrus en de andere leerlingen zullen zijn doen en laten met argwaan hebben bekeken en hem zeker de vraag hebben gesteld waarom hij zich tijdens het leven van Jezus afzijdig had gehouden en diens boodschap pas na zijn dood was gaan uitdragen.

Omdat we over het moment waarop Jakobus lid werd van de Jeruzalemgemeente slecht zijn geïnformeerd, valt niet uit te sluiten dat hij nog tijdens Jezus' leven omgang heeft gezocht met de leerlingen, met instemming van zijn broer. In het evangelie van Tomas uit het einde van de tweede eeuw, is er van enige animositeit tussen Jezus en Jakobus in ieder geval geen sprake, sterker nog, kort voor Jezus' dood hadden zijn leerlingen hem gevraagd wie hun leiding moest geven als hij er niet meer was en Jezus had geantwoord dat ze zich tot Jakobus de rechtvaardige moesten wenden (Tom. 12). Aan het einde van de vierde eeuw schreef Hiëronymus zelfs dat Jezus zich na zijn opstanding aan zijn broer had vertoond. Hij voegt er nog aan toe dat Jakobus de Jeruzalemgemeente dertig jaar heeft geleid, tot het zevende jaar van de regering van Nero, het jaar 61/62. Volgens zijn chronologie zou Jakobus dus rond het jaar 32, twee jaar na Jezus' dood, al de leiding op zich hebben genomen.[8]

De gemeenschappen die werden opgericht in de Grieks-hellenistische wereld vroegen om een andere, lossere benadering. Jakobus was zich ervan bewust dat als hij de eenheid onder de gelovigen wilde bewaren, er afspraken gemaakt moesten worden om de verschillende 'bloedgroepen' op één lijn te krijgen, om Joden en niet-Joodse inwoners van het Romeinse rijk zo ver te krijgen dat ze dezelfde uitgangspunten accepteerden. Van alle leiders werd inzicht en tact gevraagd.

Petrus, Paulus en Jakobus

Met de bekering van Cornelius had Petrus de weg 'vrijgemaakt' voor niet-Joden om toe te treden tot een van de nieuwe gemeenschappen, maar tot een grote opname van heidenen was het niet gekomen, mede omdat hij en de mensen om hem heen zich terughoudend opstelden. Maar er waren genoeg predikers die wel in Griekse steden de boodschap verkondigden aan zowel Joden als niet-Joden. De meesten van hen zijn in vergetelheid geraakt, maar een van hen heeft zodanig naam gemaakt dat hij na enige tijd in één adem werd genoemd met Petrus. Ik doel natuurlijk op Paulus, de man die eerst de sympathisanten van Jezus vervolgde en na zijn bekering een fanatieke geloofsprediker werd. In tegenstelling tot Petrus had hij wel een opleiding genoten, eerst in Tarsus en later in Jeruzalem. Hij was een Jood uit de diaspora. Zijn bekendheid heeft hij vooral te danken aan het uitgebreide verslag van zijn zendingsreizen in de Handelingen van de apostelen, maar meer nog aan zijn in het Grieks gestelde brieven, waarin hij zijn geloofsverkondiging heeft opgeschreven. Hij groeide uit tot dé prediker onder de niet-Joden, hoewel vóór en na hem vele anderen zich eveneens in westwaartse richting hebben begeven om het geloof te verkondigen.

In deze jaren waren er in feite drie leiders van de gezamenlijke gemeenten van Jezus. Het lijkt er een beetje op dat er, nadat de nodige barrières waren weggenomen, een onderling afgesproken taakverdeling bestond. In Jeruzalem had Jezus' broer Jakobus het voor het zeggen gekregen. Hij zocht de aanwas van de gemeente vooral onder de Arameessprekende Joden, onder de mensen die de geschiedenis van het leven en lijden van Jezus persoonlijk hadden meegemaakt of er door directe getuigen over hadden horen vertellen. Buiten Jeruzalem, in Judea en Galilea, was Petrus onbetwist de belangrijkste geloofsverkondiger. Hij bekleedde een soort brugfunctie tussen de predikers die daar het oude verhaal vertelden en de geloofsverkondigers die de boodschap in het hele rijk aan zowel Joden als niet-Joden wilden doorgeven. De verre buitenwereld was het arbeidsterrein van Paulus. Met hetzelfde fanatisme als waarmee hij zich op de vervolging van volgelingen van Jezus had gestort wijdde hij zich na het visioen op de weg naar Damascus aan de verkondiging van diens boodschap.

De drie mannen opereerden los van elkaar, er wordt althans niets gezegd over een gezamenlijke strategie, maar op bepaalde momenten moesten ze wel met elkaar overleggen over de te volgen koers inzake de opname van niet-Joden en het opstellen van voorschriften. Geen gemakkelijke opgave, omdat de Jeruzalemgemeente de grootste moeite bleef houden met de opname van nieuwelingen met een niet-Joodse achtergrond. Jakobus kwam in een moeilijke positie. In zijn hart was hij het eens met de voorstanders, die een verplichte besnijdenis van nieuwe gelovigen bepleitten, maar om de eenheid te bewaren moest hij voorzichtig te werk gaan. Petrus toonde zich in het openbaar iets liberaler, maar hij vond wel dat de toelating van niet-Joden geen prioriteit mocht hebben. Paulus pleitte er juist voor om ook Grieken, Romeinen en autochtone inwoners van alle plaatsen die hij aandeed op te nemen.

Na zijn ontsnapping uit Jeruzalem predikte Petrus in de regio. Zijn route is niet te traceren, evenmin als die van de andere leerlingen van Jezus. Opvallend is dat zijn vrouw vermoedelijk veelvuldig in zijn gezelschap verkeerde. Paulus doelt hierop als hij het heeft over het recht van predikers om een gelovige echtgenote mee op reis te nemen. Hij noemt speciaal Petrus, de andere apostelen en de broers van Jezus (1 Kor. 9:5), zonder hun overigens verwijten te maken, hoewel hij er zelf de voorkeur aan lijkt te geven dat mensen ongehuwd blijven, zoals hijzelf (1 Kor. 7:7). Of hij spontaan zijn goedkeuring gaf aan vrouwelijk gezelschap op reis blijft de vraag, maar hij kon niet anders.[9] Een aanval op Petrus zou immers kunnen worden opgevat als een aanval op de uitverkiezing van Petrus door Jezus. Die had hem persoonlijk als de toekomstige leider van zijn gemeenschap bestempeld. Een negatieve zienswijze kon Paulus zich niet veroorloven. Door zijn verleden bleef hij kwetsbaar, en was hij gedwongen zich voorzichtig over Petrus uit te laten. Later zou hij hem noemen als de eerste aan wie de opgestane Jezus was verschenen (1 Kor. 15:5). Na verloop van tijd kon hij zijn lezers meedelen dat Petrus en hij aparte taken hadden. Ze hadden dat niet samen besloten, de situatie was spontaan gegroeid: aan Petrus was de verkondiging aan de Joden toevertrouwd en aan hem die aan de heidenen (Gal. 2:7).

Petrus en Paulus hebben elkaar drie keer ontmoet, weinig voor mannen die zichzelf beschouwden als 'voorgangers'. De eerste keer was Paulus duidelijk nog de ondergeschikte. Dat was in 37, toen hij na zijn bekering naar Jeruzalem was gegaan om zich door Petrus te laten bijpraten over Jezus en zijn boodschap (Gal. 1:18). Hij had zich terdege op zijn nieuwe leven voorbereid, korte tijd in de woestijn en veel langer in Damascus. Vermoedelijk wist de eigenzinnige Paulus toen hij zich bij Petrus aandiende wat hij in de toekomst wilde doen: het geloof verkondigen in de wereld waarin hij was opgegroeid. Maar wanneer hij zonder medeweten van Petrus, de belangrijkste leerling van Jezus, zijn eigen plan had getrokken, zou hem dat bijzonder kwalijk zijn genomen. Daarom vervoegde hij zich bij hem. Na twee weken verliet Paulus Jeruzalem en verdween vervolgens voor drie jaar, van 37 tot 40, uit beeld. Vermoedelijk heeft hij in die jaren de christelijke boodschap verkondigd in de regio van Cilicië, waar hij opgegroeid was.

In de jaren die volgden, toen Paulus zijn eerste grote zendingsreis maakte, naar Cyprus en Klein-Azië, en daar preekte voor Joden en niet-Joden, sijpelden er herhaaldelijk berichten door in Jeruzalem dat hij zich niet veel aantrok van de richtlijnen van de Jeruzalemgemeente dat ook niet-Joodse broeders zich moesten laten besnijden. Dat was een heikel punt. Paulus was van mening dat het voor de nieuwe gelovigen belangrijk was dat ze in Jezus Christus waren en dat de voorschriften van de Tora niet van doorslaggevende betekenis waren. Hij kon vermoeden dat deze opvatting, die overigens niet betekende dat hij zich minder aan de Tora gelegen liet liggen, maar wel dat met de dood en de opstanding van Jezus, de messias, alles anders was geworden, op serieuze tegenstand zou stuiten. Voor de Jeruzalemgemeente was het onverteerbaar dat de nieuwe leden van de gemeenschappen in Klein-Azië en Syrië niet dezelfde richtlijnen volgden als de gelovigen in Judea. Met name tussen de Jeruzalemgemeente en de gelovigen in Antiochië ontstonden diepgaande meningsverschillen. Terwijl in Jeruzalem veel bij het oude was gebleven, was men in Antiochië zijn eigen weg gegaan. De christelijke gemeenschap had ook niet-Joden zonder besnijdenis opgenomen. In Jeruzalem had men dat met toenemende ergernis gadegeslagen. Om een einde te maken aan die praktijk trokken enkele conservatieve predikers naar Antiochië. Vermoedelijk werden ze er door Jakobus heen gestuurd om vast te stellen of de gemeente van Antiochië op het rechte pad te brengen was. Een bevredigende oplossing bleef echter uit en de onderlinge verhoudingen raakten vertroebeld. Daarop stuurde de gemeente van Antiochië een delegatie naar Jeruzalem, onder leiding van Paulus en Barnabas.

Paulus heeft in zijn brief aan de Galaten verslag gedaan van de bijeenkomst en ook in Handelingen is een weergave van deze ontmoeting te vinden. De beide versies verschillen van elkaar in die zin dat Paulus het doet voorkomen alsof het een ontmoeting van gelijken was, terwijl de auteur van Handelingen lijkt te suggereren dat de Antiochiërs toestemming vroegen aan de leiders van de Jeruzalemgemeente om hun beleid voort te zetten. Volgens Paulus ging het om een overleg in

Petrus en Paulus op een graffito (Museo Nazionale Paleochristiano, Aquileia)

kleine kring: aan de ene kant hij en zijn metgezellen, aan de andere Jakobus, Petrus – Paulus noemt hem Kephas – en Johannes.[10] De sfeer was goed. Er was aan beide zijden begrip voor de standpunten van de anderen, maar de harmonie werd verstoord door toedoen van 'schijnbroeders, die als spionnen waren binnengedrongen om erachter te komen hoe wij onze vrijheid, die we in Christus Jezus hebben, gebruiken'. (Gal. 2:4)

Paulus laat in zijn Brief aan de Galaten doorschemeren dat hij veel baat heeft gehad bij het onderhoud. Voor hem was vooral van belang dat hij nu werd beschouwd als een volwaardige geloofsverkondiger. Er waren geen verschillen meer in status tussen hem, Petrus en Jakobus. Na afloop van de conferentie gaven Jakobus, Petrus en Johannes, die als steunpilaren golden, hem de broederhand (Gal. 2:9). Zelf formuleert hij zijn positie later aldus:

> Zoals God Petrus kracht had gegeven voor zijn werk onder de Joden, zo had hij mij kracht gegeven voor mijn werk onder de onbesnedenen. (Gal. 2:8)

Paulus liet er zich op voorstaan dat hij niet door mensen was aangesteld, maar dat hij de opdracht om de boodschap te verkondigen had ontvangen van 'Jezus Christus en God, de Vader, die Christus uit de dood had opgewekt' (Gal.1:1). Petrus had meer moeite met het apostelconvent. Hij voelde dat zijn positie kwetsbaar was. Hij was bang dat Paulus met zijn opvatting dat aan hém de verkondiging van de boodschap aan de niet-besnedenen was toevertrouwd, een geduchte concurrent zou worden. Hoewel hij ook wel begreep dat de geloofsverkondiging in andere delen van het Romeinse rijk een nieuw slag gelovigen opleverde, wilde hij zich niet direct neerleggen bij de door Paulus gewenste taakverdeling, dat die zou preken onder de heidenen en hij onder de besnedenen. De angst greep hem aan dat zijn rol dan kleiner zou worden, omdat in Jeruzalem Jakobus steeds meer macht naar zich toetrok. Hij zat in feite gevangen tussen de conservatieve gelovigen, die van oordeel waren dat ook niet-Joodse gelovigen besneden moesten worden, en de 'Paulusgroep' die deze kwestie volstrekt irrelevant vond.

Toen de spanningen opliepen, nam hij het woord. Hij begon met een zin die Paulus niet welgevallig zal zijn geweest:

> Broeders, u weet dat God mij al in het begin uit uw midden heeft gekozen om de boodschap van het evangelie onder de heidenen te verspreiden en hen tot geloof te brengen. (Hand. 15:7)

Met deze uitspraak gaf hij een duidelijk signaal af. Hij was de rots waarop Jezus zijn gemeenschap had gezegd te willen bouwen. De anderen konden daar niet omheen, ook Paulus niet, hoe welbespraakt en inventief hij ook was. Petrus besefte goed dat de groei van de gemeenschap zou stagneren als de besnijdenis aan niet-Joden verplicht werd gesteld. Hij neigde licht naar de denkrichting van Paulus, zonder daar openlijk op te zinspelen, maar had ook rekening te houden met de conservatievere Jakobus. In grote lijnen waren de drie het er uiteindelijk over eens dat een besnijdenis niet noodzakelijk was, maar Jakobus merkte er wel bij op dat de nieuwe niet-Joodse gelovigen zich wel moesten onthouden van afgoderij, hoererij en van verstikt vlees en bloed (Hand. 15:29). Dat standpunt werd overgenomen door de apostelen. Zij stuurden een brief waarin deze bepalingen waren opgenomen naar de gemeenten in Antiochië, Syrië en Cilicië. Het pleit leek beslecht, de richtlijnen waren duidelijk, nu en voor de toekomst.

De tekst van Handelingen 15:6-21 suggereert dat de rijen gesloten werden, maar de persoonlijke verhoudingen tussen de leiders waren zeker niet zodanig dat ze geregeld met elkaar rond de tafel zaten om de koers te bespreken. In Handelingen lezen we er niets over, sterker nog het verslag van de conferentie van Jeruzalem is het laatste dat we over Petrus lezen. Hij verdwijnt uit beeld, niet voor even om later weer prominent naar voren te treden, maar voorgoed. Hij komt in Handelingen niet meer voor.

In de volgende hoofdstukken gaat de aandacht uit naar de geloofsverkondiging onder de heidenen, en dan speciaal naar Paulus, die model staat voor de nieuwe vorm van verkondiging. Hij is de man van de moderniteit, van de verkondiging van het geloof onder de mensen die beïnvloed waren door de Grieks-Romeinse cultuur. Hij kon het geloof brengen naar alle delen van het Romeinse rijk en mensen met een verschillende achtergrond bekeren. Dat gold in mindere mate voor Petrus, die zich in de wereld van Grieken en Romeinen veel minder op zijn gemak zal hebben gevoeld dan zijn geleerde medeprediker. Zijn Grieks en Latijn waren niet goed genoeg om zijn denkbeelden helder uiteen te zetten. Daar stond tegenover dat, als hij zich presenteerde als Jezus' prominentste leerling, zijn toehoorders voor hun gevoel geconfronteerd werden met iemand die sprak vanuit het gedachtegoed van Jezus zelf. De auteur van Handelingen koos voor Paulus, de man die de opgestane Christus verkondigde en minder de boodschap van de aardse Jezus, die hij niet persoonlijk had gekend.

Wat Petrus na de Jeruzalemconferentie heeft gedaan is daarom moeilijk te reconstrueren. Gezien zijn uitspraken is het aannemelijk dat hij ook de weg naar niet-Joden is ingeslagen, maar de resultaten van zijn inspanningen zijn niet in de openbaarheid gekomen. Op grond van zijn activiteiten in het verleden zal hij geïnspireerd Jezus' boodschap hebben verkondigd, maar of hij in zijn latere leven ook nieuwe gemeenten heeft gesticht wordt niet vermeld. Gezien zijn faam was hij de ideale persoon om zich, nu de gemeenschap in Jeruzalem onder Jakobus goed georganiseerd was, ook te bemoeien met het opzetten van organisaties in steden in Palestina. De gedachte dringt zich op dat Petrus, toen hij preekte en wonderen deed in Lydda en Joppe, het niet gelaten heeft bij het bekeren van mensen, maar zich ook heeft ingelaten met organisatorische kwesties.

Paulus heeft als 'organisator' alle lof gekregen. Hij heeft daar met zijn brieven aan diverse gemeenten zelf aan bijgedragen. Veel van wat we over het optreden van Petrus weten komt uit de pen van Paulus. Vrienden waren ze in die tijd zeker niet, wat kort na de gesprekken in Jeruzalem nog eens duidelijk werd tijdens een derde ontmoeting. In Handelingen is hier niets over te vinden, maar Paulus schrijft in zijn Brief aan de Galaten (2:11-14) dat Petrus naar Antiochië kwam en net als hij aan tafel zat met niet-Joodse bekeerlingen. Toen hij hoorde van de komst van strenggelovige leden van de Jeruzalemgemeente, vermoedelijk volgelingen van Jakobus, die vóór een verplichte besnijdenis waren, weigerde Petrus om 'onrein' voedsel te eten. Hij trok zich snel terug en zonderde zich af, vermoedelijk uit angst voor de kritiek van de afgezanten van Jakobus, die hem eraan herinnerden dat hij als Jood onder de Joden moest preken en zich moest houden aan de Wet. Andere tafelgenoten hadden Petrus gevolgd, zodat Paulus recht tegenover Petrus was komen te staan. Hij beschuldigde hem van inconsequent gedrag en sprak hem aan met de volgende woorden: 'Jij bent een Jood, maar je leeft als een heiden en houdt je niet aan de Joodse gebruiken; hoe kun je dan opeens heidenen dwingen als Joden te leven.' (Gal. 2:14)

In de ogen van Paulus was Petrus hypocriet. Misschien heeft hij het niet even ondiplomatiek gezegd als hij het heeft opgeschreven, maar in welke woorden hij zich ook heeft uitgedrukt, bij Petrus moet de woedeuitbarsting hard zijn aangekomen. Jezus' bekendste leerling kreeg een uitbrander van de man die zijn leermeester had vervolgd en zich daarna had opgewerkt tot geloofsverkondiger in een wereld die oneindig veel groter was dan die van hem.

De verhouding tussen Paulus en de aanhangers van Jakobus, en wellicht ook die van Petrus, was in die dagen niet echt goed te noemen. Paulus had hen voor ogen toen hij de Galaten erop aansprak dat ze zijn visie hadden ingeruild voor standpunten van de conservatieve predikers:

> Het verbaast me dat u zich zo snel hebt afgewend van hem die u door de genade van Christus heeft geroepen en dat u zich tot een ander evangelie hebt bekeerd. Er is geen ander evangelie, er zijn alleen maar mensen die u in verwarring brengen en het evangelie van Christus willen verdraaien.' (Gal. 1:6-7)

Uit deze woorden spreekt teleurstelling, maar ze getuigen ook van een strijdbare houding, want Paulus laat erop volgen dat hij nooit zal toegeven aan predikers die zijn onderricht ondergraven, zelfs al was het een engel uit de hemel (Gal. 1:8-9). Jakobus mocht zich erop beroepen de broer van Jezus te zijn en Petrus mocht er prat op gaan Jezus' eerste leerling te zijn, ze moesten niet denken dat ze hem zomaar opzij konden schuiven. Het door hem verkondigde evangelie had hij niet van mensen overgenomen, het was hem geopenbaard door Jezus Christus.[11] Die uitspraak maakte hem niet bij iedereen geliefd.

In Korinte?

Paulus bereisde in drie zendingsreizen een groot deel van de Grieks-Romeinse wereld en trok door gebieden die andere predikers meden omdat ze moeilijk toegankelijk waren. Hij deed ook steden aan, kleine en grote. Zijn zendingsreizen zijn in grote lijnen te reconstrueren. Zo ook zijn verblijf in Korinte, de eerste plaats waar hij geruime tijd doorbracht en veel vrienden, maar ook vijanden, maakte. Hij was er van april 50 tot september 51. Toen hij vertrok, leek het erop dat de overgrote meerderheid van de christelijke gemeenschappen zijn zienswijze volgde. Maar anderhalf jaar later, toen hij zijn eerste brief aan de Korintiërs schreef, was de situatie anders. Paulus riep de gelovigen op om eensgezind te zijn en scheuringen te vermijden. Hij schrijft:

> Door Chloë's huisgenoten is mij namelijk verteld, broeders en zusters, dat er verdeeldheid onder u heerst. Ik bedoel dat de een zegt: 'Ik ben van Paulus,' een ander: 'Ik ben van Apollos,' een derde: 'Ik van Kephas,' en een vierde: 'Ik van Christus.' (1 Kor. 1:12)

Het moet voor Paulus buitengewoon teleurstellend zijn geweest te moeten constateren dat zijn aanvankelijke optimisme over de eenheid onder de gelovigen te voorbarig was geweest. Andere gerenommeerde predikers vormden een bedreiging voor de door hem voorgestane richting. Over Jakobus spreekt hij niet. Die was, in de geest van zijn broer, vooral actief in Jeruzalem. Petrus was een ander verhaal. Hij had zich er niet bij neergelegd dat Paulus zijn eigen interpretatie gaf aan de toetreding van heidenen. Tegen hun opname verzette hij zich niet, maar hij had het er wel moeilijk mee dat ze zich gelijk achtten aan geboren Joden. Net als Paulus was hij het incident in Antiochië niet vergeten.

In het evangelie van Matteüs (16:16-18) had Petrus zich met zijn bekentenis dat hij Jezus erkende als de messias en de zoon van God laten gelden als de man die de hemelse boodschap aanvaardde, waarna hij door Jezus was betiteld als Kephas, de rots waarop hij zijn kerk zou bouwen. Paulus, wiens Brief aan de Korintiërs ouder is dan het oudste evangelie, spreekt over het fundament van de kerk, maar hij draait het om. Christus zelf is het fundament van de kerk, dat door hem, Paulus, als bouwmeester is gelegd. Enige arrogantie is hem niet vreemd. Hij windt er geen doekjes om dat hij door zijn arbeid de stichter is van de gemeenschap in Korinte en dat anderen, ook Petrus, het niet moeten wagen daar tegenin te gaan. In de toekomst zal zijn bouwwerk staan als een huis (1 Kor. 3:10-15).[12]

Petrus was voor Paulus een moeilijke 'tegenstander'. Zijn naam zong rond in de steden en dorpen waar het verhaal van Jezus werd verteld. Het is dus alleszins begrijpelijk dat er een Petrus-richting was. Hij had in Palestina talloze volgelingen, en het is aannemelijk dat een aantal van hen naar Griekenland is gegaan om zijn boodschap uit te dragen, in eerste instantie onder de Joden daar, maar ook onder de overige bewoners. Die boodschap was voor velen aantrekkelijk omdat hij afkomstig was van de man op wie Jezus zijn kerk zou bouwen. Paulus kon daar niet omheen. Het zou zijn geloofwaardigheid hebben ondermijnd als hij had geprobeerd de 'rots' in diskrediet te brengen. Zijn verleden als vervolger zou door zijn tegenstanders zijn opgerakeld. Hij zou te horen hebben gekregen dat hij geen enkel contact met Jezus had gehad en dat Petrus geruime tijd in diens nabijheid had verkeerd.

Het bestaan van een Petrus-partij wil nog niet zeggen dat Petrus persoonlijk in Korinte heeft gepreekt. Hij is weliswaar geruime tijd onderweg geweest en heeft diverse plaatsen bezocht, maar of hij zich echt buiten Palestina en Syrië heeft begeven wordt nergens vermeld. Paulus zegt ook niet dat Petrus daadwerkelijk in Korinte is geweest. Hij zou daar dan zeker meer over hebben geschreven. Een kort bezoek is evenwel niet uit te sluiten. Petrus en zijn geestverwanten zagen tot hun leedwezen dat de eenheid in verscheidene steden ondermijnd werd door predikers met afwijkende ideeën. Door gemeenschappen te bezoeken gaven ze de propagandisten van hun denkbeelden een steun in de rug. Korinte was zo'n gemeente waar de geloofsgemeenschap uiteen dreigde te vallen door ideologische geschillen. Petrus' aanwezigheid alleen al zou voldoende zijn geweest om de ergste spanningen weg te nemen.

Of het zo is gegaan is niet te zeggen. Zijn inspanningen hebben in ieder geval niet echt vruchten afgeworpen. Anders had Paulus in zijn eerste brief aan de Korintiërs de verdeeldheid tussen de verschillende groepen niet zo nauwgezet benoemd.

Er was nog een prediker die door Paulus aan een 'richting' wordt gekoppeld: Apollos. Hij was een Jood uit Alexandrië die studie had gemaakt van de daar door de filosoof Philo onderrichte wijsheidstraditie, waartoe ook de ideeën van Plato en andere Griekse filosofen behoorden. In Handelingen (18:24-28) wordt hij afgeschilderd als een ontwikkeld man, goed onderlegd in de Schriften, welbespraakt en sterk in debatten. Paulus had nog niet met hem te maken gehad, maar op grond van Apollos' reputatie is het niet zo verwonderlijk dat hij hem in één adem noemt met Petrus (1 Kor. 1:12). Hoe de relatie tussen beiden was is moeilijk te zeggen. Paulus laat zich niet negatief over hem uit, hij vermeldt hem alleen als hij de verdeeldheid onder de gelovigen in Korinte benoemt. Ze verschilden aanvankelijk van mening over het moment waarop Jezus een goddelijke status had gekregen. Apollos geloofde dat Jezus al door de doop door Johannes de Doper de Zoon van God was geworden, een stelling die hij vermoedelijk had overgenomen van leerlingen van Johannes de Doper die zijn pad hadden gekruist. Paulus was van mening dat Jezus pas na zijn opwekking uit de dood de Zoon van God was geworden.

Apollos ontwikkelde zich tot een rondtrekkende prediker en deed net als Paulus verscheidene steden aan: Ephese en Korinte, en vermoedelijk ook nog andere steden. Dat mensen zeiden 'Ik ben van Apollos' duidt erop dat zijn woorden waren aangeslagen, dat mensen hem beschouwden als iemand die de boodschap helder overbracht.

Petrus uit beeld

Na Petrus' eventuele verblijf in Korinte wordt het opvallend stil rond hem. In de brieven van Paulus komt hij verder niet meer voor. In de tekst van Handelingen was hij al in een vroeger stadium uit beeld verdwenen. Een wonderlijk einde. Waar is hij naartoe gegaan? In welke steden heeft hij nog gepreekt? Hoe is hij gestorven? in Handelingen blijven deze vragen onbeantwoord. Alle aandacht gaat uit naar Paulus, naar diens zendingsreizen, naar de verspreiding van het geloof in westelijke richting, tot in Rome aan toe. Petrus krijgt geen enkele vermelding meer.

Paulus' komst naar Rome was lang van tevoren gepland. Maar door een samenloop van ongelukkige omstandigheden was het er niet van gekomen. In 57 was hij van zijn derde zendingsreis, waarin hij grote delen van Turkije en Griekenland had doorkruist, teruggekeerd in Jeruzalem. Al snel werd hij aangeklaagd door religieuze Joden, die hem ervan beschuldigden dat hij niet-Joden de Tempel zou hebben binnengeleid. Drie jaar werd hij gevangen gehouden. Uiteindelijk trok hij, nog voordat de Romeinse prefect vonnis had gewezen, het initiatief naar zich toe met de beroemde uitspraak 'Ik beroep mij op de keizer' (Hand. 25:10-12). Krachtens zijn Romeins burgerschap was hij daartoe gerechtigd. Hij werd op een schip gezet en onder de hoede van een Romeinse centurio geplaatst. Na een veelbewogen zeereis, compleet met een schipbreuk voor de kust van Malta, arriveerde hij in Rome.[13] Hij had de stad nog nooit bezocht. Wel had hij in 56 de christenen in Rome in een brief laten weten dat hij ooit zou komen. Nu was het moment daar. Hij beleefde een glorieuze intocht. Vanuit de haven Puteoli, niet ver van Napels, liep hij met de Romeinse centurio en enkele volgelingen de tweehonderd kilometer over de Via Appia naar Rome. Buiten de stadsmuren werd hij door christenen uit Rome met enthousiasme binnengehaald. Opvallend genoeg legde de Romeinse overheid hem geen strobreed in de weg toen hij zowel onder Joden als niet-Joden begon te preken. Zonder enige belemmering kon hij het woord verkondigen aan iedereen die het horen wilde.

Dat is het einde van Handelingen. Zoals Petrus plotseling uit beeld verdwijnt, zo is ook het vervolg van Paulus' verblijf in Rome hoogst onbevredigend. Hij was op transport gezet om terecht te staan voor de keizerlijke rechtbank. Daarover lezen we niets. Je zou verwachten dat Paulus in een vlammend betoog voor de rechters zijn boodschap heeft uitgedragen, maar niets daarvan. De tekst eindigt met de mededeling dat hij twee jaar het koninkrijk van God verkondigde en vrijmoedig kon spreken over Jezus Christus. De eenvoudigste conclusie is dat de schrijver in grote haast het einde van zijn verhaal heeft opgetekend. Maar zelfs dan blijft de vraag welk belang hij er bij had om zo'n open einde te kiezen. Waarom liet hij Paulus niet veroordeeld worden door de rechtbank, zodat de verhalen die al snel over zijn martelaarschap in omloop kwamen een rationele onderbouwing kregen?

De onzekerheid over Petrus' laatste levensjaren en over zijn dood is nog veel groter. Maar de leegte rond Petrus kon volgens vele gelovigen niet het einde van zijn activiteiten zijn geweest. Het kon toch niet zo zijn dat de man die door Jezus was betiteld als de rots, als de man op wie hij zijn kerk zou bouwen, zomaar in het niets was verdwenen. Had Jezus hem niet kort na zijn opstanding voorspeld dat hij hem later zou volgen naar de plaats waar hij zelf door zijn kruisdood naartoe zou gaan (Joh. 13:36)? Het was niet eenvoudig om die voorspelling inhoud te geven, omdat concrete informatie over latere activiteiten van Petrus ontbrak, maar juist dat gebrek aan gegevens gaf christelijke auteurs de vrijheid om hem naar eigen bevinding te portretteren. Zo konden ze een nieuwe Petrus construeren, die, zoals we in het vervolg zullen zien, ver afstaat van de Joodse visser die eerst leerling van Jezus was en later zijn ideeën als leraar verkondigde.

DEEL 2

Peter Paul Rubens (1577-1640), *De apostel Petrus*, ca. 1611. Museo del Prado, Madrid

Caravaggio (1571-1610), *De roeping van Petrus en Andreas*, ca. 1602. Royal Collection, Hampton Court, East Molesey

Boven: Pietro Perugino (1450-1523), *Jezus overhandigt de sleutels aan Petrus*, 1481-1482. Sixtijnse kapel, Vaticaanstad
Onder: Cosimo Rosselli (1439-1507), *Het laatste avondmaal*, 1481-1482. Sixtijnse kapel, Vaticaanstad

Duccio di Buoninsegna (ca. 1255-1319), *Petrus verloochent Jezus*, 1308-1311. Metropolitan Museum of Art, New York

Jezus wast de voeten van Petrus, elfde eeuw. Mozaïek in de Narthex van de kerk van de Hosios Loukas in Boeotië, Griekenland

Giotto (ca. 1267-1337), *De arrestatie van Jezus (de Judaskus)*, 1304-1306. Cappella degli Scrovegni (Arenakapel), Padua

Gictto (ca. 1267-1337), *De uitstorting van de Heilige Geest*, 1304-1306. Cappella degli Scrovegni (Arenakapel), Padua

Massacio (1401-1428), *De dood van Ananias*, ca. 1425. Brancacci Kapel, Santa Maria del Carmine, Florence

Rafaël (1483-1520), *De dood van Ananias*, 1515-1516. Victoria and Albert Museum, Londen

El Greco (1541-1614), *Petrus en Paulus*, ca. 1590. Museu Nacional d'Art de Catalunya, Barcelona

Petrus en Simon Magus bij Nero, dertiende eeuw. Cappella Palatina, Palermo

Benozzo Gozzoli (1420-1497), *De val van Simon Magus*. Petrus zorgt ervoor dat Simon Magus na zijn vlucht in de lucht neerstort op aarde. Naast Petrus is Paulus geknield, 1461-1462. Metropolitan Museum of Art, New York

Annibale Carracci (1560-1609), *Domine quo vadis?*, 1601-1602. National Gallery, Londen

Caravaggio (1573-1610), *De kruisiging van Petrus*, ca. 1601. Santa Maria del Popolo, Rome

Michelangelo (1475-1564), *Petrus wordt omgekeerd gekruisigd*, 1546-1550. Cappella Paolina, Vaticaanstad

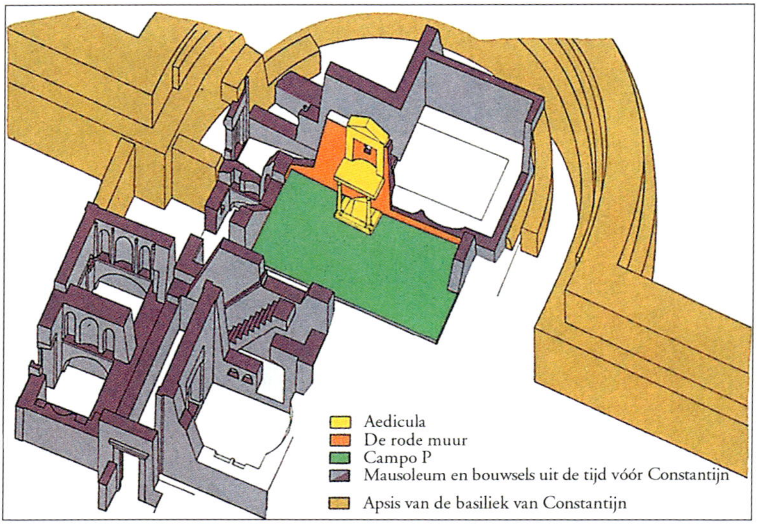

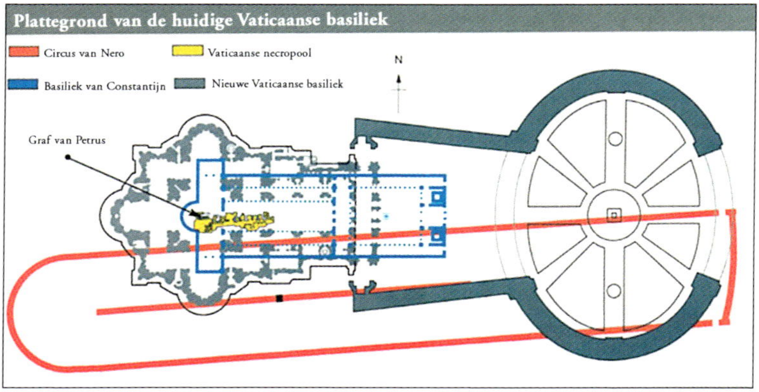

Boven: De aedicula te midden van andere monumenten vanaf de tweede eeuw
Onder: De oude en de nieuwe Basiliek van Petrus

PETRUS IN ROME?

Een andere wereld

Op migranten uit Syrië en Palestina, opgegroeid in een uithoek van het Romeinse rijk, moet Rome een verpletterende indruk hebben gemaakt. Ze hadden verhalen gehoord van reizigers over een wereldstad die onvergelijkbaar was met de steden in hun regio. Hun was ongetwijfeld verteld dat Rome in de voorgaande eeuwen een drastische metamorfose had ondergaan en in ruim anderhalve eeuw was uitgegroeid van een grote stad met 350.000 inwoners tot een metropool met bijna een miljoen mensen in het begin van de eerste eeuw. Ze hadden gehoord over de enorme dynamiek van Rome, maar ook over de ongelijk verdeelde welvaart tussen een kleine toplaag van senatoren en ridders, die in grote huizen leefden, veelal op een van de zeven heuvelen waarop de stad was gebouwd, en de overgrote meerderheid van de stadsbevolking, die in heel andere, vaak abominabele omstandigheden leefde, dicht opeengepakt in een gebied dat eigenlijk te klein was om iedereen voldoende woonruimte te bieden. Hun woningen, of wat daarvoor doorging, werden herhaaldelijk overspoeld door de buiten zijn oevers tredende Tiber. Soms bleef de schade beperkt, maar geregeld werden de fundamenten en de muren zo aangetast dat de gebouwen instortten. Een minstens even grote bedreiging vormden de geregeld voorkomende branden, die hele woonwijken in de as legden. Als de smalle, bochtige straatjes gevuld raakten met neervallend puin en alle vluchtwegen verstopt raakten, waren de gevolgen voor de bewoners meestal fataal, vooral voor de mensen die op de hogere etages van de flatgebouwen woonden.

Velen in het oosten lieten zich door de slechte leefomstandigheden er niet van weerhouden om naar Rome te gaan. Migranten waren vooral op zoek naar werk. En dat was er ondanks de inzet van vele slaven genoeg in Rome. Vaklieden waren welkom, omdat keizer Augustus en zijn opvolgers van Rome een waardige hoofdstad van het rijk wilden maken. Hun stond een stad voor ogen die de vergelijking met de Grieks-hellenistische steden in het oosten met gemak kon doorstaan. Augustus zette de toon met een voor die tijd ongekend bouwprogramma. Het Forum Romanum, het Capitool en zijn keizerforum, die samen het politieke en religieuze hart van Rome vormden, kregen een imposante aanblik met heiligdommen die bezoekers duidelijk moesten maken dat er geen stad was die in de schaduw van Rome kon staan. De woorden van Augustus 'Ik trof een stad van baksteen aan en liet een stad van baksteen achter'[1] waren een mooie weergave van de werkelijkheid.

De Romeinen hechtten eraan dat vreemdelingen meededen aan de traditionele riten en samen met hen baden voor het welzijn van de staat, voor succes in de oorlog. Tegelijk realiseerden ze zich dat vele nieuwkomers in Rome hun eigen culten meebrachten en in hun erediensten voor de uit hun vaderland meegebrachte goden hun gemeenschappelijke identiteit lang overeind hielden. Na verloop van tijd kozen ze echter voor de Romeinse goden en na enkele generaties waren vele nieuwe goden verdwenen of opgegaan in de Romeinse godenwereld.

De Romeinen hadden een officieel woord voor hun eigen godsdienst: *religio*. Met die term gaven zij aan dat godsdienst een collectieve beleving was, een gemeenschappelijk eerbetoon aan de goden van de staat. Ze waren van mening dat de wereld in hun macht was gekomen doordat ze altijd aan hun religieuze verplichtingen hadden voldaan. De goden hadden hen daarom altijd beschermd. Het was boven iedere twijfel verheven dat hun religieuze systeem beter was dan de godsdiensten van de overwonnen volkeren. Van nieuwkomers in Rome verlangden ze dat ze zich loyaal aanpasten aan de Romeinse religie, die nooit onveranderlijk of statisch was geweest, maar mede gevormd was door invloeden van buitenaf en daardoor ook voor niet-Romeinen aantrekkelijk was. Zolang migranten geen ideeën uitdroegen die in strijd waren met wat de Romeinen geloofden, waren er geen onoverkomelijke problemen. Enkele godsdiensten vormden naar het oordeel van de Romeinen een bedreiging voor de stabiliteit van de staat en werden daarom *superstitio* ('bijgeloof') genoemd. De aanhangers van die geloofsbewegingen, zo was de gangbare argumentatie, hechtten meer aan hun eigen belangen dan aan het welzijn van de staat.

Hier komen de predikers in beeld die kort na de dood van Jezus naar alle windstreken waren getrokken, ook naar Rome. Vóór hun vertrek naar de hoofdstad waren ze er goed van doordrongen dat het hun niet gemakkelijk gemaakt zou worden om hun boodschap uit te dragen. Hun geloof druiste in tegen alles wat de Romeinen hoogachtten. De Romeinen en de christelijke geloofsverkondigers stonden lijnrecht tegenover elkaar. De angst van de Romeinen voor de snelle verspreiding van het nieuwe geloof was niet ongegrond, want de God van de christenen werd gepresenteerd als een persoonlijke god, die zich het lot van alle mensen aantrok en als 'redder' werd vereerd. Een compromis was praktisch uitgesloten omdat de christenen met hun monotheïsme in de ogen van de Romeinen het traditionele polytheïsme ondermijnden en daardoor de eenheid van de staat in gevaar brachten.

Joden in Rome

Joden die naar Rome gingen moesten aanvaarden dat ze ver verwijderd waren van hun religieuze centrum Jeruzalem en dat het moeilijk zou worden om hun godsdienstige plichten te vervullen. De Tempel was immers het middelpunt van hun wereld. Een vertrek uit Judea betekende een afscheid van hun heilige plaats. Desondanks hebben talrijke Joden de stap gewaagd en zijn naar Rome getrokken. In 61 v.Chr. moet er al een redelijk grote Joodse gemeenschap in Rome zijn geweest, deels mensen die waren afgekomen op de verlokkingen van Rome, deels krijgsgevangenen van Pompeius, die kort daarvoor Jeruzalem had ingenomen. In het begin van de eerste eeuw na Christus waren er al tussen de twintig- en veertigduizend Joden in Rome. De meesten van hen woonden in het huidige Trastevere, aan de westkant van de Tiber. Van keizer Augustus hadden ze weinig te vrezen. Hij stond de Joden toe dat ze in hun synagogen hun gebeden zeiden en geld naar Jeruzalem stuurden voor het onderhoud van de Tempel. Ze mochten leven volgens hun eigen gewoonten. Onder zijn opvolgers Tiberius, Caligula, Claudius en Nero hadden de Joden het aanzienlijk moeilijker. Herhaaldelijk werden groepen de stad uitgezet, omdat ze zich overgaven aan 'heilloze riten'. Ondanks de uitzettingen liep het aantal Joden niet terug. Uitgezette Joden keerden na verloop van tijd terug naar Rome, nieuwe Joodse migranten meldden zich en Romeinen bekeerden zich op bescheiden schaal tot het Jodendom.

Over het algemeen was het oordeel van de Romeinen over de Joden negatief. Andere volkeren, zoals de Germanen, werden eveneens voornamelijk negatief beoordeeld, maar zij werden ook geprezen om hun dapperheid. Zij werden gezien als 'edele wilden', met deugden en ondeugden.[2] Bij de Joden was daarvan geen sprake. Wat hen in Rome vooral werd nagedragen was dat ze zich bewust afsloten van de rest van de hen omringende wereld en volledig hun eigen gang gingen. Die aantijgingen waren vanuit Romeins standpunt bezien ook wel begrijpelijk: in vergelijking met andere volkeren in Rome integreerden de Joden slecht. De eerste generaties Grieken, Afrikanen, Germanen en Galliërs waren trots op hun plaats van herkomst en hielden hun (religieuze) gebruiken levend. Hun kinderen gingen misschien nog enige tijd op dezelfde voet door, maar geleidelijk gingen ze op in de grote wereldstad en verloren ze de binding met hun vaderland. De nieuwe Romeinse identiteit won het zodoende uiteindelijk van de oude. De Joden trokken zich daarentegen terug in hun wijken en leefden daar volgens de wetten van hun voorvaderen. Ze woonden van generatie op generatie bij elkaar, gescheiden van de overige inwoners van Rome. Slechts weinigen verlieten de traditionele familiekring.

Die welbewust gekozen afzondering van de Joden komt telkens terug in het geschiedwerk van Romeinse auteurs. Bij de meeste overheerst de gedachte dat hun monotheïstische levensovertuiging de oorzaak was van hun vreemde gedrag. Cassius Dio brengt rond 200 de separatistische opstelling van de Joden als volgt onder woorden:

> Hun land noemen ze Judea en zichzelf Joden. Ik weet niet hoe ze aan die benaming komen, maar zij wordt ook gebruikt voor alle andere mensen

> die zich, ook al behoren ze tot een ander volk, aan hun wetten houden. En dit volk is ook onder de Romeinen te vinden en het heeft zich, ondanks herhaalde onderdrukking, zo buitengewoon sterk uitgebreid dat ze zelfs vrijheid van godsdienst verworven hebben. Zij verschillen van de rest van de mensen in zo ongeveer hun hele manier van leven, vooral doordat zij geen enkele god van andere mensen eer bewijzen, maar vurig in één God geloven. Zij hebben nooit een afbeelding van Hem gehad, ook niet in Jeruzalem. En omdat zij geloven dat Zijn naam niet mag worden uitgesproken en Hij bovendien onzichtbaar is, vereren ze Hem op een manier die nergens anders voorkomt.[3]

Tacitus was een eeuw eerder nog uitgesprokener in zijn mening. In het vijfde boek van zijn *Historiën* wijdt hij enkele bladzijden aan de Joden, aan hun geschiedenis en hun godsdienst. Nadat hij een karikaturaal beeld van hen heeft geschetst en een vreemd verhaal heeft opgedist over de uittocht van de Joden uit Egypte, besluit hij zijn betoog met de volgende woorden:

> Voor goddeloos houden zij hen die uit vergankelijke materie godenbeelden in menselijke gedaante maken; dit hoogste wezen kan, menen zij, evenmin worden afgebeeld als het kan vergaan. Derhalve plaatsen zij in hun steden hoegenaamd geen beelden, laat staan in hun tempels; geen koningen valt dit gebruikelijk vertoon van hulde te beurt, geen Caesaren deze eer.[4]

Het zat de Romeinen vooral dwars dat de Joden niet deelnamen aan religieuze festivals en offers en bovenal de keizercultus negeerden, waardoor ze geen bijdrage leverden aan het welzijn van het rijk als geheel, met de vereerde keizer als bindende factor. Toch is de overheid er niet toe overgegaan de Joodse godsdienst te verbieden. Het privilege om hun godsdienst vrij te belijden lieten ze intact en ze gaven er zelfs een juridische basis aan, waardoor de Joden in Rome hun eigen religieuze organisatie konden opbouwen, met als hart de synagogen, waarin gebedsbijeenkomsten plaatsvonden maar ook gewone vergaderingen werden gehouden.

Joodse christenen

De Joodse predikers, die zich kort na de dood van Jezus vanuit Jeruzalem op weg begaven om zijn boodschap te verspreiden in de steden van het Romeinse rijk, volgden steevast hetzelfde patroon: ze gingen eerst naar de synagogen, probeerden daar hun geloofsovertuiging uit te dragen en bezochten pas als hun pogingen op niets waren uitgelopen de plekken waar niet-Joden religieus actief waren. Zo is het vermoedelijk ook in Rome gegaan. Ver voordat Paulus in 61 arriveerde, waren Joodse geloofsverkondigers al in de hoofdstad van het Romeinse rijk gesignaleerd. In de haven van Caesarea of Antiochië waren ze op zoek gegaan naar een schip dat naar Puteoli, vlak bij Napels, voer, omdat Rome in die tijd nog niet over een goede haven beschikte. De overtocht was een opgave, want passagiers moesten betalen voor een slaapplek op het dek of in het ruim, en voor drinkwater. Voedsel moesten ze zelf meebrengen. Met de in de zomermaanden veelal noordwestelijke winden tegen duurde zo'n overtocht gemiddeld zestig tot zeventig dagen. Als ze dan eindelijk in Puteoli aan land gingen, moesten ze nog ruim tweehonderd kilometer over de Via Appia lopen, voordat ze uiteindelijk in Rome aankwamen.

Hun pogingen om mensen voor het geloof te winnen zijn niet onsuccesvol geweest. Niet dat er nu ineens duizenden bekeerlingen onder de Joden werden gemaakt, maar in de Joodse gemeenschap waren zeker mensen die zich door hun woorden aangesproken voelden. Als ze overgingen tot het geloof van de christelijke predikers kwamen ze in een moeilijke situatie terecht. Een deel van hun mede-Joden beschouwde hen nog steeds als Joods en accepteerde hun gewijzigde opvattingen, anderen geloofden dat zij zich met het accepteren van christelijke leerstellingen hadden vervreemd van de Joodse identiteit.[5]

Kort na het aantreden van keizer Claudius (41-54) liepen de spanningen in de Joodse gemeenschap op. Op zeker moment braken er rellen uit en al snel dreigde de situatie onbeheersbaar te worden. De berichten hierover zijn helaas spaarzaam, omdat onze zegsman, de biograaf Suetonius, er maar enkele woorden aan wijdt. Kort gezegd komt zijn informatie erop neer dat een groep Joden de straat opging op instigatie van ene Chrestus. Wie dat was vertelt Suetonius niet.[6] De meest plausibele verklaring is dat Chrestus een foutieve spelling is van Christus, en dat het hier om conflicten ging tussen Joden die in Christus geloofden en orthodoxe Joden. De rellen veroorzaakten zoveel onrust dat Claudius geen andere oplossing zag dan een aantal van hen de stad uit te gooien.

Dat Suetonius de situatie redelijk goed heeft weergegeven, blijkt uit de tekst van de Handelingen van de apostelen. Wanneer Paulus op zijn tweede zendingsreis in april 50 in Korinte komt, ontmoet hij daar het Joodse echtpaar Aquila en Priscilla. Van hen wordt expliciet gezegd dat ze kort daarvoor uit Italië waren gekomen 'omdat Claudius had bevolen dat alle Joden Rome moesten verlaten' (Hand. 18:2). Zo'n vaart zal het niet hebben gelopen, anders hadden we er zeker meer over gehoord, maar de tekst is wel een aanwijzing dat de confrontaties tussen Joden onderling bij Claudius, die bij andere gelegenheden de Joden niet ongunstig gezind was, verkeerd waren gevallen.

Na verloop van tijd keerden Joodse christenen terug in Rome, maar de onrust als gevolg van de meningsverschillen met de orthodoxe Joden verdween niet, omdat van beide zijden pogingen werden ondernomen om de 'tegenpartij' voor de juistheid van de eigen visie te winnen. Toen Paulus in de winter van 61 in Rome arriveerde, volgde ook hij het vertrouwde patroon: hij richtte zich het eerst tot de Joden. Al na drie dagen riep hij de leiders van de Joodse gemeenschap bij zich en vertelde hun wat hem in Jeruzalem was overkomen, dat de Romeinen hem hadden willen vrijlaten, maar dat de Joden daar bezwaar tegen hadden aangetekend, waarna hij zich op de keizer had beroepen. De Joodse voormannen antwoordden daarop dat ze geen berichten over hem uit Judea hadden ontvangen, noch schriftelijk, noch mondeling, van Joodse broeders die naar Rome waren gekomen. Ze wilden graag vernemen wat zijn denkbeelden waren, want het was hun bekend dat de groep waartoe hij behoorde overal op weerstand stuitte (Hand. 28:22). Op de afgesproken dag kwamen ze in groten getale naar het onderkomen waarin Paulus door de Romeinse centurio gehuisvest was. Van de vroege ochtend tot de late avond trachtte hij hen ervan te overtuigen dat Jezus de vervulling was van de Wet van Mozes en de beloften van de profeten. Enkelen lieten zich overtuigen, de overigen keerden zich van hem af.

De komst van Paulus was voor zijn naaste medewerkers een bijzondere gebeurtenis. Ze hadden er lang reikhalzend naar uitgekeken. Dat hij midden in de winter, wanneer de scheepvaart nagenoeg stil lag, in levenden lijve voor hen stond, was voor hen een welkome verrassing. Niet alle christenen waren echter even blij met zijn komst. Zij hadden genoeg verhalen gehoord over hoe moeilijk het was om met Paulus samen te werken. Een aantal van hen was waarschijnlijk bang dat hij hier op dezelfde wijze te werk zou gaan als in Korinte en daardoor de tegenstellingen met andere christelijke predikers alleen maar zou vergroten. Anderen, die duidelijk de denkbeelden van de conservatieve predikers waren toegedaan, vreesden dat hij de broze harmonie binnen de christelijke gemeenschap opnieuw zou verstoren. En als er iets was waar de christelijke gemeenschap behoefte aan had, was het rust.

Enige argwaan was ook wel gerechtvaardigd. Paulus' tegenstanders herinnerden zich nog goed de brief die hij vijf jaar eerder aan de christenen in Rome had geschreven. Ze vonden het van hoogmoed getuigen dat hij, die nog nooit in Rome was geweest, richtlijnen had laten uitgaan voor hoe zij zich moesten gedragen om tot God te komen. Alsof hun gemeenschap, die al bestond toen Paulus nog christenvervolger was, niet goed wist hoe ze de onderlinge eensgezindheid moest bewaren. Hij had zich in zijn aanhef ook al niet erg bescheiden getoond. Hij begint met de gebruikelijke woorden dat hij, een dienaar van Jezus Christus, tot apostel geroepen is en is uitverkoren om het evangelie te verkondigen. En dan doet hij een uitlating die zijn toekomstige evangelisatie in Rome in een vreemd daglicht plaatst: hij complimenteert de christenen in Rome met hun geloof, maar kan het niet nalaten erbij te zeggen dat hij ernaar verlangt om naar hen toe te komen 'om net als bij andere volken ook bij u vruchtbaar werk te doen'. Hij voegt eraan toe: 'Ik sta ten dienste van alle volken; van beschaafde en niet beschaafde, geletterde en ongeletterde, en daarom is het mijn wens het evangelie ook aan u in Rome te verkondigen.'(Rom. 1:8-15) Dat zijn niet de woorden van iemand die zich belangeloos in dienst stelt van de gemeenschap. Alsof de Romeinse christenen een armzalig geloof hadden en door hem, Paulus, bijgepraat en overtuigd moesten worden. Zo bezien is het begrijpelijk dat de belangrijkste representanten van een gemeenschap die al geruime tijd in Rome was geworteld, niet erg enthousiast waren over zijn komst.

Waar is Petrus?

Petrus was in 42 uit de gevangenis in Jeruzalem ontsnapt. Waar hij uiteindelijk terecht was gekomen wordt ons niet verteld. Hij was wel twee keer opgedoken: bij het overleg in Jeruzalem over de voorschriften voor de niet-Joden en kort daarop in Antiochië, waar Paulus zich had opgewonden over zijn inconsequente gedrag. Misschien is hij nog in Korinte geweest. Daarna is hij geheel uit beeld verdwenen. De overige apostelen en hun volgelingen waren wellicht niet op de hoogte van zijn verblijfplaats, want er is geen enkele bron uit de tweede helft van de eerste eeuw die antwoord geeft op de vraag waar Petrus de laatste jaren tot zijn dood heeft doorgebracht. Sommigen beweren dat hij is teruggekeerd naar Judea en Galilea. Dat ligt niet direct voor de hand, omdat hij wist dat hij in de problemen zou komen als hij nogmaals de confrontatie met de Romeinen en de Joodse bovenlaag had gezocht. Een terugkeer naar Jeruzalem was bovendien lastig, omdat de nieuwe leider, Jakobus, de regie strak in handen hield. Tot tevredenheid van velen. Een ontmoeting tussen de oude en de nieuwe leider van de Jeruzalemgemeente zou vrijwel zeker in de openbaarheid zijn gebracht. In Handelingen van de apostelen lezen we hoe Paulus na zijn derde zendingsreis door Jakobus hartelijk wordt ontvangen (Hand. 17:21). Als Petrus in Jeruzalem zijn opwachting had gemaakt, was dat nog groter nieuws geweest.

Er heerst stilte rond Petrus na zijn vertrek uit Jeruzalem. Niemand kan daar omheen. Voor bijbelwetenschappers, theologen, historici en anderen die zich over de 'late' Petrus hebben gebogen is dat geen beletsel geweest, eerder juist een stimulans, om met theorieën te komen die het probleem van de 'verdwijning' van Petrus moesten oplossen. In grote lijnen zijn er twee stromingen. Sommigen zijn van mening dat ondanks het ontbreken van substantiële gegevens een verblijf in Jeruzalem of, ruimer genomen, Judea, Galilea en daaraan grenzende regio's de voorkeur verdient. Petrus was immers de man die vooral zou preken onder de Joden. De aanhangers van deze theorie baseren zich op tegenstrijdigheden en ongerijmdheden in de latere Romeinse traditie. Volgens hen was de kern van de overlevering over het doen en laten van Petrus ontstaan in Jeruzalem. Na de verwoesting van die stad in 70 was die echter 'gekaapt' door Rome. De christenen daar hadden vanaf het midden van de tweede eeuw naar hartenlust feiten en fictie met elkaar vermengd, met de bedoeling de gelovigen ervan te overtuigen dat Petrus niet was teruggekeerd naar de regio's waar hij succesvol was geweest, maar, net als Paulus, uiteindelijk in Rome terecht was gekomen.[7]

De opvatting dat Petrus in de regio is gebleven en in Jeruzalem is gestorven werd in 1953 weer eens prominent naar voren gehaald, toen men op de westelijke helling van de Olijfberg vlak bij de kerk *Dominus Flevit* ('De Heer geeft geweend') in een Joods-christelijke begraafplaats uit het begin van de jaren zeventig een graf vond met grafkisten waarop de namen Martha, Maria, Lazarus en Shimeon BarYonah (Simon Bar-Jona) waren gegrift.[8] In die laatste naam menen sommigen Petrus te herkennen, omdat hij in het evangelie van Matteüs (16:17) zo wordt genoemd. Verder zijn er geen aanwijzingen, maar voor degenen die van oordeel zijn dat Petrus tot zijn dood onder de Joden is blijven preken, spreekt het graf voor zich: Petrus is hier begraven.

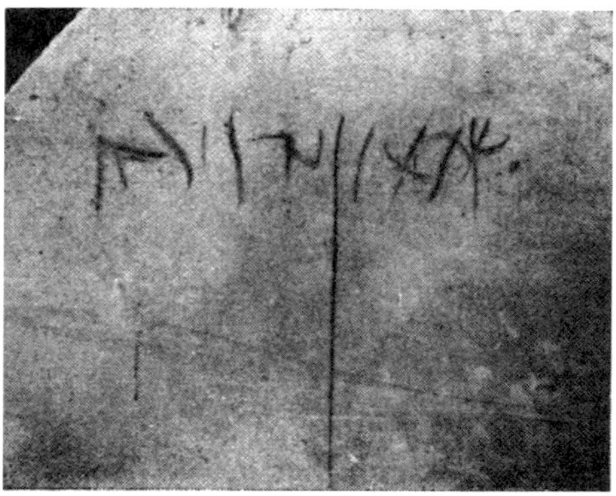

Aramese inscriptie van Simon Bar-Jona op een grafkist in een graf in Jeruzalem

Anderen gaan ervan uit dat Petrus in het spoor van eerdere Joodse predikers naar Rome is gegaan om daar het evangelie te verkondigen. Ook voor deze gedachte ontbreken 'harde' bewijzen. Er is niets te vinden over een eventuele reis van Petrus naar Rome. De 'stilte' wordt pas aan het einde van de eerste eeuw doorbroken. Niet met duidelijke verwijzingen, maar met voorzichtige toespelingen die de voorstanders van de theorie dat Petrus Rome heeft bezocht hebben gebruikt om de basis te leggen voor een traditie die gaandeweg steeds meer gewicht kreeg.

Wellicht had Paulus de discussie over wat Petrus na het Antiochiëincident heeft gedaan in een bepaalde richting kunnen sturen, maar in zijn brieven doet hij er het zwijgen toe. Geen woord over zijn grote concurrent, ook niet in de brief die hij in 56 schreef aan de Romeinen en waarin hij aankondigt dat hij in de toekomst de stad zeker zal aandoen, op doorreis naar het westen. Dat Petrus in de hele tekst niet één keer wordt genoemd, is veelzeggend, omdat Paulus in dit schrijven wel de groeten overbrengt aan diverse personen die hij tijdens zijn zendingsreizen ergens onderweg had ontmoet. In het laatste hoofdstuk noemt hij hen bij naam, zowel mannen als vrouwen. Het zijn er in totaal zesentwintig. De eerste die wordt genoemd is Febe, een vrouw uit Kenchreën, de haven van Korinte, die weldra naar Rome zal komen en door de gemeenschap in liefde moet worden opgenomen. Vervolgens groet hij zijn medewerkers die al in Rome zijn. Allereerst Aquila en Priscilla, bij wie hij enige tijd in huis had gewoond in Korinte. Ooit waren ze uit Rome verjaagd, maar klaarblijkelijk waren ze weer teruggegaan naar de hoofdstad. Dan volgen namen van minder bekende personen. Van alle gelovigen die hij laat groeten weet hij te melden dat ze bijzonder toegewijd zijn aan de dienst van God. Het is een lange rij van trouwe gelovigen die zich in de geest van Paulus inzetten om de christelijke gemeenschap te dienen (Rom. 16:1-16).[9]

Juist omdat Paulus zoveel onbekende volgelingen noemt is het opvallend dat de naam van Petrus ontbreekt. De mogelijkheid dat hij zich wel in Rome bevond, maar actief was onder gelovigen die zich, net als in Korinte, hadden verenigd in een soort Petrus-partij, die op een andere golflengte zat dan de Paulus-groep, is nagenoeg uit te sluiten. Paulus zou zich wel erg hebben laten kennen als hij om die reden Petrus niet had genoemd. Meer voor de hand ligt dat Petrus op dat moment, in 56-57, niet in Rome was. Die constatering komt ook overeen met het ontbreken van zijn naam in de Handelingen van de apostelen, wanneer het verblijf van Paulus in de hoofdstad, enkele jaren later, wordt beschreven. Lucas was over het algemeen goed op de hoogte van het doen en laten van de voornaamste predikers en zou, als Petrus in Rome was geweest, daar zeker iets over hebben geschreven. Bovendien had de evangelist enige tijd met Paulus meegereisd en zal hij onderweg zeker met hem over Petrus hebben gesproken. Maar geen woord bij hem over het latere leven van Petrus. Niets over een vertrek uit Judea naar Rome.

Noch voor een terugkeer van Petrus naar Jeruzalem, noch voor een reis naar Rome zijn er dus duidelijke aanwijzingen. Toch heeft de opvatting dat hij de laatste jaren van zijn leven in Rome heeft doorgebracht onder de christenen al vrij snel opgang gedaan. Niet ineens, maar geleidelijk. De gedachte kwam langzaam op en nam steeds grotere vormen aan. Het had te maken met de gewijzigde samenstelling van de christelijke gemeenten in Jeruzalem en Rome. Aan het einde van de eerste eeuw was het aantal christenen in Rome sterk toegenomen, terwijl in Jeruzalem na de verwoesting van de Tempel in 70 de christelijke gemeenschap juist een moeilijke fase beleefde en in omvang was teruggelopen. De afname was eigenlijk al eerder begonnen, in 62, toen Jakobus, de leider van de Jeruzalem-kerk, op instigatie van de hogepriester Ananus door het volk was gestenigd.[10] Vervolgens hadden christenen de wijk genomen uit Jeruzalem en zich verstrooid over de regio. Voor een aantal christenen was Rome het nieuwe Jeruzalem geworden. Maar de stad miste de directe verbondenheid met Jezus. Wilde men Rome in de toekomst als het centrum van het christendom betitelen, dan moest aangetoond worden dat er via de leerlingen van Jezus een directe lijn naar de hoofdstad van het rijk liep. Wie kwam daar meer voor in aanmerking dan Petrus? Hij was na 'Antiochië' in het niets verdwenen, maar daarmee was niet gezegd dat hij niet in Rome kon zijn geweest. Misschien kwam het wel goed uit dat hij zo plotseling uit Handelingen was verdwenen, dat gaf gelovigen de mogelijkheid om de lacunes in het latere leven van de eerste apostel in te vullen zonder dat ze betrapt konden worden op geschiedvervalsing. Er kwam een traditie op gang waarin geleidelijk het beeld vorm kreeg dat Petrus naar Rome was gegaan en daar in het hol van de leeuw had gepreekt.

Basis van de traditie

De vraag of Petrus in Rome is geweest begon pas echt te leven in de tweede eeuw. Voor de vroege christenen had deze kwestie nog geen prioriteit gehad. Ze waren ervan overtuigd dat het einde der tijden niet lang meer op zich zou laten wachten. Hoe langer de wederkomst van Jezus echter uitbleef, hoe meer ze zich de vraag stelden wat ze moesten doen om bij het laatste oordeel aan de kant van de goeden te worden geplaatst. Jezus zou terugkeren op aarde en de mensen aan zijn slotoordeel onderwerpen. Petrus zou daarbij zeker aan zijn zijde staan. Aanvankelijk achtten ze het niet nodig om zijn leven na zijn verdwijning uit Jeruzalem te reconstrueren. Met het uitblijven van de wederkomst nam de behoefte toe om ook over hem en de andere apostelen meer gegevens te verzamelen. Maar hoe moesten ze beginnen? Harde feiten hadden ze niet. Een al te boude voorstelling van zaken zou direct weerlegd worden. Ze moesten voorzichtig te werk gaan, zoeken naar aanknopingspunten, hoe klein ook.

De zogenaamde Eerste Brief van Petrus bood hun die, omdat er enkele opmerkingen in stonden die ze konden gebruiken. Het schrijven is gericht aan 'de uitverkorenen, die als vreemdelingen verspreid in Pontus, Galatië, Kappadocië en Bitynië verblijven'. De auteur probeert hun moed in te spreken en verzekert hun dat God aan hun zijde staat. Op zich een gewone brief, maar wel een die twee vragen oproept: wie is de auteur ervan en in welke stad is hij geschreven?

De eerste vraag heeft vele pennen in beweging gebracht. Dat is niet zo verwonderlijk. Als de brief inderdaad aan Petrus kan worden toegeschreven, zou dat betekenen dat hij zich niet alleen in woord maar ook in geschrift tot gelovigen heeft gericht. Sommigen nemen inderdaad aan dat de brief door Petrus geschreven is: zijn naam staat er immers boven. De schrijver zelf doet er ook alles aan om iedere twijfel over zijn identiteit weg te nemen. Hij zet zijn aanspraken kracht bij door zich in de aanhef van de brief 'Petrus, apostel van Jezus Christus' (1 Petr.1:1; appendix 1) en aan het slot 'ooggetuige van het lijden van Christus' (1 Petr. 5:1) te noemen. Wanneer die laatste uitlating letterlijk wordt genomen, ligt de associatie met Petrus voor de hand. Zij die geloven dat de brief authentiek is gebruiken nog een argument: een uitspraak van Eusebius uit het begin van de vierde eeuw, dat deze brief daadwerkelijk als een schrijven van de apostel moet worden beschouwd en dat de oude kerkvaders die in hun eigen werken hebben gebruikt (Eusebius, *Kerkgeschiedenis* 3,3,1; appendix 3).

Anderen veronderstellen dat de brief van later datum is en dat de 'ooggetuigeclaim' niet letterlijk genomen moet worden, als een persoonlijk aanwezig zijn bij het lijden van Jezus, maar als een algemene belijdenis van het geloof.[11] Het in de tekst gebruikte Grieks kan volgens hen onmogelijk van Petrus zijn. De auteur gebruikt stijlmiddelen en zinsconstructies die wijzen op een grote kennis van het Grieks. Petrus had die niet. Zijn beheersing van die taal schoot tekort, evenals die van Silvanus, die Petrus bij het schrijven van de brief geholpen zou hebben, maar in feite alleen betrokken was bij de verspreiding ervan (1 Petr. 5:12).[12] Dat boven de brief wel Petrus' naam staat had een bedoeling. De schrijver wilde zijn schrijven meer gezag geven, en hoe kon hij dat beter doen dan door de brief te 'ondertekenen' met de naam van Jezus' belangrijkste leerling. Het is niet uit te sluiten dat niet één persoon, maar een groep leerlingen van Petrus gezamenlijk deze brief heeft opgesteld.

Een nog groter probleem vormt de mededeling van de auteur dat hij de brief heeft verstuurd vanuit de christelijke gemeente van Babylon (1 Petr. 5:13; appendix 2). Maar welke stad bedoelde de auteur met Babylon? Is het de oude stad in Mesopotamië, is hier sprake van een metafoor voor Rome of staat Babylon voor de diaspora van de Joden in het algemeen? In het eerste geval zou het betekenen dat Petrus na zijn vertrek uit Jeruzalem tijdens zijn omzwervingen terecht is gekomen in het oude Babylon en daar een christelijke gemeente heeft gesticht. In de zestiende eeuw laaide de discussie hierover snel op. Het waren niet de minsten die de mening waren toegedaan dat Petrus enige tijd in Babylon heeft gepreekt. Een van hen was de Franse hugenoot Joseph Scaliger (1540-1609), die omwille van zijn fenomenale kennis op vele terreinen naar de pas opgerichte universiteit van Leiden werd gehaald. Scaliger was ervan overtuigd dat Petrus was uitgezonden naar de *circumcisionem*, dat wil zeggen naar de Joden in Babylon, om daar te evangeliseren. Hij zou daar ook zijn gestorven.[13] Maar zo vanzelfsprekend is die aanname niet, want voor activiteiten van Petrus in die regio zijn geen aanwijzingen, en bovendien is het maar de vraag of er in die tijd nog veel Joden in Babylon woonden. Flavius Josephus schrijft namelijk dat in de jaren dertig van de eerste eeuw de spanningen tussen de autochtone inwoners van Babylon en de Joden zo hoog waren opgelopen, dat de laatsten zich op zeker moment zo bedreigd voelden door het geweld van de Babyloniërs dat ze massaal waren uitgeweken naar Seleuceia.[14] Niet het ideale klimaat, zou je zeggen, om daar een nieuwe Joods-christelijke gemeenschap te stichten.

De aanwijzingen dat Babylon staat voor Rome lijken sterker. Zoals het oude Babylon door de Joden werd gezien als de zetel van het kwaad,[15] zo was voor de christenen Rome de hoofdstad van een goddeloos rijk. Babylonië had Judea overheerst vanaf 587 v.Chr. en had de Joden met de verwoesting van de Tempel de grootst denkbare vernedering aangedaan. Rome had in 70 precies hetzelfde gedaan. De sporen daarvan waren voor iedereen zichtbaar. Net als de bannelingen van weleer trokken de apostelen, hun leerlingen en andere predikers over de aarde zonder binding met het moederland. Rome, het centrum van de wereld, was de plaats waar de christenen in ballingschap hun tijd moesten doorbrengen, tot het hemelse rijk was gerealiseerd. Het metaforisch gebruik van de naam Babylon[16] gaf de auteur de mogelijkheid om zich kernachtiger te kunnen uitdrukken.

Hoe vaak de metafoor Babylon/Rome ook is gebruikt, echt overtuigend is hij niet. Er is nóg een reden om verder te kijken. Babylon als aanduiding voor Rome komt in brieven niet voor, alleen in verhandelingen waarin 'Babylon' in negatieve zin wordt gebruikt om het onterende en schandelijke karakter van Rome te beklemtonen. Daarvan is hier geen sprake. De auteur staat loyaal tegenover de Romeinse overheid (1 Petr. 2:13-17). Babylon staat wél voor iets groots, iets dat nog veelzeggender is dan de metropool Rome: de diaspora van de christenen, hun algehele ontheemding, als ingezetenen van een wereld die niet de hunne is.[17] Dat de vroege christenen zich ontheemd voelden in de wereld waarin zij leefden, blijkt uit de aanhef van de brief: 'Aan de uitverkorenen die als vreemdelingen verspreid in Pontus, Galatië, Kappadocië, Asia en Bitynië verblijven'. De ontheemding wordt in de tweede helft van de tweede eeuw fraai onder woorden gebracht in een brief van een onbekende christen aan zijn heidense vriend Diognotus. Hij schrijft over de gespleten wereld waarin de christenen leven. Waar ze ook wonen in hun eigen vaderland, ze worden niet beschouwd als volwaardige burgers, maar als vreemdelingen. Ze brengen hun tijd door op aarde, maar pas in de hemel zijn ze volwaardige burgers. Ze gehoorzamen aan de wetten, maar door hun levenswijze zijn ze sterker. Hoewel ze alle mensen liefhebben, worden ze toch vervolgd. Men kent hen niet, maar toch worden ze vervolgd. Ze worden beschimpt, maar ze voelen dat als een eer.[18] En zo gaat hij nog een tijdje door. De lezer kan zich door zijn woorden verplaatsen in de christenen. Hoewel ze goed doen, zijn ze vreemden in hun eigen wereld, in afwachting van hun toetreding tot het koninkrijk van God. In die paradoxale situatie komt niet één stad speciaal in aanmerking als het Babylon van de brief, maar is het waarschijnlijk de christelijke diaspora in zijn algemeenheid die wordt bedoeld. De uitlating in 1 Petr. 5:13, 'de uitverkorenen in Babylon groeten u', moet dan worden opgevat in de zin van 'zij, die door Christus zijn uitgekozen in een wereld die niet die van hen is groeten u.'

Ook al vanwege de datering van de brief aan het einde van de eerste eeuw kunnen we alleen maar veronderstellen dat geestverwanten of leerlingen van Petrus hem op een onbekende plaats hebben geschreven. Latere generaties christenen in Rome hebben andere gedachten gehad. Zij hebben de vroege datering van de brief omarmd en zich ingebeeld dat Petrus zich *vanuit Rome* tot de gelovigen in Klein-Azië heeft gericht. In ieder geval kende bisschop Eusebius in het begin van de vierde eeuw geen twijfel: Petrus heeft volgens hem de bewuste brief in Rome geschreven en voor Rome de aanduiding Babylon gebruikt (Eusebius, *Kerkgeschiedenis*. 2,15,1-2; appendix 4).

Rond het jaar 96 zag opnieuw een opvallend schrijven het licht: de Eerste Brief van Clemens. Ook hier geldt dat het vermoedelijk een pseudo-epigrafische brief is: de naam van Clemens is waarschijnlijk door christenen gebruikt om de brief meer gezag te geven. Clemens was in die tijd een belangrijke christelijke voorman in Rome, volgens latere getuigenissen de derde bisschop na Petrus. Hij wordt nadrukkelijk als auteur genoemd door Eusebius, die zich daarbij beriep op getuigenissen van bisschoppen uit het einde van de tweede eeuw, Dionysius en Irenaeus.[19] Dat het hier gaat om de bisschop van Rome staat echter allerminst vast. Je kunt niet meer zeggen dan dat de auteur een toonaangevende functie in de kerk van Rome heeft bekleed.

Namens de gemeente richt de schrijver zich tot de gelovigen in Korinte. Na-ijver en jaloezie hadden hun gemeenschap gespleten. De gewone gelovigen waren het oneens met een aantal predikers en hadden hen uit hun functie ontheven. Clemens voelt zich geroepen de beide partijen tot rust te manen. Hij doet de aanbeveling de predikers in ere te herstellen. Alleen eendracht kan de gemeenschap redden. In zijn brief grijpt hij terug op het Oude Testament en noemt ter lering enkele opzienbarende twisten die voortkwamen uit afgunst (1 Clem. 4). De bekendste: Kain doodde zijn broer Abel (Gen. 4:3-8; Jakob ontvluchtte op aanraden van zijn moeder de woede van Ezau (Gen. 17:41-42); Jozef wordt door zijn broers als slaaf verkocht (Gen. 37:12-36); Mozes moest vluchten nadat hij een Egyptenaar had gedood (Exod. 2:11-15) en David ontkwam aan de jaloezie van Saul (1 Sam. 18:10-11). Vervolgens gaat de auteur over op het heden en komt hij, als hij het heeft over 'atleten' die voor hun geloof zijn gestorven, uit bij de 'grootste en rechtvaardigste zuilen' die uit na-ijver om hun geloof werden vervolgd en gemarteld en vervolgens 'tot Gods heerlijkheid geroepen'. De auteur noemt niet expliciet Rome als de plaats waar beiden de dood vonden, maar zijn woorden doen wel sterk in die richting denken (1 Clem. 5:1-7; appendix 5). Zeker waar het over Paulus gaat, van wie wordt gezegd dat hij de hele wereld rechtvaardigheid heeft geleerd, dat hij tot de rijksgrenzen in het westen is gegaan en met zijn dood ten overstaan van de machthebbers heeft getuigd van zijn geloof. Omdat Petrus aan Paulus wordt gekoppeld doet Clemens het voorkomen dat Petrus dezelfde weg is gegaan als de apostel van de heidenen – een echte aanwijzing daarvoor ontbreekt.

Een gelijksoortige suggestie over de aanwezigheid van Paulus én Petrus treffen we aan bij Ignatius, bisschop van Antiochië, een man die bekendstond om zijn onwankelbare, fanatieke geloofsbeleving. Hij was rond 110 gearresteerd en zou spoedig op transport naar Rome worden gesteld om daar gemarteld te worden. Nog in Smyrna schreef hij vier brieven, drie aan gemeenten in Asia, die vertegenwoordigers hadden gestuurd om hem te bezoeken, en één aan de christelijke gemeenschap in Rome. In die laatste brief deed hij een oproep om hem niet van zijn martelaarschap te beroven door bij de heidense autoriteiten om clementie te vragen. Het is, zo laat hij weten, zijn diepste verlangen om als voedsel te dienen voor de wilde dieren en zo God te bereiken (Ignatius, Brief aan de Romeinen 4,1). Even verderop in de brief refereert hij aan Petrus en Paulus. Hij stelt dat hij de Romeinen geen bevelen zal opleggen, zoals Petrus en Paulus dat deden omdat zij immers apostelen waren, en merkt vervolgens op dat zij vrij waren. Hij is een veroordeelde (Ignatius, Brief aan de Romeinen 4,3; appendix 6). Uit zijn brief spreekt een grote nederigheid. Hij wil de beide apostelen als martelaar navolgen in de dood, in Rome, dat voor hem geen symbool is voor de wereldheerschappij, maar de metropool van de martelaren. Door met zijn bloed getuigenis af te leggen van zijn geloof treedt hij in het spoor van Jezus én in dat van Petrus en Paulus. Pas in de dood zal hij de mantel van slavernij hebben afgelegd en werkelijk vrij zijn.[20]

Deze drie brieven staan aan de basis van de theorie dat Petrus daadwerkelijk in Rome is geweest. Niet dat ze zekerheid bieden, ze laten slechts zien dat destijds in christelijke kring de komst van Petrus naar Rome een serieus gespreksonderwerp was geworden. In Rome circuleerden onder gelovigen voornamelijk verhalen dat Petrus zelf, als getuige van het lijden van Jezus, en niet een van zijn leerlingen, de bewuste brief in Rome had geschreven. De voorzichtige suggestie van Clemens dat Petrus de martelaarsdood was gestorven, werd steeds meer een 'zekerheid'. Het was dus alleszins begrijpelijk dat Ignatius zich had gespiegeld aan Petrus (en Paulus) *in Rome*. Nu brak een nieuwe fase aan, waarin het beeld completer moest worden gemaakt en Petrus' levensverhaal met opzienbarende gebeurtenissen moest worden opgetuigd.

Simon Magus

Petrus had in Judea en Galilea Jezus zo goed mogelijk geprobeerd na te volgen. Hij had als leerling, en meer nog als leraar, zijn woorden extra zeggingskracht gegeven door ze vergezeld te laten gaan van wonderen. De christenen in Rome, die er in de tweede eeuw niet meer aan twijfelden dat hij echt in hun stad was geweest, wilden de beschrijvingen van zijn optreden in de Evangeliën en de Handelingen van de apostelen graag een vervolg geven, als bewijs voor hun idee dat hij in Rome Jezus in alle opzichten had nagevolgd. Maar: Rome was niet te vergelijken met Jeruzalem, de Romeinen hielden er andere denkbeelden op na dan de Joden en de visser Petrus was niet iemand die zo maar vanuit Judea en Galilea naar de metropool Rome 'overgeheveld' kon worden. Omdat er geen bewijs was voor een verblijf van Petrus in Rome, moest men op zoek naar aanknopingspunten. Zoiets gaat natuurlijk niet snel. Wellicht hielden ze rekening met kritiek van mensen die Petrus hadden gekend of anderen over hem hadden horen vertellen. Uiteindelijk durfden ze het aan. Ze kwamen uit bij een gebeurtenis in de Handelingen van de apostelen die ze in gewijzigde vorm opnieuw konden presenteren: de confrontatie van Petrus met Simon Magus in Samaria.

In Handelingen zijn de 'magische krachten' van Simon niet nader omschreven. Er wordt wel gewag gemaakt van de enorme populariteit die hij erdoor verwierf. Maar tegenover de kracht van Philippus, en later van Petrus en Johannes, stond hij machteloos. Nadat hij met een laatste truc had geprobeerd Petrus om te kopen en deze had geweigerd om hem de taken van een apostel te verlenen, had hij tegen Petrus gezegd: 'Bid voor mij tot de Heer dat het me niet zal vergaan zoals u hebt gezegd' (Hand. 8:24). Hij toonde zich hier min of meer een berouwvolle zondaar en leek zijn oude gedachten te hebben laten varen. In de beeldvorming rond Petrus in Rome kreeg Simon zijn oude reputatie terug, zij het dat die extremere vormen aannam. Hij was nu niet meer gewoon iemand die er afwijkende gewoonten op na hield, hij werd nu echt Simon de magiër, die een bedreiging vormde voor de eenheid onder de christenen. Zijn magie ging alle perken te buiten.

Magie was een bekend verschijnsel in het Romeinse rijk. Velen ontleenden er gezag aan. Beschuldigingen van magie vlogen over en weer. Wie een ander wilde zwartmaken gebruikte het argument dat hij magische handelingen verrichtte. De christenen betichtten anderen van duistere praktijken, maar kregen de verwijten onmiddellijk terug. Soms werden praktijken die op het eerste gezicht weinig met magie te maken hadden wel als zodanig aangemerkt. De kerkvader Tertullianus (160-230), bij voorbeeld, sloeg de hele dag zo veel mogelijk kruistekens, van de vroege ochtend tot de late avond, omdat het teken van het lijden van Christus werkzaam was tegen de krachten van de duivel.[21] Voor zijn opponenten was dat het 'bewijs' dat hij zich van magie bediende. Maar er werden ook zwaardere beschuldigingen geuit. In Tertullianus' jeugd werden de christenen door verscheidene groeperingen er geregeld op gewezen dat Jezus zijn wonderen verrichtte dankzij magische technieken. Hij zou in de magie zijn onderwezen tijdens zijn vroege jeugd in Egypte. Zijn wonderen leverden het bewijs van zijn grondige scholing, en zijn grootste wonder, de opstanding uit het graf, was volgens zijn critici een meesterwerk geweest van bedrog.

Ook de leerlingen van Jezus moeten het bij heidense auteurs geregeld ontgelden. Zij zouden de duistere praktijken van hun meester hebben overgenomen en als wonderdoeners en exorcisten magie hebben bedreven. Paulus is het voornaamste doelwit. De apostel die tijdens zijn eerste zendingsreis in Paphos Barjesus, de adviseur van de Romeinse gouverneur, met blindheid had geslagen en daarna nog vele wonderen had verricht werd beschouwd als een charlatan.

Christenen zochten op hun beurt naar personen die ze konden belasteren. Als van iemand op schrift was vastgelegd dat hij zich had bediend van dubieuze handelingen tegenover Jezus, diens leerlingen of latere volgelingen, kon hij worden opgevoerd als een gevaar voor het geloof. Een man die heel goed in deze strategie paste was Simon Magus. Hij had Petrus in Samaria geschoffeerd, waarna die hem op zijn nummer had gezet. Nu werd hij de persoon die de christenen nodig hadden om Petrus' leven in Rome een 'invulling' te geven.

Tot het midden van de tweede eeuw was de informatie over Petrus verbrokkeld overgeleverd. Af en toe kwamen er flarden van verhalen over vermeende activiteiten los, maar het was te weinig voor een samenhangend verhaal over zijn leven en dood. Met de toenemende behoefte van christenen aan meer duidelijkheid, begon de zoektocht naar 'concrete gegevens'. Het moest natuurlijk wel gaan om spectaculaire daden met een duidelijke meerwaarde, die moesten aantonen dat het christelijk geloof veel beter was dan alle andere geloven en bij de grootste sceptici iedere twijfel wegnamen. De invulling van Petrus' leven begon met een merkwaardig verhaal dat paste in de sfeer van wederzijdse beschuldigingen over vermeend gebruik van magie. De wonderkracht van Jezus, die zich uitte in zijn leerlingen, werd zichtbaar gemaakt in een directe confrontatie tussen Petrus en de man die ooit door hem als wonderdoener was ontmaskerd.

Deze confrontatie kon worden 'gebruikt' omdat in Handelingen van de apostelen niet was meegedeeld wat er van Simon Magus was geworden, nadat hij door Petrus in Samaria terechtgewezen was. Hij was in het niets verdwenen. Maar ineens wordt er weer over hem gesproken en duikt hij weer op: in Rome. Het is dan het midden van de tweede eeuw. De verhoudingen tussen Joden en christenen waren intussen drastisch gewijzigd. Er waren christenen die openlijk propageerden dat de ware nazaten van Abraham, Isaak en Jacob de christenen waren.[22] Anderen gingen nog verder, zoals Marcion van Sinope (ca. 85-160). Hij betoogde dat de *demiourgos*, de schepper van de wereld en de despotische, wrede God van de Joden, verworpen moest worden. De reddende God van de christenen was heel anders, stelde hij. Hij was de God van liefde. Het Oude Testament moest worden afgewezen. De meeste christenen vonden dat Marcion te ver ging, maar waren het lang niet altijd met elkaar eens. In dat spanningsveld, waarin verscheidene ketterse overtuigingen een plaats kregen, verdiepte zich de confrontatie tussen Petrus en Simon Magus: het werd een strijd tussen orthodoxie en ketterij.

De eerste die Simon Magus opvoert is Justinus Martyr. Rond het jaar 100 was hij geboren in Samaria. Dertig jaar later was hij vertrokken naar Klein-Azië, vermoedelijk naar de stad Ephese. Na omzwervingen langs enkele filosofische stromingen, waaronder het Stoïcisme, kwam hij uit bij het christendom en ontwikkelde zich tot een belangrijke christelijke apologeet in Rome, waar hij studenten inwijdde in het christelijke gedachtengoed. Zijn openhartige optreden bracht hem in de jaren zestig van de tweede eeuw in conflict met de autoriteiten. In 165 zou hij de marteldood zijn gestorven. Deze Justinus, die zich in een aantal geschriften heeft uitgelaten over de relatie tussen christenen en Joden en over de houding die een goede christen moet aannemen tegen de overheid, brengt in een hoogst merkwaardig verhaal Simon Magus ter sprake. Simon was volgens hem onder keizer Claudius (41-54) naar Rome gekomen en had daar onder invloed van de in hem werkzame demonen talrijke magische rituelen uitgevoerd. Hij zou daar ten overstaan van grote menigten wonderen hebben verricht: hij zou blinden het licht in hun ogen hebben teruggegeven en lammen de kracht in hun benen. Zijn populariteit nam extreme vormen aan. Hij werd zelfs als een god beschouwd en kreeg in de Tiber, tussen twee bruggen in, een gedenkzuil met op het voetstuk het opschrift SIMONI DEO SANCTO ('voor de heilige god Simon'). Justinus kan er met zijn verstand niet bij dat alle Samaritanen hem als hun oppergod erkenden.

Om te laten zien dat Simon echt niet deugde, vertelt Justinus erbij dat hij omgang had met ene Helena, die vroeger in een bordeel in Tyrus had gewoond. Zijn volgelingen beweerden dat zij 'het eerste idee was dat van zijn geest uitging' (Justinus Martyr, *Apologia*. 1,26 = Eusebius, *Kerkgeschiedenis* 2,13,3-5; appendix 11). Zijn samenzijn met een hoer moest worden uitgelegd als een ultieme poging om een verloren schaap te redden. Was Jezus zelf ook niet met zondaars omgegaan en was Maria Magdalena, van wie in deze tijd steeds meer werd gedacht dat zij een intieme relatie met Jezus had gehad, niet een op het rechte pad teruggebrachte prostituée? Rechtgeaarde christenen beschouwden deze gedachte als een regelrechte belediging, een reden te meer om Simons reputatie totaal neer te halen.

Justinus moet hebben geweten dat zijn uitspraken over Simon wel heel erg speculatief waren en meer gebaseerd op wat hij als de waarheid wilde zien dan op de waarheid zelf. In het jaar 1574 werd dit ook echt aangetoond, toen op het Tibereiland een inscriptie werd gevonden waarop niet stond SIMONI DEO SANCTO, maar SEMONI SANCO DEO.[23] Semo Sancus had niets van doen met Simon de magiër. Hij was een oud-Sabijnse god, aan wie men geloften deed. Hij was al vroeg in Rome geïntroduceerd. Zijn belangrijkste taak was erop toe te zien dat mensen hun eed van trouw niet schonden. Christelijke auteurs hebben Justinus' zienswijze echter overgenomen. Irenaeus (130-202), de bisschop van Lyon, gaat volledig met Justinus mee als hij laat weten dat Simon onder keizer Claudius met een standbeeld werd geëerd.[24] Dat juist hij het met hem eens was, betekende veel voor de christenen. Irenaeus wilde namelijk aantonen dat de kerk van Rome haar autoriteit ontleende aan een geloofsleer die direct terugging op wat de apostelen hadden onderricht.

De opmerkingen van Justinus en Irenaeus vormden een mooi uitgangspunt voor een hernieuwde strijd rond Petrus en Simon. Twee

Simon Magus, reliëf op een poort in de Basiliek van St-Sermin in Toulouse

mannen die in het niets leken te zijn verdwenen, werden opnieuw tegenover elkaar geplaatst, nu in Rome. Beiden hadden wonderen op hun naam staan, beiden beschouwden de ander als inferieur. Vanuit christelijke hoek werd de toon tegen Simon Magus veel harder dan in de Handelingen van de apostelen. Goed is te zien dat het om meer gaat dan een confrontatie van twee predikers met afwijkende ideeën. Het christendom was bezig aan een opmars. Iedereen die daarbij in de weg stond, moest 'verdwijnen'. Hoe inventiever de tegenstander, des te harder werden de verwijten. Simon werd afgeschilderd als een ware bedreiging voor de kerk van Rome. Irenaeus was van oordeel dat de magiër Simon koste wat kost van het toneel moest verdwijnen. In een tijd waarin de eenheid onder de christenen gevaar liep, noemde hij hem de bron van alle ketterijen (Irenaeus, *Adversus Haereses* 1:23-27). Geen middel schuwde hij om Simon zwart af te schilderen, als een gevaar voor de orthodoxie. Simon zou voortdurend nieuwe tovertrucs hebben uitgeprobeerd en zich een goddelijke statuur hebben aangemeten. Tegen zijn volgelingen zou hij hebben gezegd dat hij aan de Joden zou verschijnen als de Zoon, in Samaria zou hij terugkomen als de Vader en aan andere volken zou hij zich vertonen als de Heilige Geest. Ketterijen waren er altijd geweest, maar nu diende zich de gelegenheid aan om daarmee af te rekenen door korte metten te maken met hem, in wie alle afgoderij samenkwam.

Meer bijzonderheden over Simon Magus zijn te vinden in de Handelingen van Petrus, een wonderlijk geschrift van een anonieme auteur uit het laatste kwart van de tweede eeuw.[25] Helaas is de oorspronkelijke Griekse tekst slechts in gedeelten overgeleverd. Volgens Nicephorus, een negende-eeuwse patriarch van Constantinopel, zou de complete tekst ongeveer 2700 regels hebben geteld, waarvan in verschillende handschriften ongeveer twee derde is overgeleverd. De bewaarde tekstfragmenten bestaan uit drie delen: een korte tekst in het Koptisch over de dochter van Petrus, een lange Latijnse tekst uit de vierde eeuw, gevonden in de Codex Vercellensis uit de zesde of zevende eeuw, waarin de belevenissen van Petrus in Rome, tot zijn martelaarschap aan toe, worden verhaald, en een aparte weergave van het martelaarschap van Petrus, in verschillende versies. Daarnaast zijn er nog kleine stukjes tekst overgeleverd uit vrijwel verloren gegane teksten.[26] Voor een goed begrip van de Handelingen van Petrus zijn de gecomprimeerde interpretaties, die Ambrosius in het laatste kwart van de vierde eeuw van het doen en laten van Petrus in zijn bewerking van het werk van Pseudo-Hegesippus heeft opgenomen, onontbeerlijk, omdat ze de confrontaties tussen Petrus en Simon Magus treffender beschrijven dan de uitvoerigere weergaven in de andere teksten.[27]

De hernieuwde confrontatie van Petrus met Simon Magus neemt in de Handelingen van Petrus een belangrijke plaats in. Petrus had de magiër zoals gezegd in Samaria op zijn nummer gezet, toen die hem had gevraagd om ook hem de kracht te geven om mensen te bekeren. Zijn rol leek uitgespeeld, maar in de Handelingen van Petrus duikt hij opnieuw op, in Rome. Voor de christengemeente daar was zijn komst een ramp, want Paulus, de man op wie zij hun hoop hadden gevestigd, was kort daarvoor naar Spanje vertrokken om er als dokter mensen te helpen. Uitgeleide gedaan door vele gelovigen had hij de stad verlaten om te beginnen aan een zendingsreis die hij in zijn Brief aan de Romeinen vijf jaar eerder al had aangekondigd. Als Paulus enkele dagen weg is verschijnt Simon Magus ten tonele. Zijn imago is veranderd in vergelijking met wat in de Handelingen van de apostelen over hem wordt geschreven. Hij is nu echt een tovenaar die veel mensen in verwarring brengt.

Onder de orthodoxe christenen heerst veel onrust. Ze bidden om Paulus' terugkeer of om de komst van een ander die hen kan bijstaan en een einde kan maken aan de machtsgreep van de duivel. Als de nood hoog gestegen is, grijpt God persoonlijk in. Hij verschijnt in Jeruzalem aan Petrus in een visioen en roept hem op om naar Rome te gaan en daar Simon 'uit te schakelen' (Handelingen van Petrus 5). Petrus geeft uiteraard gehoor aan het verzoek en vertrekt onmiddellijk. Zijn overtocht naar Rome doet denken aan de zeereis van Paulus van Caesarea naar Puteoli (Handelingen van de apostelen 27-28). Onderweg bekeert hij de kapitein van het schip. Wanneer Petrus in Puteoli van boord gaat wordt hij door gelovigen opgewacht. Gezamenlijk lopen ze over de Via Appia naar Rome. Haast is geboden, want de kwalijke praktijken van Simon Magus vragen om een snel en krachtdadig optreden. Petrus verricht vervolgens wonderen en brengt ook senator Marcellus, een gelovige die was misleid door Simon Magus, weer op het juiste pad.

De anonieme auteur van de Handelingen van Petrus laat zijn fantasie de vrije loop wanneer hij de wonderen van Petrus beschrijft die Simon Magus tot razernij brengen. Verderop in het verhaal zoeken beide kemphanen in Rome de confrontatie. Voor zowel de sympathisanten van Simon Magus als de christenen staat er veel op het spel. In eerste instantie lijkt het te gaan om de wonderkracht van Petrus en de macht van Simon, die van zichzelf beweerde dat hij over bijzondere gaven beschikte. Maar bij nadere lezing blijkt dat het niet alleen een strijd is tussen Petrus, Jezus' opvolger op aarde, en een tovenaar, die zichzelf op een voetstuk plaatst en met handige trucs de mensen weet te betoveren. De twistpunten liggen veel dieper. De toverkunsten die beiden zullen gaan gebruiken bij de confrontatie staan in feite voor twee verschillende denkrichtingen die bestonden onder de Joodse christenen. Petrus staat voor de orthodoxie, Simon Magus wordt opgevoerd als representant van de daarvan afwijkende ketterse beweging (Handelingen van Petrus 1-22, in de gecomprimeerde interpretatie van Ambrosius; appendix 12).

Simon Magus is een geduchte tegenstander. Een hoofdknik of een enkel woord van Petrus volstaat niet meer om de magiër de baas worden. Er gaat zoveel dreiging van hem uit dat alleen een directe tweestrijd tussen beiden een oplossing kan brengen. In Handelingen van Petrus gaan ze eerst met elkaar in debat (Hand. Petr. 23-24) en troeven ze elkaar vervolgens af in het verrichten van wonderen (Hand. Petr. 25-29). Dan volgt het laatste 'bedrijf'. De uiteindelijke 'overwinning' zal gaan naar degene die een jonggestorven man uit een vooraanstaande familie weer tot leven kan wekken. Simon Magus mag de eerste poging doen. Hij zingt en prevelt enkele onbegrijpelijke toverformules. De dode lijkt te reageren en beweegt zijn hoofd. Zijn aanhangers zijn blij en schelden Petrus uit. Die laat zich echter niet zomaar uit het veld slaan en zegt dat de dode 'schijnlevend' is; als hij werkelijk tot leven is gewekt, moet hij opstaan en aan iedereen vertellen wat er is gebeurd. Petrus loopt naar de baar, richt een gebed tot God en roept tegen de jongeling: 'Sta op, de Heer Jezus geneest je.' De jongeman komt overeind,

Val van Simon Magus op een kapiteel in de kathedraal van St.-Lazare in Autun

staat op, zegt en eet iets, waarna Petrus hem terugbrengt bij zijn moeder. De stemming onder de toeschouwers slaat om. Ze willen Simon Magus stenigen, maar Petrus vindt dat hij al genoeg gestraft is en zegt dat hij in leven zal blijven en tegen zijn wil zal getuigen dat Jezus Christus overal zal triomferen (Handelingen van Petrus 28, in de gecomprimeerde interpretatie van Ambrosius; appendix 13).

Met welk een ongekend fanatisme de strijd werd gevoerd moge blijken uit een opnieuw zeer wonderlijke passage uit de Handelingen van Petrus waarin het einde van Simon Magus wordt weergegeven. Simon wilde zijn goddelijkheid bewijzen door een vlucht naar God, door wiens kracht hij naar eigen zeggen werd gesterkt. Een grote menigte was er getuige van hoe hij opsteeg en enige tijd over de stad vloog. Zijn hoogmoed kwam letterlijk voor zijn val. Petrus smeekte God om de magiër te laten neerstorten, hetgeen gebeurde. Simon viel neer op de aarde, liep een zware beenbreuk op en stierf uiteindelijk in Aricia op de operatietafel onder de handen van artsen die tevergeefs zijn leven probeerden te redden (Handelingen van Petrus 31-32, in de gecomprimeerde interpretatie van Ambrosius; appendix 14). De strijd was beslist. Petrus had gezegevierd over Simon Magus, wiens reputatie in de loop van de tijd met fantasieverhalen nog verder naar beneden werd gehaald. Er kwam zelfs een verhaal in omloop dat hij zich had laten begraven met de belofte dat hij op de derde dag uit zijn graf zou opstaan, maar hij kwam niet meer boven aarde.

Het doel was bereikt. Petrus was nu de man van gezag, die het tegen iedereen kon opnemen. Hij was de waardige opvolger van Jezus. Voor de auteur van de Handelingen van Petrus was de fantasierijke opsomming van Petrus' daden echter niet genoeg. Hij laat er een wonderlijke passage aan voorafgaan, die is overgeleverd in een opzichzelfstaand Koptisch fragment. We weten dat Petrus zijn echtgenote op zijn reizen had meegenomen (zie blz. 82). Over kinderen wordt in het Nieuwe Testament niet gesproken, maar in dit losse fragment blijkt dat hij in Jeruzalem een dochter had.[28] Het verhaal zong snel rond, want ruim twintig jaar nadat de oudste versie de ronde deed sprak Clemens van Alexandrië al over kinderen van Petrus.[29] Vermoedelijk was hij ook bekend met de legende van de dochter van Petrus. Het meisje zou vanaf haar tiende jaar halfzijdig verlamd zijn geweest. Op een dag spoort het samengestroomde volk Petrus aan haar te genezen. Hij zegt haar op te staan en rond te lopen. Zijn dochter doet wat haar wordt gevraagd. De menigte prijst Petrus voor dit wonder. Maar tot ontsteltenis van de omstanders draagt hij haar op weer te gaan liggen en zegt: 'Wees weer ziek, want dat brengt jou en mij meer geluk.' Onmiddellijk verdwijnt de kracht weer uit haar lichaam. Petrus moet deze merkwaardige gang van zaken uitleggen, en hij vertelt daarop hoe God hem in een visioen had geopenbaard dat zij veel ongeluk zou brengen als haar lichaam gezond bleef. Hij accepteert daarom de ziekte van zijn dochter: Gods wil mag niet worden genegeerd.[30]

Misschien dat passages als deze voor bisschop Eusebius (260-339) aanleiding waren om geen betekenis toe te kennen aan de tekst van de Handelingen van Petrus, die, zo betoogt hij, niet betrouwbaar was. Geen van de oude of moderne kerkvaders heeft vervolgens ooit nog één woord eruit gebruikt (Eusebius, *Kerkgeschiedenis* 3,3,2). Dat moge zo zijn, maar veel van wat in dit apocriefe werk is te vinden, komt ook voor in latere christelijke uitspraken over Petrus, zoals we nog zullen zien.

Nero

De christenen mochten dan wel geleidelijk hebben 'gereconstrueerd' dat Petrus in Rome van zich had doen spreken, maar niet één schrijver geeft een bevredigend antwoord op de vraag wanneer Petrus nu precies voor het eerst de stad is binnengegaan. In ieder geval was hij in 56, toen Paulus zijn brief aan de Romeinen schreef, niet in de stad. In de Handelingen van Petrus valt zijn komst samen met het vertrek van Paulus naar Spanje, na een twee jaar durend verblijf in Rome. Dat zou betekenen dat Petrus pas in 63 zijn eerste stappen in de stad heeft gezet, een jaar voordat Rome geteisterd zou worden door een verschrikkelijke brand. Wat hij daarvoor heeft gedaan blijft buiten beschouwing. Maar deze datering is niet algemeen geaccepteerd geraakt. Latere geschiedschrijvers bleven zoeken naar details, naar feiten. Nu eenmaal werd aangenomen dat Petrus in Rome was geweest, gaven zij hun eigen interpretatie aan gebeurtenissen waarover weinig met zekerheid te zeggen was. Er kwamen berichten in omloop dat Petrus al veel eerder in de stad was aangekomen, nog onder het bewind van keizer Claudius (41-54). Petrus' komst en de eerder beschreven confrontatie met Simon Magus zouden in dat geval gedateerd moeten worden in het tweede jaar van de regering van Claudius. De mededeling is afkomstig van Hiëronymus, de kerkvader die zijn werk over beroemde mannen schreef aan het slot van de vierde eeuw (Hiëronymus, *De viris illustribus* 1; appendix 10). Hij voegde er nog aan toe dat Petrus na zijn bevrijding uit de gevangenis van Jeruzalem (dat was in 42) gedurende vijfentwintig jaar bisschop van Rome was geweest. Tot 67 dus, het voorlaatste jaar van de regering van Nero.

Over Nero is veel geschreven, vooral over de wijze waarop hij, een jongeman van wie velen hoge verwachtingen hadden, kon verworden tot een monster in de ogen van velen. De geschiedschrijver Tacitus heeft over Nero het nodige gezegd, maar ook de christelijke auteurs hebben zich later niet onbetuigd gelaten. Nero was pas zeventien jaar oud, toen hij in 54 keizer werd. Al snel liet hij blijken dat zijn belangstelling voor de schone kunsten groter was dan zijn interesse in het politieke bedrijf. Hij verborg bepaald niet zijn ondeugden en misdroeg zich geregeld, ook in het openbaar. Verkwisting van staatsgeld was hem niet vreemd. Hij financierde grote bouwprojecten en liet voor zichzelf een immens paleis bouwen: de *Domus Aurea*, het Gouden Huis. Ondanks zijn vele morele tekortkomingen leek het er in de eerste jaren van zijn regering op dat Rome niet al te veel zou lijden onder zijn beleid en wangedrag, dankzij de steun van enkele opvallende adviseurs, die hem zo goed en zo kwaad als dat ging op het rechte pad hielden. De belangrijkste was de filosoof Seneca, die zijn uiterste best deed om de relatie met de senaat te onderhouden. Het heeft niet echt mogen baten. De keizer trok zich steeds minder van hen aan, en Seneca werd zelfs gedwongen zelfmoord te plegen. Nero's regeringsperiode was doortrokken van moord en doodslag. Iedereen, hoog of laag, familie of vreemd, was bang voor zijn bloeddorst. De oppositie groeide snel, met name onder de senatoren die vonden dat hun bevoegdheden steeds verder werden ingeperkt. Ten slotte zag Nero geen andere oplossing meer om uit de problemen te komen dan zichzelf te doden. Zijn laatste woorden zouden zijn geweest 'Welk een kunstenaar sterft er met mij'. Hij is de geschiedenis ingegaan als een van de slechtste keizers.

Onder de regering van Nero hadden de christelijke gemeenschappen in Rome en in andere belangrijke steden van het Romeinse rijk echt vorm gekregen. Het aantal volgelingen was gegroeid. Ze konden niet meer genegeerd worden, vooral niet omdat ze ideeën verkondigden die haaks stonden op wat de Romeinen dachten. Het moet Nero een doorn in het oog zijn geweest dat ze weigerden te offeren aan de Romeinse goden. Ze deden zich voor als een 'nieuw volk', dat de grenzen tussen de bestaande volken wegnam. De Romeinen wilden daar niets van weten, zij laakten hun afwijkende gedrag en verweten hen dat ze weinig respect toonden voor de traditionele Romeinse waarden. Voor hen was het christendom een dwaas bijgeloof, dat de glorie van Rome in gevaar bracht.

Voor Nero was er ook nog een persoonlijke reden om de christenen in diskrediet te brengen. In het Romeinse polytheïsme was het geen probleem dat de keizer zich naast de traditionele goden goddelijke verering liet welgevallen. Deze heersercultus was al oud en was wijdverbreid in het oosten van het Romeinse rijk, waar de voorgaande machthebbers, de hellenistische koningen, zich als god hadden laten vereren. In het Romeinse rijk was de heersercultus opgekomen ten tijde van keizer Augustus, die gezien werd als de inrichter van een nieuwe tijd en om die reden een goddelijke status kreeg. Snel had deze cultus overal navolging gekregen, ook in Rome. Aanvankelijk was de eredienst alleen op Augustus' persoon gericht, maar geleidelijk aan werd het een cultus die niet meer op één keizer was toegesneden maar een verering werd waarin de zittende keizer en diens voorgangers werden vereerd. Overal verschenen heiligdommen voor de heersercultus, nieuwe werden gebouwd, oude werden omgevormd. Wie weigerde aan de keizercultus mee te doen liep het gevaar als opponent van de keizer te worden beschouwd. Een offer voor de keizer was immers een bewijs van loyaliteit. Keizers als Caligula en Nero, begiftigd met een hoge eigendunk en volgens vele senatoren ook met een grote mate van krankzinnigheid, lieten de Romeinen duidelijk voelen dat de cultus voor hen meer was dan een gewone eredienst voor een keizer. Ze beschouwden zich werkelijk als god en kwamen er pas bij hun dood achter dat hun aanspraken op goddelijkheid op niets anders berustten dan op een enorme zelfoverschatting.

Onder Caligula (37-41) waren de christenen nog met te weinig om echt als een gevaar voor de heersercultus te worden beschouwd, maar ten tijde van Nero nam het aantal onderdanen die weigerden de keizer als god te vereren sterk toe. Christenen werden nagewezen als notoire weigeraars. Maar dat het zo ver zou komen dat dergelijk gedrag tot een 'vervolging' zou leiden, had zelfs de meest verstokte voorstander van keizerlijke verering niet kunnen vermoeden. Daarvoor waren de Romeinen toch te zeer overtuigd van de superioriteit van hun goden. Een bijzondere aanleiding maakte echter alles anders.

De brand van Rome

We schrijven het jaar 64. Nero was tien jaar aan het bewind en had zijn tomeloze wreedheid al op velen botgevierd, maar de christenen waren vooralsnog buiten schot gebleven. Ik kan me haast niet anders voorstellen dan dat Nero niet lacherig heeft gedaan over dat geloof van die

Joodse timmermanszoon uit Nazaret, die was gekruisigd en vervolgens uit het graf was opgestaan. Dat geloof kon toch niet in de schaduw staan van de Romeinse religie met goden, die kracht en schoonheid uitstraalden? Zo dachten Nero en vele vooraanstaande Romeinen toen in de tweede helft van juli Rome door een geweldige brand geteisterd werd. Nu waren branden daar niet zeldzaam. Allesvernietigende vuurzeeën waren geen ongewoon verschijnsel in de grote metropool met haar brandbare huizen en nauwe straatjes, waar een snelle toevoer van water niet mogelijk was. In de periode 31 v.Chr. tot 410 n.Chr. zijn er meer dan veertig grote branden geweest, zo vernietigend dat schrijvers het de moeite waard achtten om er melding van te maken. Vermoedelijk waren er nog veel meer. Ze zijn niet in de boeken terechtgekomen, omdat ze plaatsvonden in een tijd waarover niet zo veel is geschreven of omdat de op dat moment heersende keizer met een vorm van censuur verhinderde dat een brand, die hem persoonlijk kon worden aangerekend, in de kronieken werd opgetekend. Het werd hem immers persoonlijk aangerekend wanneer de brandweer machteloos was als de vlammen om zich heen sloegen.

Tacitus doet rond het jaar 100 verslag van de brand in 64.[31] Hij weet vrij gedetailleerd te vertellen waar het allemaal begon: in de winkeltjes bij de Circus Maximus tussen de heuvels Caelius en Palatijn. De koopwaar daar vatte onmiddellijk vlam. Het vuur greep meteen om zich heen en raasde langs de lange zijde van de renbaan. Door de harde wind sloeg het vuur over naar de laaggelegen delen van de stad, vervolgens naar de hoger gelegen wijken en weer verder naar de lage volkswijken. De ramp voltrok zich zo snel dat de hulp steeds te laat kwam. Overal was paniek. Mensen probeerden een veilig heenkomen te vinden. Voor sommigen was er redding, anderen werden door de vuurzee ingehaald en kwamen om in de vlammen. Hoeveel slachtoffers de brand heeft gemaakt is niet te zeggen, maar dat tallozen door verbranding of verstikking zijn omgekomen, lijdt geen twijfel.

Nero, die bij het uitbreken van de brand in Antium verbleef, keerde onmiddellijk naar Rome terug en bood de talloze daklozen onderdak aan in zijn paleistuinen. Maar dat kon niet verhinderen dat al snel het gerucht in omloop kwam dat hij zelf de hand in deze brand had gehad.

Hij zou zijn gezien op het terras van zijn paleis, in opperste vervoering door het spektakel van de oplaaiende vlammen. Hij zou zijn lier hebben gepakt en een dramatische vertolking van een lied over de ondergang van Troje ten beste hebben gegeven. Zijn slaven zouden allerlei brandbare spullen op het vuur hebben gegooid en anderen hebben gehinderd bij hun pogingen om het vuur te blussen.[32] Pas na zes dagen was de brand redelijk onder controle, al greep het vuur nog enkele malen flink om zich heen.

Je vraagt je af waarom Romeinse schrijvers als Tacitus en Suetonius het verhaal van een eventuele betrokkenheid van Nero hebben opgenomen. Ze moeten toch hebben geweten dat ze daarmee het toch al niet smetteloze imago van de keizer nog verder besmeurden. Van Suetonius kan ik mij dat nog enigszins voorstellen. Hij roddelde er soms rustig op los en vond in een keizer van wie wel een paar schanddaden te melden waren een gemakkelijk slachtoffer. Bij Tacitus lag het iets gecompliceerder. Hij behoorde tot de senatorenstand. Toen hij zijn geschiedenis van de Romeinse keizers op papier zette, was de macht van de senaat behoorlijk verzwakt. Door Nero met zo'n zware misdaad in verband te brengen, zonder hem overigens de schuld in de schoenen te schuiven, nam hij wraak op het hele keizerlijke bestuurssysteem. Hoewel hij in zijn voorwoord belooft te schrijven *sine ira et studio*, zonder na-ijver of vooringenomenheid, objectief dus, kan hij het niet laten zijn gram te halen. En wie vormde een mooier doelwit dan Nero, wiens leven doortrokken was van incidenten die niet door de beugel konden?

Als Nero geen schuld had aan misschien wel de grootste calamiteit uit de geschiedenis van de stad Rome, wie dan wel? Tacitus weet het antwoord niet, maar hij noemt wel een groep mensen die door Nero als daders werden aangewezen: de christenen. Het is de eerste keer dat ze in de niet-christelijke literatuur worden vermeld. Vermoedelijk hadden ze niets met de brand te maken. Ze worden genoemd omdat Nero in een moeilijke situatie verkeerde. Velen wezen met de beschuldigende vinger in zijn richting. De geruchten over zijn eventuele betrokkenheid gingen een eigen leven leiden. Tot elke prijs wilde hij voorkomen dat ze als waarheid zouden gaan gelden. Om zichzelf vrij te pleiten wees hij op zijn beurt de christenen aan als schuldigen. Tacitus noemt hen 'mensen die vanwege hun misdadige gedrag alom gehaat werden en in de volksmond christenen werden genoemd'. Hij maakt wel een onderscheid tussen de christenen die ervan verdacht werden direct bij de brandstichting betrokken te zijn geweest en de talrijke gelovigen die dan wel niets met de brand te maken hadden, maar die wel begiftigd waren, zo schrijft hij, met een enorme haat tegen de mensheid. Door hun afwijkende gedrag, waaronder hun hierboven gememoreerde weigering om aan de goden te offeren, waren ze voor zowel de keizers als de senatoren en de overgrote meerderheid van de stadsbevolking de ideale zondebokken.

Suetonius maakt eveneens melding van de christenvervolgingen van Nero, maar bij hem ontbreekt de samenhang met de brand van Rome. Hij brengt ze ter sprake wanneer hij het heeft over 'uitwassen' waaraan de keizer een einde wil maken. Eerst somt hij enkele beperkende maatregelen op, zoals de inperking van openbare maaltijden tot voedselpakketten en een verbod op de verkoop van gekookte etenswaren in cafés, terwijl daar voordien allerlei soorten hapjes werden verkocht. Dan, bijna terloops, heeft hij het over de terechtstelling van christenen, 'een slag mensen dat een nieuwe en gevaarlijke vorm van bijgeloof volgde'.[33] Bij de beschrijving van de brand van Rome laat hij het bij de opmerking dat Nero de stad in brand stak, omdat de oude, bouwvallige huizen en de bochtige straatjes hem een doorn in het oog waren. Wel heeft hij volop aandacht voor de consequenties, die hij kleurrijk beschrijft.

Tacitus lijkt het gedrag van Nero tot op zekere hoogte te kunnen begrijpen. De christenen, een gehate mensensoort, verdienden zware straffen. Maar de wijze waarop de keizer de straffen voltrok ging de geschiedschrijver te ver. Ze werden in vachten van wilde dieren door honden aan stukken gescheurd, gekruisigd of op palen gespietst en als brandende fakkels blootgesteld aan de lachlust van het volk. De executies vonden plaats in de tuinen van het Gouden Paleis. Nero maakte er een 'feest' van. Hij organiseerde tegelijkertijd wagenrennen en mengde zich als wagenmenner onder het volk. Hij creëerde een mythologisch decor waarin hij op een macabere wijze zijn gedachten over een nieuw Rome vormgaf. De brand van Rome bood hem, zo valt uit de weergave van Tacitus op te maken, de mogelijkheid de stad te herbouwen naar zijn eigen inzichten.[34]

Namen van vermoorde christenen noemt Tacitus niet. We kunnen op grond van zijn informatie dus niet beoordelen of er onder de slachtoffers bekende namen waren. In ieder geval werd in de kringen waarin hij verkeerde niet gesproken over toonaangevende christenen onder de doden. In de christelijke gemeenschap in de loop van de tweede eeuw was dat juist een belangrijk thema: men nam er bij de reconstructie van Petrus' leven geen genoegen mee dat hij een anonieme dood was gestorven te midden van andere geloofsgenoten. Er moest een situatie worden geschapen, waarin zijn dood een bijzondere gebeurtenis was.

Quo vadis?

In de eerste helft van de tweede eeuw circuleerde onder de christenen een curieus geschrift: de *Ascensio Jesaiae* ('Hemelvaart van Jesaja'). Het gaat terug op een oude Joodse tekst, die uit twee delen bestaat: een deel over het martelaarschap van de profeet Jesaja en een over het visioen van hem. De christenen hebben er later allerlei veranderingen in aangebracht. Midden in het eerste deel wordt een soort apocalyptische voorspelling gedaan: Beliar (de duivel) zal uit zijn rijk neerdalen in de gedaante van een mens, een onrechtvaardige koning, een moedermoordenaar. En dan volgt de cryptische mededeling dat een van de christenen hem in handen zal vallen (*Ascensio Jesaiae* 4,1-4; appendix 7). Voor christelijke lezers was het niet moeilijk in deze duivelse figuur de moedermoordenaar Nero te herkennen, die vele christenen wreed had omgebracht. De apostel, die hem in handen was gevallen, moest natuurlijk Petrus zijn.

Uit diezelfde tijd dateert de *Apocalyps van Petrus*. In dat merkwaardige geschrift, dat oorspronkelijk in het Grieks het licht zag en in een Koptische vertaling in zijn geheel is overgeleverd, komt een passage voor waarin Petrus een visioen heeft. Christus voorspelt hem zijn levenseinde. Petrus moet naar Rome gaan en daar uit de kelk drinken die hij uit handen van de zoon van de heerser in de Hades zal ontvangen. Daarmee zal zijn ondergang worden ingeleid en zal Petrus de voorspelling in vervulling doen gaan. Voor iedere christen was de betekenis van de tekst duidelijk: Christus had Petrus persoonlijk in dat visioen aangesproken. De stad in het westen was natuurlijk Rome en de kelk die hij moest drinken was het martelaarschap (*Apocalyps van Petrus* 14; appendix 8).

Opvallend in de *Ascensio Jesaiae* en de *Apocalyps van Petrus* is dat er alleen gesproken wordt over Petrus en niet over Paulus. De beide apostelen zijn van elkaar losgekoppeld. Dat zien we ook in het laatste deel van de Handelingen van Petrus, waarin de laatste dagen van Petrus tot zijn kruisdood worden beschreven (Martelaarschap van de apostel Petrus 4-12; appendix 15). Er wordt toegewerkt naar een climax. Je zou verwachten dat Nero de centrale figuur is, dat hij het doodvonnis van Petrus tekent. Per slot van rekening was hij de grote christenvervolger. Hoewel hij wel aanwezig is in de tekst, wordt hij in de oudste versie niet opgevoerd als degene die de moord op Petrus voorbereidt. Dat is de prefect Agrippa. Vier vrouwen uit zijn huis hadden Petrus horen preken en waren door zijn woorden overtuigd. Toen ook nog Xantippe, de beeldschone vrouw van Albinus, een persoonlijke vriend van de keizer, zo onder de indruk van Petrus kwam dat ze uit kuisheid het bed niet meer met haar echtgenoot wilde delen, werd de situatie voor de voorman van de christenen snel kritiek. Beiden wilden hem arresteren en zich op hem wreken, maar Xantippe stuurde iemand naar Petrus om hem te waarschuwen.

Eerst wil Petrus Rome niet verlaten. Hij vindt het ongepast zich als een deserteur te gedragen en de problemen die op zijn pad komen uit de weg te gaan, maar zijn broeders houden hem voor dat hij zijn Heer ook kan blijven dienen als hij Rome verlaat. Na enige tijd alle voors en tegens te hebben overwogen gaat Petrus in het diepste geheim de stad uit. Op een uitvalsweg komt hij Jezus tegen. Dan volgt de beroemde vraag van Petrus: 'Waar gaat u heen?' Deze woorden zijn in de Latijnse versie alom bekend geworden: *Quo vadis?* Ze komen eigenlijk alleen voor in de versie van Linus. In de door Ambrosius gekozen weergave staat *Quo venis*, 'Waarheen komt u?' Opmerkelijk genoeg is in de oorspronkelijke Griekse tekst iets anders te lezen. Daar vraagt Petrus *Tí hoode kúrie*; wat zoveel betekent als 'Wat voert u hierheen?' Het geeft nog maar eens aan hoe de christenen in de loop van de tijd teksten over Petrus naar eigen believen hebben aangepast om ze het gewenste effect te geven.[35] Christus antwoordt tot twee keer toe dat hij naar Rome gaat om opnieuw gekruisigd te worden.

De hele passage verwijst in zekere zin naar Joh. 13:36-37. Het is de avond voor Jezus' dood. Nadat hij de voeten van zijn leerlingen heeft gewassen en Judas als verrader heeft bestempeld, vertelt Jezus hun dat hij zal vertrekken naar een plaats waar zij hem niet kunnen volgen. Als Petrus doorvraagt antwoordt Jezus: 'Ik ga ergens naartoe waar jij nog niet kunt komen, later zul je mij volgen.' In de Handelingen van Petrus schieten deze woorden de apostel te binnen. Hij realiseert zich dat het moment gekomen is om zijn 'belofte' bij het paasmaal 'Waarom kan ik u niet volgen, Heer? Ik wil mijn leven voor u geven' waar te maken. Hij geeft daarop zijn pogingen om aan zijn belagers te ontkomen op en keert terug naar Rome, naar zijn geloofsgenoten, om hun te vertellen wat Jezus tegen hem heeft gezegd. Hij wil nu werkelijk de navolger van Christus worden. Zoals voor Jezus op de avond voor zijn dood bij het Paasmaal het eindspel was begonnen en zijn lot onontkoombaar was geworden, zo is er nu ook voor Petrus geen weg meer terug. Zijn navolging van Christus tot in de dood bereikt zijn eindfase. Het kruis is een lonkend perspectief geworden.

Terwijl Petrus nog aan het woord is, wordt hij door vier soldaten afgevoerd en voor Agrippa geleid. Die geeft onmiddellijk opdracht om hem te doden. Smeekbeden van het volk kunnen hem niet vermurwen. De doodstraf is onvermijdelijk. Maar Petrus toont zich een ware leermeester, die zijn medegelovigen tot het laatst toe probeert op te beuren. Op de plaats waar hij gekruisigd zal worden houdt hij een eerste korte toespraak. Aan zijn diepbedroefde geloofsgenoten vertelt hij dat nu in vervulling gaat wat Jezus ooit heeft voorspeld. Vlak naast het kruis richt hij zich opnieuw tot hen. Hij spreekt over de ware betekenis van het kruis en vraagt zijn beulen om hem met het hoofd naar beneden te kruisigen. Hangend aan het kruis met zijn hoofd naar de grond houdt hij nog een kort betoog, waarin hij zijn eigen omgekeerde positie verbindt met de positie van de mens die tot inkeer moet komen. Ten slotte dankt hij God en geeft de geest. Hij heeft als verdediger van de juiste leer de navolging van Christus tot het einde toe volbracht.

In de oudste tekst van de Handelingen van Petrus is de begrafenis van Petrus een sobere aangelegenheid. Een leerling, Marcellus, haalt hem van het kruis, zalft zijn lichaam met mastix, mirre, aloë en andere kruiden, wikkelt het in doeken en legt het in een stenen kist. De vergelijking met de begrafenis van Jezus in het evangelie van Matteüs (27:59-60) dringt zich op. Jezus werd in een stenen graf gelegd door Jozef van Arimatea; Marcellus geeft Petrus een gelijksoortige rustplaats. Maar er is ook een groot verschil: 's nachts ziet Marcellus Petrus in een visioen. Zijn meester berispt hem omdat hij 'als een dode voor een dode heeft gezorgd' (Martelaarschap van Petrus 4-12; appendix 15).

In een andere apocriefe versie, in de Handelingen van Petrus en Paulus, dat voor een deel is gebaseerd op de Handelingen van Petrus, wordt de begrafenis uitgebreider beschreven. Er verschijnen enkele heilige mannen. Niemand had hen eerder gezien. Ze zeggen dat ze speciaal uit Jeruzalem zijn overgekomen. Samen met Marcellus, van wie nu wordt gezegd dat hij een voormalige leerling van Simon Magus is die is bekeerd, dragen ze het lichaam weg en begraven het. De plaats wordt zelfs redelijk nauwkeurig aangegeven: onder een terebint, naast de zogeheten naumachia (een plaats waar zeegevechten werden nagespeeld) in de regio op de westelijke oever van de Tiber die Vaticanus wordt genoemd (Handelingen van Petrus en Paulus, Pseudo-Marcellus 63; appendix 16). Het was een vrij globale omschrijving omdat in de eerste en tweede eeuw de Ager Vaticanus een vrij groot gebied was dat werd begrensd door de heuvel Janiculus, de Tiber en de Milvische Brug. Maar de aanduiding naumachia geeft een nadere precisering. Het was de plaats, vlak bij de Circus Vaticanus, de renbaan van de keizers Caligula en Nero, waar zeegevechten werden gehouden.

Nero is in de Handelingen van Petrus niet direct bij de kruisiging betrokken. Pas aan het slot van het verhaal over het martelaarschap van Petrus wordt hij geïntroduceerd als een gruwelijke christenvervolger die zijn teleurstelling uit over het feit dat hij de apostel niet harder heeft kunnen straffen. Later wordt zijn rol prominenter. De Handelingen van Petrus en andere verhalen over zijn leven in Rome circuleerden vanaf het einde van de tweede eeuw in de christelijke gemeenten binnen het

Romeinse rijk. Steeds vaker werd verkondigd dat Petrus naar Rome was getrokken en daar door toedoen van Nero de marteldood was gestorven. Zo er nog twijfels waren of het werkelijk zo was gegaan, dan verdwenen die snel naar de achtergrond. Christelijke schrijvers pikten op wat ze nodig dachten te hebben om een duidelijker beeld te krijgen van het leven van de eerste apostel en vooral van zijn lijden. De anonieme auteur van de Handelingen van Petrus had de befaamde christenvervolgingen van Nero, door Tacitus met zo veel verbeeldingskracht beschreven, nog niet in zijn beschouwing opgenomen. In de niet veel later verschenen Handelingen van Paulus is Nero wél in beeld. Uitgebreid verhaalt de anonieme auteur hoe Nero steeds kwader wordt op Paulus en hem uiteindelijk laat onthoofden (Martelaarschap van de apostel Paulus, Pseudo-Linus 1-8; appendix 17).

De graven van Petrus en Paulus

In het begin van de derde eeuw wordt de samenhang tussen de vervolgingen van Nero en de dood van Petrus en Paulus aangestipt door de christelijke auteur Tertullianus. Hij doet dat in zijn geschrift *De scorpiace* (Over de schorpioen), dat hij rond 203 schreef. Het is vooral gericht tegen ketters en anderen die oprechte gelovigen van de rechte weg willen laten afdwalen. Hun giftige woorden doen denken aan de dodelijke beet van een schorpioen. Volgens Tertullianus had Nero als eerste geprobeerd het ontluikende geloof in Rome in bloed te smoren. Hij was schuldig aan de dood van beide apostelen. Hij had Petrus veroordeeld tot de kruisdood en Paulus, die van geboorte Romeins burger was, met het zwaard laten ombrengen, de bij die status passende doodstraf (Tertullianus, *De scorpiace* 15,1-4; appendix 18). De fatale confrontatie van Paulus én Petrus met Nero hoorde vanaf nu tot de vaste inventaris waaruit schrijvers konden putten.

Het verhaal van de martelingen van Petrus en Paulus had rond 300 bijna volledig vorm gekregen. De reden voor Petrus' komst naar Rome, zijn optreden tegen Simon Magus, zijn wonderen en zijn dood, dat alles was nu gemeengoed geworden. Er werd ook niet meer aan getwijfeld dat hij onder Nero in Rome de kruisdood was gestorven. Alleen het jaar waarin dat had plaatsgevonden was nog onderwerp van discussie. In de *Ascensio Jesaiae* (4,11-12; appendix 9) staat dat Beliar/Nero, die standbeelden van zichzelf oprichtte in de hele stad, vanaf de dood van Petrus nog drie jaar, zeven maanden en zevenentwintig dagen heeft geregeerd. Nero benam zich het leven op 9 juni 68. Dat zou betekenen dat Petrus half oktober 64 zou zijn omgebracht, tijdens, vlak voor of vlak na de grote vervolgingen. Die datum is door latere christelijke schrijvers niet overgenomen. Niet door Eusebius en ook niet door de kerkvader Hiëronymus. Rond 400 hield deze er een heel andere datering op na. Hij schrijft dat Petrus werd omgebracht in het laatste jaar, het veertiende, van het keizerschap van Nero, eind 67 of begin 68. Paulus zou op dezelfde dag zijn omgebracht, zevenendertig jaar na de kruisiging van Jezus (Hieronymus, *De viris illustribus* 5; appendix 25).

Eusebius heeft geschreven over zowel het martelaarschap van Petrus en Paulus als over hun graven. Hij noemt ook zijn bronnen. Voor het martelaarschap baseert hij zich op Dionysius, bisschop van Korinte, die rond 170 in een brief aan de Romeinen zou hebben geschreven dat de beide apostelen eerst in Korinte en later in Rome het geloof hadden geplant alvorens ze in Rome martelaar werden (Eusebius, *Kerkgeschiedenis* 2,25,8; appendix 19). Hij heeft het ook over de graven van Petrus en Paulus. Zijn zegsman in dezen is Gaius, die rond 200, toen Zephyrinus bisschop van Rome was, had gewezen op de graven: 'Ik zal de zegetekenen van de apostelen aanwijzen. Wanneer je naar het Vaticaan of over de weg naar Ostia wilt gaan, zal je de zegetekenen vinden van hen die deze Kerk gesticht hebben' (Eusebius, *Kerkgeschiedenis* 2,25,6-7; appendix 19).

De beschrijvingen van Tertullianus en Eusebius waren de christengemeenschap zeer welkom. De door Gaius aangewezen monumenten voor Petrus (in het Vaticaan) en voor Paulus (langs de Via Ostiensis) waren voor hen het bewijs dat Christus had getriomfeerd. De christenen hadden daar duidelijk behoefte aan. Na de verwoestingen van Jeruzalem, in 70 en in 135, waren de gedachtenisplaatsen in Judea goeddeels verloren gegaan. In de geboortegrot in Betlehem en op de kruisigingsplaats Golgota in Jeruzalem was de herinnering aan Jezus niet meer tastbaar aanwezig. Grieks-Romeinse goden hadden zijn plaats ingenomen. De christelijke gemeenschappen daar waren te klein en te onmachtig om er iets tegen te doen. Nu zegetekenen in Rome het verhaal dat Petrus en Paulus daar voor hun geloof waren gestorven van een 'tastbaar bewijs' hadden voorzien, kon een begin worden gemaakt met de inrichting van christelijke gedachtenisplaatsen. De hoofdstad van het rijk kon zich presenteren als de plaats waar het christendom wortel had geschoten.

Een nieuw element werd rond 315 aan de reconstructie van de geschiedenis toegevoegd door Lactantius in zijn werk *De dood van de vervolgers*. Keizers die zich met christenvervolgingen hadden ingelaten sterven bij hem de meest ellendige dood. Zo ook Nero. God strafte hem voor zijn misdaden tegen de christenen, met name voor de kruisiging van Petrus en de onthoofding van Paulus. In de woorden van Lactantius: 'De onmachtige tiran werd van de hoogte van zijn gezag in de diepte neergeworpen. Plotseling was hij verdwenen, zodat zelfs de plaats van het graf van dat slechte beest op aarde niet bekend is' (Lactantius, *Over de dood van de vervolgers* 2,5-8; appendix 20). De boodschap is duidelijk: Nero was van de aardbodem verdwenen, niets herinnerde nog aan hem, terwijl de graven van de apostelen Petrus en Paulus de glorieuze trofeeën waren van hun overwinning op het kwaad. De keizers waren gewaarschuwd.

Lactantius leefde in een tijd waarin een grote omslag plaatsvond in het denken van de Romeinen over de christenen. In 303, twee jaar voordat hij afstand deed van het keizerschap, had Diocletianus nog het sein gegeven voor grootscheepse christenvervolgingen. Zijn soldaten trokken eropuit om kerken neer te halen en de heilige boeken van de christenen te verbranden. Kerkleiders werden gearresteerd en op gruwelijke manieren gemarteld. De kerk verkeerde duidelijk in crisis. Voor de christenen bleek het terugtreden van Diocletianus op 1 mei 305 een zegen, want al snel bleek dat de door hem bedachte tetrarchie, waarin sprake was van twee keizers (*Augusti*) en twee onderkeizers (*Caesares*), kwetsbaar was. Diocletianus en zijn medekeizer Maximianus werden weliswaar opgevolgd door een nieuw keizerpaar, Constantius en Galerius, de voormalige onderkeizers, maar het systeem bleek niet bestand tegen het optreden van Constantius' zoon Constantijn. Toen zijn vader in Engeland overleed, werd hij door de troepen tot keizer uitgeroepen, hoewel volgens de rangorde die plaats toekwam aan Severus. In Rome gebeurde iets gelijksoortigs: Maxentius, de zoon van Maximianus, wierp zich als keizer op. Een confrontatie tussen beide zelfverklaarde keizers kon niet uitblijven.

In 312 trok Constantijn vanuit Gallië over de Alpen Italië binnen. De ene na de andere stad viel hem in handen. In oktober bereikte hij Rome. Op 28 oktober stonden de legers van de beide kemphanen tegenover elkaar. Het is een van de meest gedenkwaardige veldslagen uit de geschiedenis geworden, vooral door Constantijns uitspraak onmiddellijk na de slag dat hij de overwinning te danken had aan de God van de christenen. Tijdens zijn opmars naar Rome zou Constantijn een hemels lichtkruis hebben gezien met daarbij de woorden dat hij door toedoen van dit teken de overwinning op Maxentius zou behalen. Vervolgens zou Christus hem in een droom zijn verschenen en hem hebben opgedragen het hemelse teken na te maken.[36] Wat Constantijn ook heeft gezien, de volgende dag werd duidelijk dat hij er goed aan had gedaan de raad op te volgen. Hij versloeg Maxentius, die het leven liet in de slag.[37]

Eenmaal aan de macht heeft Constantijn zijn sympathie voor de christenen duidelijk laten blijken. In het beroemde edict van Milaan kondigde hij in 313 godsdienstvrijheid af, en hij ging nog verder: christenen kregen dezelfde rechten als niet-christenen. Je kunt zelfs zeggen dat hij christenen in bepaalde opzichten bevoordeelde. Het werd hun namelijk toegestaan om legaten na te laten aan de kerk, en geestelijken werden vrijgesteld van financiële verplichtingen jegens de steden waar ze in functie waren. De christenen, op dat moment vermoedelijk nog slechts een minderheid van vijf tot tien procent van de totale bevolking, zagen dat het stadsbeeld van Rome, dat gedomineerd werd door de immense gebouwen uit het begin van de keizertijd, werd verrijkt met nieuwe bouwwerken: christelijke kerken. Er waren weliswaar al enkele kerken, maar dat waren voornamelijk kleine gebedshuizen. Nu een keizer persoonlijk opdracht gaf om basilica's voor God te bouwen, brak een nieuw tijdperk aan.

Het was nu meer dan een eeuw geleden dat Gaius had verteld over de twee zegetekens aan de rand van de stad die herinnerden aan de martelaren Petrus en Paulus. Hij had geen gedetailleerde aanwijzingen gegeven, maar voor de christelijke gemeenschap in de tijd van Constantijn waren ze voldoende om van de plaatsen waar de met de apostelen in verband gebrachte zegetekenen stonden *lieux de mémoire* te maken, zonder dat men zich daarbij afvroeg of de apostelen daar echt begraven lagen. Gaius had zijn opmerkingen gemaakt in een dialoog met Proclus, een voorvechter van een ketterse geloofsrichting in Phrygië. Proclus was er trots op dat hij in Hiërapolis de graven van de apostel Philippus en diens dochter kon aanwijzen, waarop Gaius had geantwoord dat hij de zegetekenen van de grootste apostelen voor ogen had. Met de term *tropaia* lijkt hij te zeggen dat de mensen daar ter plaatse herinnerd werden aan de martelaarsdood van Petrus en Paulus. Hij spreekt niet echt over graven, maar zo werd zijn opmerking na verloop van tijd wel verstaan. De zegetekenen werden zodoende al gauw geïdentificeerd als de graven van de apostelen (Eusebius, *Kerkgeschiedenis* 2,25, 1-8; appendix 19).

Toen Gaius zijn onthulling deed, waren er sinds de vervolgingen van Nero ruim honderddertig jaar voorbijgegaan. Niemand had al die tijd iets over een graf van Petrus gezegd of gehoord. De slachtoffers van de vervolgingen waren vermoedelijk in massagraven gegooid. En die waren er in Rome heel veel. Ook Petrus zou, als hij in die tijd in Rome de martelaarsdood is gestorven, vermoedelijk geen eigen graf hebben gekregen.[38] Daarbij kwam nog dat de christenen in het begin geen behoefte hadden aan graven om hun martelaars te vereren. Ze leefden immers in de eindtijd en waren in afwachting van de terugkeer van Jezus Christus. Waarom praten over een graf van de apostel Petrus? Het zou allemaal toch snel voorbij zijn. Pas in het derde kwart van de tweede eeuw horen we iets over de verering van een martelaarsgraf. Polycarpus van Smyrna zou de eerste zijn geweest op wiens graf een cultus ontstond. Hij was op hoge leeftijd om het leven gebracht, rond het jaar 167, en werd begraven vlak bij de plek waar hij gemarteld was, zodat de christenen op zijn sterfdag de gelegenheid hadden om hem te gedenken. Deze grafcultus werd vervolgens op vele plaatsen geïntroduceerd, ook in Rome. De mededeling van Gaius paste in de tijdgeest. De christenen zochten, nu de wederkomst van Christus op aarde uitbleef, naar houvast. Ze konden wel verhalen rondstrooien over wat Petrus allemaal had gedaan en doorstaan, ze wilden tastbare monumenten om de herinnering aan hun eerste leidsman levend te houden. Die hadden ze nu. Of Gaius het bij het rechte eind had vroeg men zich niet af.

Volgens de latere traditie was Petrus begraven vlak bij de Circus Vaticanus. Maar daarmee was alleen een vage plaatsaanduiding gegeven, die nader moest worden ingevuld. Gelovigen hebben dat ook gedaan. Maar of ze voldoende zekerheden hadden om de plaats aan te wijzen die Gaius op het oog had is hoogst twijfelachtig. Als ze de omgeving in ogenschouw namen, zagen ze een gebied dat in de eerste eeuw nog open had gelegen en begrensd werd door de renbaan van de Circus van de keizers Gaius (Caligula) en Nero en de tuinen van Nero. Waar lag die plaats precies? De anonieme auteur van de Handelingen van Petrus en Paulus had gesproken van een graf van Petrus onder een terebint vlak bij de Circus Vaticanus. In het begin van de vierde eeuw hadden Constantijn en zijn architecten geen enkele twijfel dat het monumentje dat door Gaius was aangeduid als het tropaion op het graf van Petrus stond. Ze bouwden er de nieuwe Basiliek van Petrus overheen. Sindsdien was het voor de gelovigen een zekerheid dat daar daadwerkelijk het gebeente van Petrus lag. Nader onderzoek was niet nodig.

In 1939 vormde de dood van paus Pius XI de aanleiding tot grootscheepse verkenningen onder de moderne Sint-Pieter. Het plan was om de overleden kerkvorst een passende graftombe te geven vlak bij het graf van Petrus. Het had heel wat voeten in de aarde voordat de eerste spade de grond in ging. Paus Pius XII was bang dat de graven van de vroege bisschoppen van Rome die in de directe omgeving van het graf van Petrus lagen aangetast werden, maar zijn verlangen om zekerheid te verkrijgen over de laatste rustplaats van Petrus won het uiteindelijk van zijn vrees dat de gewijde sfeer zou worden verstoord. De archeologen gingen omzichtig te werk en groeven vanuit de zijkanten van de necropool een sleuf van zeventig bij twintig meter naar het midden, naar het tropaion. Na veel inspanningen bereikte men de plaats waar volgens de overlevering zich het graf van Petrus bevond: een klein pleintje dat omsloten werd door twee muren, de zogeheten 'rode muur' en muur G, die bedekt was met talrijke christelijke inscripties. Aan de voet van de rode muur vond men het 'bouwsel waarover Gaius had gesproken' en daaronder botten. Uit welke tijd die waren werd niet of nauwelijks onderzocht. Later bleek dat ze uit verschillende tijden stamden, de meeste daarvan uit de vierde eeuw toen de verering van Petrus al in volle gang was.

Hoe onvolledig de schaarse aanwijzingen dat Petrus hier begraven lag ook waren, voor Pius XII waren ze voldoende om al in zijn kerstboodschap van 24 december 1950 te verkondigen dat de tombe van Petrus was gevonden. Enkele maanden later werd deze uitspraak bevestigd in de verslaglegging van de opgravingen.[39]

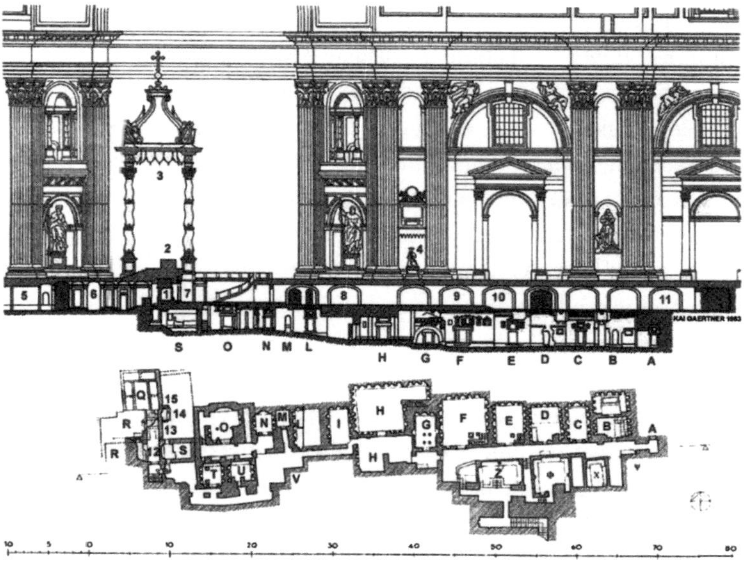

Basilica en grotten
1 Graf van Petrus
2 Altaar van Clement VIII
3 Baldakijn
4 Beeld van Petrus
5 Graf van Pius XII
6 Clementijnse kapel
7 Confessio Sancti Petri
8 Graf van Johannes Paulus II
9 Graf van Paulus I
10 Graf van Paulus VI
11 Graf van Bonifatius VIII

Necropool
A C. Popilius Heracla
B Fannia Redempta
C L. Tullius
D Opus Reticulatum
E Aelii
F Tulli e Caetenni
G Leraar
H C. Valerius Herma
I Wagen
L Caetennia Higia
M Lulii
N Aebutii
O Matucci
P Plein P
Q Gebied voor begrafenissen
R Mausoleum R1
S Mausoleum S
T Traebellena Flaccilla
U Lucifer
V Mausoleum V
Z Egyptenaren
13 Rode muur
14 Tropaion van Gaius
15 Muur met Graffiti

Necropool, met de gebouwen uit verschillende tijden

De reacties waren verdeeld. De kerk juichte dat het nu onomstotelijk vaststond dat Petrus hier werkelijk was begraven. Uit wetenschappelijke hoek kwam evenwel kritiek, omdat de opgravingen niet hadden geresulteerd in eenduidige sporen van een Petrusgraf. In 1953 werd het onderzoek weer ter hand genomen, nu door Margherita Guarducci. Zij kreeg van Pius XII speciale toestemming om alles nader te bekijken. Zij legde zich vooral toe op de ontcijfering van de inscripties op muur G. Vijf jaar was zij daarmee bezig. Aan de hand van enkele opvallende teksten toonde zij aan dat christenen in de derde en vierde eeuw er vast van overtuigd waren dat Petrus hier begraven lag en dat ze hun dierbaren in de nabije omgeving van het graf van Petrus begroeven. Voor haar was dat een sterke aanwijzing dat Petrus hier dus ergens begraven moest liggen.[40] Maar de ter plaatse gevonden botten boden geen zekerheid. Ze stamden niet uit de eerste eeuw, ze kwamen uit grafbebouwingen uit de tweede eeuw. Andere botten die Guarducci later liet onderzoeken, boden evenmin houvast. De mysterieuze vondst ergens in de Grotten onder de Basiliek van Constantijn van een aantal botten van een man van tussen de zestig en zeventig jaar, die oorspronkelijk in een nis van muur G hadden gelegen, was voor haar het 'bewijs' dat het gebeente van Petrus was gevonden.[41] Zij koppelde er de theorie aan dat keizer Constantijn de mening was toegedaan dat het stoffelijk overschot van Petrus een waardiger plaats verdiende dan zo maar onder het tropaion. Hij zou het gebeente persoonlijk uit het primitieve graf hebben gehaald, het vervolgens in een rood kleed met gouden draden hebben gewikkeld en het hebben neergelegd in een nis in muur G, die deel uitmaakte van het door hem vervaardigde nieuwe grafmonument dat moest uitgroeien tot een cultplaats van Petrus.

De kerk was verheugd over de bewering van Guarducci. Op 28 juni 1968 verkondigde paus Paulus VI tijdens een audiëntie dat het historische bewijs was geleverd voor het graf en het eerbiedwaardige gebeente van Petrus. Hij trok daar meteen een conclusie uit:

> Tot onze troost hebben we nu direct contact met de bron van de verheven apostolische traditie van Rome, die ons de zekerheid geeft van de aanwezigheid van het hoofd van de groep leerlingen van Jezus in Rome

en ons overtuigt van de overplanting van de kerk van Jeruzalem en Antiochië naar de hoofdstad van het Romeinse rijk.[42]

Zijn opvolgers hebben zich in het openbaar terughoudender opgesteld. Wellicht voelden zij dat het hier een te gevoelig onderwerp betrof, waarover ze liever zwegen. Daarom is het opmerkelijk dat de huidige paus Franciscus, die toch niet bekendstaat als een kerkvorst die de Vaticaanse voorschriften klakkeloos uitdraagt en zich er in zijn optreden niet opzichtig op laat voorstaan dat hij als bisschop van Rome de opvolger van Petrus is, zich er wel over heeft uitgesproken. Op zondag 24 november 2013 hield hij tijdens een mis op het Pietersplein bij het Credo een bronzen kistje met daarin negen botten geruime tijd tegen zijn borst geklemd. Voor de vele verzamelde pelgrims was het een duidelijke aanwijzing van de kerkvorst dat zich onder het hoofdaltaar van de Basiliek van Petrus inderdaad het graf van de apostel bevindt.[43]

Paus Franciscus is ook persoonlijk afgedaald naar de plaats waar het eenvoudige tropaion aan de basis staat van de verering van Petrus. Hij wandelde over de oude Via Cornelia, met aan weerszijden graven, eenvoudige bouwsels of prachtige mausolea, afhankelijk van de sta-

Paus Franciscus draagt het kistje met het gebeente van Petrus

tus van de overledenen. Ten tijde van de keizers Trajanus (98-117) en Hadrianus (117-138) waren de eerste gebouwtjes neergezet, later volgden er meer. Het waren grafmonumenten van vrijgelatenen. De namen van een aantal overledenen zijn bekend dankzij inscripties op de façades van de mausolea. Christenen werden hier aanvankelijk niet begraven, de namen en toelichtingen op de sarcofagen wijzen daar althans niet op. Wel werd halverwege de straat bij mausoleum H een inscriptie uit later tijd aangetroffen met daarop een tekst, die aangeeft dat de gedachte dat Petrus hier begraven ligt snel terrein had gewonnen. Hij wordt hier gepresenteerd als een intermediair tussen de gelovigen die hier begraven liggen en Christus:

> PETRUS ROGA CHRISTUS IESUS PRO SANC(TIS) HOM(IN) IB(US) CHRESTIA(IS) CORPUS TUUM SEPULTIS (Petrus, bid tot Jezus Christus voor de heilige christenen die naast jouw lichaam begraven liggen)

In totaal gaat het om vijftien grafhuizen. Te midden daarvan is een open plek die door de opgravers als campo ('pleintje') P is aangeduid. Het is een rechthoekige open ruimte van zeven bij vier meter, die aan drie zijden geheel is afgesloten en aan de oostzijde voor de helft. Eromheen liggen mausolea uit de tweede tot de vierde eeuw.

Aan de westzijde van dit campo P ligt het zogeheten tropaion van Petrus. Wat er oorspronkelijk heeft gestaan voordat de Petruscultus zich hier ontwikkelde, is nauwelijks nog te zien. De oudste bouwsporen wijzen op een simpel grafmonument voor een arme gestorvene. Het is niet ouder dan de andere grafhuizen in deze necropool en kan dus geen definitief antwoord geven op de vraag of het gebeente, dat de opgravers in de twintigste eeuw aantroffen, daar door de bouwers van de grote basiliek van Petrus is neergelegd of hoorde bij het oudste monument, dat vermoedelijk dateert van 160-165.

In het begin van de derde eeuw beschouwden de christenen het als een uitgemaakte zaak dat Petrus hier daadwerkelijk was begraven, zoals we kunnen opmaken uit een in het Grieks gestelde graffito, waarop nog de woorden PETR(OC) EN(ECT)I ('Petrus is hier') te ontcijferen zijn. De inscriptie zou zijn aangebracht kort nadat Gaius zijn uitspraak over het tropaion had gedaan. Het zegeteken werd nu druk bezocht en men achtte het noodzakelijk het uit te breiden tot een echt grafmonument, dat meer recht deed aan Petrus' status. Het oude gedenkteken kreeg aan de voorzijde twee zuiltjes van ongeveer 1,50 meter hoog en werd afgedekt met een architraaf. Daarboven werd een tweede nis gemaakt, die aan de rechterzijde iets dieper werd uitgehouwen. Het kreeg de naam *aedicula* ('gebouwtje') en zou in de loop van de eeuw nog verder worden verfraaid. Het monument groeide uit tot een waar bedevaartsoord voor de christenen, die het in Rome niet gemakkelijk hadden als gevolg van de vervolgingen door enkele keizers. Zij zagen deze plaats als het symbool van de navolging van Christus.

Voor de bouwers van de nieuwe basiliek was het van ondergeschikt belang of Petrus hier direct na zijn kruisdood was begraven of eerst op een andere plaats en dat zijn resten pas later naar deze plaats waren overgebracht. Toen Constantijn uiting gaf aan zijn sympathie voor de christenen hoefde hij zich niet te bekommeren om tegenstanders die er andere gedachten op na hielden. Voor de heidenen speelde de kwestie geen rol. De christenen waren blij dat een keizer werk maakte van de verdere opwaardering van de grootste apostel.

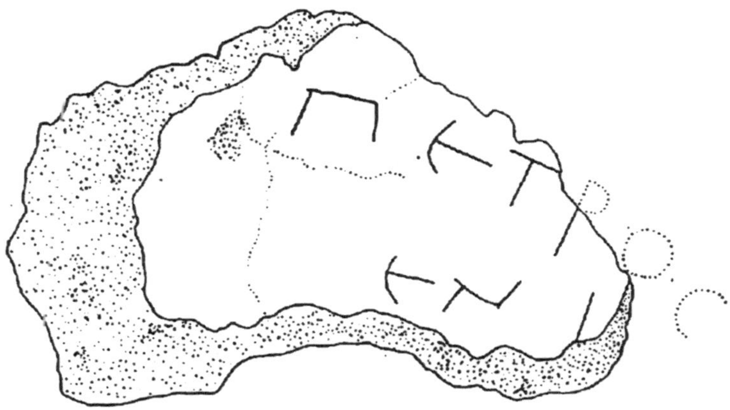

De inscriptie Petr(oc) en en(ect)i vlak bij het tropaion van Petrus

In 319 werd een begin gemaakt met de bouw van een basiliek, boven de oude necropool. Er moest het nodige werk worden verricht voordat deze plaats voldoende was geëgaliseerd om met de bouw te kunnen beginnen. De necropool lag namelijk op een heuvel. Het hoogteverschil van acht meter maakte het noodzakelijk dat aan de noordzijde een deel van de heuvel werd weggehakt, terwijl aan de zuidkant zand moest worden gestort. Zo ontstond een enorm platform van 240 bij 90 meter waarop de fundamenten van een vijfschepige basiliek van 85 bij 64 meter gelegd konden worden. Het tropaion kreeg een centrale plaats, recht onder het hoofdaltaar, vóór de apsis. Om het nog zichtbaarder te maken werd de nis, die recht op de rode muur stond, vergroot. Vervolgens legde men een rechthoek aan van 2,6 bij 1,5 meter rond de aedicula, die werd omgevormd tot een marmeren monument van ruim tweeënhalve meter hoog. Het stond los op een verhoging van pavonazetto-marmer. De aedicula zag er nu werkelijk uit als een teken van triomf. Het was ten dele eveneens met het genoemde marmer bekleed, en ook met porfier. Erboven was een baldakijn aangebracht, dat werd gestut door vier zuilen van Parisch marmer, met voorstellingen van mollige, druiven plukkende kinderfiguurtjes.[44]

In de vierde en vijfde eeuw nam het aanzien van de grafkerk van Petrus snel toe, wat leidde tot nieuwe bouwactiviteiten. Bisschop Damasus (366-384) liet het moerasgebied rond de basiliek droogleggen en bouwde er een baptisterium. Niet veel later, rond 400, liet een rijke Romeinse vrouw vlak achter de apsis een grafmonument voor haar overleden echtgenoot bouwen. Keizer Honorius volgde haar voorbeeld met een mausoleum voor zichzelf. Met een laatste rustplaats in de nabijheid van Petrus, hoopten ze bij de terugkeer van Christus op aarde, wanneer de engelen met hun tuba's de doden zouden opwekken, niet over het hoofd te worden gezien.

De façade van de kerk en de toegangsweg ondergingen in de volgende decennia wederom enkele aanpassingen, zodat bezoekers direct gewezen werden op de grote betekenis van deze basiliek voor de bisschop van Rome. De meest ingrijpende verbouwing vond plaats rond 600 onder paus Gregorius I. De vloer rond het hoofdaltaar werd bijna anderhalve meter opgehoogd en omgeven met een dubbele rij zuilen.

De halfcirkelvormige crypte van Petrus was nu via trappen aan twee zijden bereikbaar. Het met marmer omklede grafmonument, recht onder het baldakijn, lag er zo indrukwekkend bij dat pelgrims die de kerk binnengingen al van verre zagen waar ze Petrus eer moesten bewijzen.

Het zou tot de vijftiende eeuw duren voordat een paus besloot tot de bouw van een nieuwe basiliek voor de belangrijkste apostel. Nicolaas V nam in 1452 het initiatief, maar de werkzaamheden, die voornamelijk beperkt waren gebleven tot de afbraak van oude muren, werden na zijn overlijden opgeschort. Pas in 1505, onder paus Julius II, werd het werk hervat. Zijn opvolgers hebben zich evenmin onbetuigd gelaten. Beroemde architecten en kunstenaars als Bramante, Rafaël en Michelangelo werden aangetrokken om de geplande omvorming zo fraai mogelijk te realiseren. In 1626 werd de nieuwbouw als voltooid beschouwd en kon de basiliek in de vorm van een Grieks kruis door paus Urbanus VIII worden ingewijd. Het enige wat in al die eeuwen nooit was veranderd, was de positie van het hoofdaltaar boven de crypte van Petrus. Ook tijdens de sloop- en bouwwerkzaamheden konden pelgrims de crypte bezoeken en uiting geven aan hun bewondering voor Petrus.[45]

Vanaf 257/258 was nog een andere gedachtenisplaats voor Petrus in beeld gekomen: aan de Via Appia, op een plaats die *Ad Catacumbas* (Bij de Grotten), werd genoemd. De plaats heeft alles te maken met het vanaf de regering van keizer Decius (249-251) levende gevoel in Rome dat de christenen de saamhorigheid in de samenleving ondermijnden. Het ging Rome bepaald niet voor de wind. De economie stagneerde en de grenzen in het noorden werden geregeld overlopen door horden Germanen. De keizers en hun beleidsmakers zochten naar zondebokken, om hen de mislukkingen in de schoenen te schuiven. De christenen werden het doelwit, omdat ze weigerden offers te brengen aan de goden. Uit angst dat christenvervolgers van keizer Valerianus het graf van Petrus zouden openen en zijn gebeente zouden roven, zouden ze het in 257/258 zelf hebben leeggehaald en wat er nog restte van Petrus' lichaam hebben meegenomen naar een veiliger plaats. Ze kozen daarvoor Ad Catacumbas, vermoedelijk omdat deze plaats buiten de stad lag en de activiteiten van de christenen daar minder in de gaten liepen,

De Sint-Pieter

omdat er geen christelijke graven waren.[46] De informatie over de verplaatsing wordt bijna een eeuw later gegeven in de zogeheten Kalender van Philocalus, waarop religieuze feestdagen zijn aangegeven. Petrus zou naar Ad Catacumbas zijn overgebracht onder het consulaat van Tuscus en Bassus, dat in 258 viel.

Het is zeer de vraag of het zich echt zo heeft toegedragen. Het was christenen tijdens de vervolgingen namelijk ten strengste verboden om hun begraafplaatsen te bezoeken. Wie dat wel deed kon rekenen op een zware bestraffing. Bisschop Sixtus II moest in 258 zijn bezoek aan een crypte met het stoffelijk overschot van een van zijn voorgangers met de dood bekopen. Enige twijfel of Petrus' gebeente naar de Via Appia is overgebracht, is dan ook op zijn plaats, te meer daar er in de hof onder de San Sebastiano niets is aangetroffen dat wijst op een graf. Voor de latere christenen maakte het allemaal niet veel uit. Het feit dat op de bewuste plaats geen traditionele begraafplaats was, schiep de gelegenheid om juist hier een nieuwe verering van Petrus in gang te zetten.

De stoffelijke resten van Paulus zouden dezelfde weg zijn gegaan, van de Via Ostiensis eveneens naar Ad Catacumbas, hoewel dat in de Kalender van Philocalus niet expliciet wordt vermeld. Al snel groeide de verering van beide martelaren uit tot een echte cultus. Op de muren van de binnenplaats onder de huidige kerk van Sebastianus stonden beider namen gegrift, niet in de nominativus *Petrus* en *Paulus*, maar in de vocativus *Petre* en *Paule*, om hun zegen voor de toekomst af te smeken. Op deze plaats werd ook hun gemeenschappelijke feestdag in het leven geroepen: 29 juni.

De datum voor het feest van Petrus en Paulus was welbewust gekozen. Op die dag hadden de burgers van Rome al eeuwenlang eer bewezen aan Romulus, samen met zijn tweelingbroer Remus de mythologische stichter van de stad. Hij was tijdens een onweer plotseling van de aardbodem verdwenen en een omstander had hem naar de hemel zien opstijgen. Hij werd geassocieerd met de oergod Quirinus en kreeg op de Quirinalis een tempel, waarin hem goddelijke eer werd bewezen. Door zich de oude datum van de stichting van Rome toe te eigenen gingen de christenen openlijk de confrontatie aan met de Romeinen. Romulus en Remus hadden dan wel het grote Rome gesticht, maar dat was een stad waarin de tweedracht van de tweeling uiteindelijk had geleid tot broedermoord. Bisschop Leo I was er in het midden van de vijfde eeuw duidelijk over: Petrus en Paulus hadden door hun martelaarschap bewezen dat zij de grondleggers waren van een andere samenleving, waarin niet de wereldse macht maar het eerbetoon aan God centraal stond (Leo, Preek 82; appendix 21). Door de datum 29 juni te 'kapen' gaven de christenen aan dat het oude Rome definitief had afgedaan en dat er een nieuwe tijd was aangebroken. Ook toen volgens de traditie het gebeente van Petrus en Paulus ten tijde van Constantijn weer was teruggezet naar hun oude plaatsen, in nieuwe basilieken, bleef de feestdag een van de hoogtijdagen van de christelijke kalender. De beide apostelen, die tijdens hun leven de nodige problemen met elkaar hadden gehad, waren onafscheidelijk geworden.

In het midden van de vierde eeuw was hun feest uitgegroeid tot een grootse manifestatie. Hoe het er daarbij aan toeging kunnen we lezen bij Ambrosius, de bisschop van Milaan, in een hymne ter ere van het feest van de beide martelaren. Voor hem was de massale opkomst van gelovigen het bewijs dat het oude heidense Rome, waar tallozen de triomftochten van de grote veroveraars hadden bijgewoond, definitief tot de verleden tijd behoorde. Het had plaatsgemaakt voor het christelijke Rome.[47] Het aantal pelgrims dat naar de Basilieken van Petrus en Paulus en naar Ad Catacumbas trok om zich onder hun bescherming te plaatsen, groeide snel. De cultus ontwikkelde zich tot een soort interactieve beleving. De gelovigen waren oprecht van mening dat de heiligen aanwezig waren in hun graven.

Pelgrims werden ook steeds fanatieker in hun streven om in contact te komen met hun geliefde heiligen. Rond het graf van Petrus organiseerden ze zogeheten *refrigeria*, gemeenschappelijke maaltijden, om samen met de martelaar in hemelse sferen te komen. Niet tot ieders tevredenheid. De vroomheid was soms ver te zoeken en de maaltijden ontaardden in dronkemansorgieën. Augustinus sprak er in 395 schande van.[48] Om al te enthousiaste volgelingen af te remmen werd ten slotte rond het graf van Petrus een heel ritueel ingesteld. Gregorius van Tours schrijft in de zesde eeuw dat pelgrims die daar wilden bidden eerst de hekken moesten ontsluiten die de herinneringsplaats omgaven. Vervolgens moest de gelovige nog een aantal meters lopen voordat hij bij een venster kwam, recht boven het graf. Wanneer hij dat had geopend kon hij zijn hoofd erdoorheen steken en zijn gebeden uitspreken.[49] Sommigen gingen heel ver in hun eerbetoon. Ze lieten hun kleren aan stokken in de diepte zakken en haalden ze vervolgens weer op, in de vaste overtuiging dat Petrus ze had gezegend. De vraag of het gebeente dat in de basiliek werd bewaard werkelijk van Petrus was werd niet gesteld. De Petrus-cultus had zodanige vormen aangenomen dat iedere poging om die als 'vals' te betitelen onmiddellijk in de kiem zou zijn gesmoord.

Even verderop, langs de oude Via Ostiensis, staat de grote Basiliek van Paulus. Daar zou volgens Gaius zijn tropaion zijn geweest, om precies te zijn bij de derde mijlsteen, ongeveer twee kilometer van de huidige Porta San Paolo. Hoewel Paulus in Rome is geweest en het mogelijk is dat hij daar ook echt is gestorven, ontbreken de sporen van zijn zegemonument. Gaius had gesproken over een gelijksoortig zegeteken als dat van Petrus in het Vaticaan, maar in de necropool onder en naast de basiliek is niets aangetroffen dat daarop wijst, laat staan op een echt graf. Voor de overlevering maakte het niets uit, het werd als een gegeven geaccepteerd dat Paulus was onthoofd bij Aquae Salviae, een moerassige plek tussen Rome en Ostia, waar nu de kerk San Paolo alle tre Fontane staat. Zijn lichaam zou zijn overgebracht naar het landgoed van een christelijke vrouw en daar zijn begraven. Er was daar al een necropool. Latere gelovigen gingen ervan uit dat zich daar ook het graf van Paulus bevond. In de derde eeuw zou er al een kleine gedachtenisplaats zijn geweest, die in 257/258 tijdens de christenvervolgingen van Valerianus tijdelijk was ontruimd. Later, onder keizer Constantijn, toen de situatie ten goede was gekeerd, waren de botten naar hun oude plaats teruggebracht. In de directe omgeving werden steeds meer christenen begraven, om aan te geven dat men er niet meer aan twijfelde dat Paulus daar werkelijk lag.

Rond 314 gaven keizer Constantijn en paus Silvester het startsignaal voor de bouw van een basiliek waarvan het hoofdaltaar recht boven het graf van Paulus kwam. Er circuleerden verhalen dat de resten van de apostel nadat ze waren teruggehaald uit Ad Catacumbas waren overgeplaatst in een grote sarcofaag, die in de nieuwe basiliek een prominentere plaats kreeg. Zeventig jaar later vonden keizer Theodosius en zijn mederegenten dat de gedachteniskerk van Paulus te klein was en geen recht deed aan de grootheid van de apostel. In een periode van nog geen tien jaar werd een grotere basiliek neergezet om de stromen pelgrims die het graf wilden bezoeken daartoe een betere gelegenheid te bieden. Het werd een immense vijfschepige basiliek van 128 bij 65 meter. Grote zuilen omgaven het middenschip. In de volgende eeuwen is de basiliek nog enkele malen verbouwd. Een van de veranderingen was dat in de nieuwe basiliek de sarcofaag op een verhoging werd geplaatst om als altaar te dienen. Het deksel en de erop aangebrachte inscriptie PAULO APOSTOLO MART ('voor Paulus, apostel en martelaar') wijzen in die richting.

Bronnen rond het Vaticaan willen nog altijd doen geloven dat in de sarcofaag de resten van Paulus' lichaam liggen, maar niemand durft openlijk te zeggen dat het werkelijk zo is. Verbeelding geeft nog geen

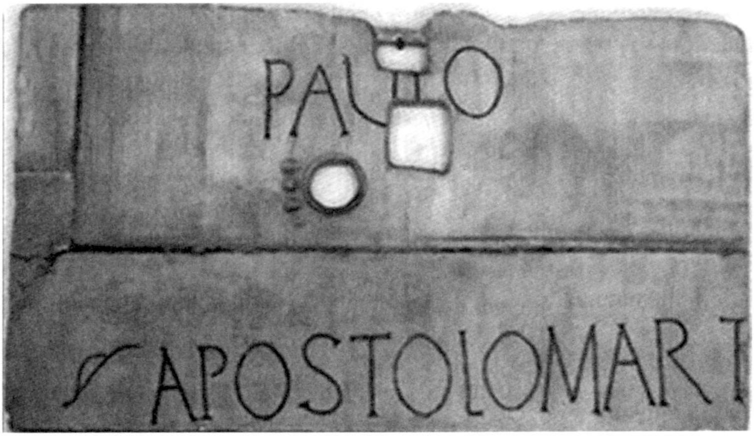

De inscriptie voor Paulus, apostel en martelaar

zekerheid. Er circuleren wel berichten dat dankzij een speciale sonde middels camerabeelden in de grafkist restanten van beenderen zichtbaar zijn geworden, maar, zo heb ik de indruk, de wens is hier de vader van de gedachte dat het hier gaat om de stoffelijke resten van de apostel. Vooralsnog is er weinig concreets te vertellen over de inhoud van de sarcofaag.[50]

Stichter van de kerk?

In de vroege teksten waarin wordt gezinspeeld op Petrus' aanwezigheid in Rome wordt niets gezegd over diens stichting van de kerk van Rome, wat niet zo opzienbarend is. De christenen vormden aanvankelijk gemeenschappen zonder een hechte organisatiestructuur, omdat daar nog niet echt behoefte aan was. Het einde der tijden was immers nabij en Christus zou nog tijdens hun leven op aarde terugkeren en zijn oordeel over de mensen uitspreken. Geleidelijk moesten ze hun verwachtingen echter bijstellen omdat de wederkomst uitbleef.

De leiders van de eerste christelijke gemeenten begonnen zich na enige tijd te realiseren dat ze alleen konden overleven als ze een levenswijze voor nu en voor de toekomst propageerden, die was gebaseerd op de teksten van het Nieuwe Testament en op die verhalen uit het Oude testament die inzicht gaven in het leven en de dood van Jezus. Van een gemeenschappelijke strategie, gedragen door een soort organisatiestructuur, was nog geen sprake. De Jeruzalemgemeente en andere gemeenschappen in Judea, Galilea en Samaria werden geleid door een college van oudsten (*presbyteroi*). Buiten het kerngebied in de Grieks-hellenistische wereld stonden toezichthouders (*episkopoi*) aan het hoofd van de gemeenten. Met de groei van het aantal gemeenten diende zich ook de vraag aan hoe ze op één lijn gebracht konden worden en op welke manier ze een gemeenschappelijke identiteit konden uitstralen. Zo kwam geleidelijk ook het algehele leiderschap in beeld. Eerst bescheiden, maar naarmate de wederkomst van Christus langer uitbleef, werd het verlangen daarnaar sterker.

In de tweede eeuw stond het universele leiderschap nadrukkelijk op de agenda. Het zal geen verbazing wekken dat Petrus daarbij nadrukkelijk werd genoemd. Jezus had zelf immers de voorzet gegeven met zijn al eerder aangehaalde uitspraak in het evangelie van Matteüs:

> En ik zeg je: jij bent Petrus, de rots, waarop ik mijn kerk zal bouwen, en de poorten van het dodenrijk zullen haar niet kunnen overweldigen. Ik zal je de sleutels van het koninkrijk van de hemel geven, en al wat je op aarde bindend verklaart zal ook in de hemel bindend zijn, en al wat je op aarde ontbindt, zal ook in de hemel ontbonden zijn. (Matt. 16:18-19)

Johannes had dat beeld kracht bijgezet door Jezus' woorden te citeren bij zijn diens eerste ontmoeting met Petrus (Joh. 1:42) : 'Jij bent Simon, de zoon van Johannes, maar voortaan zul je Kephas heten'(dat is Petrus, "rots"). En de woorden van Jezus, toen hij aan de apostelen verscheen: 'weid mijn lammeren… weid mijn schapen' (Joh. 21:15-17) konden eveneens worden gebruikt om Petrus' leiderschap te illustreren. Tot zover stonden de meeste gemeenten op één lijn: Petrus was de leider in Jeruzalem geweest. Maar omdat hij zo plotseling uit beeld was verdwenen, kon zijn verdere rol moeilijk worden ingevuld. Als men de geschiedenis van de groei van de christelijke gemeenten goed bekeek en daarbij in aanmerking nam waar Petrus had gepreekt, kwamen drie plaatsen als 'Zetel van Petrus' in aanmerking: Jeruzalem, Antiochië en ten slotte Rome. Voor alle drie viel iets te zeggen. Jeruzalem had de oudste christelijke gemeenschap gehuisvest. De stad mocht dan in 70 zijn verwoest en het meeste dat aan Jezus herinnerde mocht zijn verdwenen, maar wilde men echt teruggaan naar Jezus/Petrus, dan had Jeruzalem de beste papieren. Antiochië was de stad van waaruit apostelen waren afgereisd om het woord van God overal te verkondigen. Hoewel Paulus, Barnabas en de anderen in strikte zin geen leerlingen van Jezus waren, was Antiochië als uitvalsbasis belangrijk geworden voor de verdere verspreiding van het christendom. Daar waren de volgelingen van Jezus voor het eerst aangeduid met de term 'christenen'. Petrus was er ook daadwerkelijk geweest. Er waren zelfs verhalen in omloop gekomen dat hij de christelijke gemeente daar had gesticht en als bisschop had geleid.[51] Rome, ten slotte, had dan wel weinig met Jezus van doen, maar kon zich erop laten voorstaan dat daar al vrij kort na diens dood een gemeenschap van volgelingen was ontstaan, die vervolgens snel was gegroeid. Romeinse gelovigen probeerden op alle denkbare manieren Petrus met de stad in verband te brengen. De spaarzame aanwijzingen waarop ze zich konden beroepen werden nader aangevuld met allerlei anekdotes over Petrus' verblijf in Rome. De christenen geloofden die verhalen. En ze hechtten ook waarde aan het verhaal van de anonieme auteur van de Handelingen van Petrus, dat Petrus wonderdaden in Rome had verricht en daar was gekruisigd. Gezien het slecht gedocumenteerde verleden van de kerk in Rome was het nog maar een kleine stap om hem de stichter van die kerk te maken.

In feite heeft het tot het laatste kwart van de tweede eeuw geduurd voordat schrijvers het primaat van Rome, gebaseerd op de stichting door Petrus, echt verspreidden. Voor de bisschoppen van de andere invloedrijke gemeenten, en zeker die van Jeruzalem, was het niet gemakkelijk te accepteren dat Rome het centrum van de kerk werd. Om de aanspraken van andere steden te overtreffen brachten de gelovigen in Rome verhalen in omloop dat de christengemeente van Rome het apostolische erfgoed van de twee belangrijkste apostelen, Petrus en Paulus, uitdroeg.

De kerk van Rome kreeg steun in de rug toen Bisschop Irenaeus van

Lyon de kwestie op de agenda plaatste. Rond 185 keerde hij zich in zijn geschrift *Adversus Haereses* tegen allerlei stromingen binnen de kerk die naar zijn inzicht niet in de apostolische traditie pasten. Zo kwam hij ook te spreken over de kerk van Rome, die volgens hem al de belangrijkste christelijke gemeenschap was geworden. Hij moet bekend zijn geweest met de Eerste Brief van Clemens en met de Romeinenbrief van Ignatius van Antiochië. Voor hem was de cirkel rond: Petrus en Paulus hadden niet alleen in Rome het evangelie uitgedragen, ze waren ook de stichters van de kerk aldaar geworden, niet zomaar van een christelijke gemeente, maar van de kerk in de *caput mundi*, de hoofdstad van de wereld (Irenaeus, *Adversus Haereses* 3,1,1 = Eusebius, *Kerkgeschiedenis* 5,8,2-4; appendix 22). Het was méér dan een constatering. In feite gaf Irenaeus daarmee aan dat op termijn alles anders zou worden. Het primaat van de kerk van Rome zou in de toekomst worden bevestigd. De bisschop van Rome zou een grote rol gaan vervullen.

Irenaeus was zich ervan bewust dat zijn opvattingen op historische gronden discutabel waren. Het was immers alom bekend dat de christelijke gemeente in Rome al kort na de dood van Jezus was ontstaan, toen Petrus nog in Judea actief was en er nog geen sprake kon zijn van enige connectie van hem met Rome. Anonieme predikers hadden in Rome de eerste bijeenkomsten georganiseerd. Maar zonder aansprekende namen was het primaat van Rome niet echt geloofwaardig. Wilde de kerk in de hoofdstad van het Romeinse rijk aanspraak maken op de hoogste positie onder de christelijke gemeenschappen, dan moesten er bekende namen aan verbonden worden. De spaarzame berichten over Petrus' komst naar Rome kwamen Irenaeus goed uit. hij benadrukte dat Petrus niet zomaar naar Rome was gekomen, maar om de voorspelling van Jezus in de evangeliën van Matteüs en Johannes in vervulling te doen gaan en de 'rots' van de kerk te worden.

Nu Irenaeus had 'bewezen' dat Petrus de grondlegger van de kerk was, wilde hij ook een soort continuïteit aanbrengen en zijn lezers de namen geven van alle kerkleiders tot zijn eigen tijd. Hij kwam tot een totaal van twaalf, niet toevallig ook het aantal leerlingen van Jezus (Irenaeus, *Adversus Haereses* 3,3,3 = Eusebius, *Kerkgeschiedenis.* 5,6,1-2; appendix 23). Hij maakte gretig gebruik van de overlevering die bij zijn lezers min of meer bekend mocht worden verondersteld. Zo kon hij Linus als een bekende van de apostelen presenteren, omdat hij door Paulus in zijn Tweede Brief aan Timoteüs (4:21) wordt genoemd, en van Clemens nam hij aan dat hij de auteur was van de brief die hij vanuit Rome had gericht aan de gemeente van Korinte.

Voor de Romeinse gelovigen was het betoog van Irenaeus precies wat ze nodig hadden. In de derde eeuw beriep de bisschop van Rome, Stephanus I (254-257), zich tijdens een discussie over de geldigheid van de doop door ketters op zijn speciale positie als opvolger van Petrus. Voor andere gemeenten was het een stimulans om eveneens bisschopslijsten op te stellen. Maar al deden de gelovigen van Alexandrië, Antiochië en Jeruzalem nog zo hun best om hun apostolische traditie vorm te geven, de meeste gelovigen in het Romeinse rijk twijfelden er nauwelijks aan dat Rome het centrum van de christelijke wereld was.

Constantinopel kwam het dichtst bij Rome. Deze in 330 door Constantijn gestichte stad werd al snel *Roma nova*, het nieuwe Rome, genoemd en was vijftig jaar later al zo belangrijk geworden dat keizer Theodosius het nodig vond om in die stad een concilie te organiseren waar ook de vraag aan de orde werd gesteld hoe de hiërarchische verhouding was tussen de bisschoppen van de belangrijkste steden. In één kort zinnetje van het concilie stond vermeld: de bisschop van Constantinopel zal de hoogste in eer zijn na de bisschop van Rome. Voor het eerst werden beide steden aan elkaar gekoppeld. Het was ook de eerste keer dat de christelijke status van Constantinopel werd vermeld. Een aantal bisschoppen kon zich niet vinden in die speciale vermelding. In het oosten was het belangrijkste punt van kritiek dat de bisschopszetels van Antiochië, Jeruzalem en Alexandrië nu minder status hadden dan die van het nieuwe Constantinopel. In het westen hadden de bisschop van Rome, Damasus (366-384), en een aantal collega's in andere steden de nodige bedenkingen tegen de statusverhoging van Constantinopel, omdat de stad naar hun oordeel niet te vergelijken was met Rome. Damasus stelde dat de kerk van Rome haar aanspraken niet baseerde op uitspraken van concilies, maar op de opdracht aan Petrus (Matt. 16:18). Nooit mocht het zover komen dat de stad aan de Bosporus, die was uitgegroeid tot het wereldlijke centrum van het Romeinse rijk, Rome naar de kroon zou steken. Het was ondenkbaar dat Constantinopel ook maar in de buurt kwam van de stad waar de stichters van de kerk, Petrus en Paulus, om hun geloof gemarteld en gedood waren. De meeste christenen waren het met hem eens, maar moesten wel toezien hoe Constantinopel ook binnen de kerkelijke hiërarchie in aanzien steeg.

De visie van de Romeinse bisschop Damasus op het primaat van de kerk van Rome is overgeleverd in een kort epigram, dat zich oorspronkelijk bevond in de Kerk van de Apostelen, de latere kerk van de heilige Sebastianus, aan de Via Appia, waar het gebeente van Petrus en Paulus tijdens de christenvervolgingen van Valerianus enige tijd was ondergebracht. Zij hadden, aldus Damasus, door hun martelaarschap de kerk de grootst denkbare verdiensten bewezen en konden daardoor met recht de stichters van de kerk van Rome genoemd worden (*Epigram* 26; appendix 24). Damasus' pleidooi sloeg aan, niet alleen bij zijn opvolgers, die de verzwakking van het centrale gezag in het West-Romeinse rijk aangrepen als een ideale mogelijkheid om hun eigen macht te vergroten, maar ook bij zijn tijdgenoot Ambrosius, de bisschop van Milaan in zijn al gememoreerde Hymne ter gelegenheid van de feestdag van Petrus en Paulus op 29 juni. In de slotregels laat hij weten dat Rome, de hoofdstad van de wereld, was uitverkozen als zetel van de leraar van de volkeren (*sedes magistri gentium*).[52]

Hoewel er ook tegengeluiden te horen waren, onder andere van Augustinus, die benadrukte dat alleen Christus het fundament van de kerk was, kreeg de visie van de kerk van Rome over het primaat van de zetel van Petrus steeds meer de overhand. De bisschoppen van Rome gedroegen zich er ook naar. In een tijd waarin het gezag van de keizer afbrokkelde gingen zij zo ongeveer op diens stoel zitten. Hun stem werd vaker en luider gehoord. Bonifatius I (418-422) gaf zijn bisschopsambt zelfs de naam *principatus*, een term die oorspronkelijk met de keizers van Rome was verbonden. Augustus was de grondlegger geweest van het principaat, maar de werkelijke princeps was Petrus geweest, de stichter van het nieuwe, christelijke Rome.[53] Zijn status en reputatie gingen over op zijn opvolgers, die zich steeds duidelijker manifesteerden. Leo I (440-461) bracht de nieuwe benadering in praktijk. In de warrige tijden van verzwakking van het keizerlijk gezag was hij niet alleen kerkleider, maar vervulde hij ook vastberaden enkele wereldlijke taken. Omdat hij zoveel gezag uitstraalde, werden zijn uitspraken nauwgezet gevolgd. Over zijn eigen positie binnen de kerk was hij overduidelijk: de bisschop van Rome was de hoogste in de bisschoppelijke hiërarchie. Leo voegde eraan toe dat hij niet alleen de opvolger was van Petrus, hij was zelfs de belichaming van de eerste apostel. Hem kwam dus het hoogste gezag binnen de kerk toe. Zoals Petrus boven de apostelen was gesteld en hun instructies had gegeven, zo stond de bisschop van Rome boven de andere bisschoppen. In enkele preken benadrukte Leo dat Petrus zich had gedragen op de wijze die Jezus hem had voorspeld (Matt. 16:18). Hij leidde daaruit af dat niet alleen Petrus maar ook zijn opvolgers uitspraken hadden gedaan waaraan de andere bisschoppen zich dienden te houden. De bezetter van de Stoel van Petrus was in feite erfgenaam van Petrus. Hij was de apostel Petrus in persoon, en dus zelf een apostel. In zijn preken tot de gelovigen in Rome spoorde hij hen aan om zich ervan bewust te zijn dat ze deel uitmaakten van een speciale gemeente, anders dan de andere. Hij noemde hen een 'heilig geslacht', een 'uitverkoren volk', een 'priesterlijke en koninklijke gemeente', die door de heilige stoel van de gelukzalige Petrus de leiding over de hele wereld uitoefende.

Met Leo I brak een nieuwe fase aan in de machtsverhoudingen binnen de kerk. Zijn opvolgers lieten zich inspireren door zijn opvatting dat de status van de bisschop van Rome als erfgenaam van Petrus die van de andere bisschoppen ver oversteeg. De bisschop van Rome kon nu in feite worden beschouwd als de paus van Rome.[54] Aan het einde van de vijfde eeuw ontstond de rechtstreekse koppeling met Christus: de bisschop van Rome was nu diens directe vertegenwoordiger. Paus Gelasius I (492-496) was niet alleen meer *Vicarius Petri*, vertegenwoordiger van Petrus, hij werd nu *Vicarius Christi*. Petrus had de opdracht van Jezus ontvangen om zijn lammeren en schapen te voeden (Joh. 21:16-17) en die opdracht was via hem op de bisschop van Rome overgegaan.[55]

Er was nog een lange weg te gaan, voordat de pauselijke status van de bisschop van Rome overal werd erkend. De politieke situatie in de late oudheid en de vroege middeleeuwen was ook niet van dien aard dat uitspraken en besluiten van de bisschop van Rome klakkeloos werden overgenomen. De wereldlijke macht was verschoven naar het oosten, en de bisschop van Constantinopel profiteerde van het politieke succes van de keizers daar. In Rome konden de bisschoppen dan wel beweren dat zij de erfgenamen van Petrus waren, ze waren gebonden aan de realiteit. En die was dat de buitenwereld hen niet altijd als de hoogste autoriteit in kerkelijke aangelegenheden beschouwde, maar wel een speciale status toekende, als 'hoeders van de graven van Petrus en Paulus'.[56]

Enkele pausen hebben aan den lijve ondervonden dat de wereldlijke en kerkelijke macht door elkaar gingen lopen. Onder keizer Justinianus (527-565) nam die verwevenheid grote vormen aan. Hij bemoeide zich nadrukkelijk met kerkelijke politiek, niet tot tevredenheid van de meeste bisschoppen en zeker niet naar de zin van de bisschop van Rome. Vigilius (537-555) is daar het slachtoffer van geworden. Hij was het oneens met Justinianus over de publicatie van een edict van diens hand over de goddelijke en menselijke natuur van Christus, waarover een eeuw eerder tijdens het concilie van Chalcedon uitgebreid afspraken waren gemaakt. Het ging Justinianus niet alleen om nieuwe formuleringen, maar vooral om de vraag wie de macht in de kerk bezat: de paus of de keizer. Voor de bisschoppen was het een uitgemaakte zaak dat de paus, de bisschoppen en de verschillende concilies beslisten over de toekomst van het geloof. Leken moesten zich er verre van houden. De keizer hield er een andere mening op na, die hem onherroepelijk in conflict bracht met de bisschop van Rome. Toen Vigilius vanuit Rome niets van zich liet horen, deed Justinianus iets ongehoords. Hij liet de bisschop tijdens het lezen van de mis in de kerk van de heilige Caecilia aan de overzijde van de Tiber oppakken en overbrengen naar Constantinopel. Vigilius heeft nog enige tijd verzet geboden, maar uiteindelijk stemde hij in met de visie van de keizer, vermoedelijk nadat er enige dwang aan te pas gekomen was.

Hoe complex de politieke situatie ook was, het geloof van de pausen in het eigen gelijk heeft er niet onder geleden. Enkelen van hen gingen vol bravoure voor in de strijd tegen wereldse heersers die zeggenschap over de kerk wilden verwerven. Anderen wilden hun bevoegdheden uitbreiden en stelden dat vrede en gerechtigheid alleen maar gegarandeerd waren onder de paus. Zeer uitgesproken was paus Gregorius VII (1073-1085). Hij keerde zich tegen de zogenaamde lekeninvestituur, de macht van de adel over de bisschoppen, en stelde dat de paus zowel in de geestelijke als wereldse hiërarchie bovenaan stond. In zevenentwintig stellingen, de zogeheten *Dictatus Papae*, formuleerde hij zijn ideeën over de suprematie van de paus over wereldlijke heersers.[57] De eerste stelling luidde dat de kerk van Rome alleen door de Heer was gesticht, wat betekende dat de aanspraken teruggingen tot de oorspronkelijke bron. Petrus' verdiensten werden direct daarop gememoreerd in de stelling dat als de bisschop van Rome eenmaal canoniek was gewijd, hij door de verdiensten van de heilige Petrus ook heilig werd.

Tegenstemmen, gericht tegen de dominantie van de kerk van Rome, zijn herhaaldelijk gehoord. Vooral tijdens de reformatie werd stelling genomen tegen de opvatting van de kerk dat gehoorzaamheid aan de paus noodzakelijk was om tot God te kunnen komen. Petrus was niet onfeilbaar geweest, en de uitspraken van Jezus over Petrus als kerkrots konden absoluut niet dienen als steun in de rug voor de paus, vond men. De opvatting dat de paus als enige het recht had om het evangelie uit te leggen en daar uitspraken over te doen kon bij Luther en geestverwanten op grote weerstand rekenen. Luther zag de paus zelfs als de antichrist: hij regeerde niet namens, maar in plaats van Christus. De paus wilde de vertegenwoordiger zijn van Christus, zodat in zijn stem alleen de stem van Christus opklonk. Daardoor plaatste hij zich in feite boven Christus.

De discussies over de bevoegdheden van de paus zijn nooit verstomd. Voor de Rooms-katholieke Kerk was de kritiek die in de negentiende eeuw opnieuw de kop opstak een reden om met hernieuwde animo de autoriteit van de paus in geloofs- en zedenzaken te benoemen. Alles was erop gericht om zijn onfeilbaarheid uit te dragen. Tijdens het Eerste Vaticaanse Concilie, dat onder paus Pius IX van 8 december 1869 tot 20 september 1870 werd gehouden, werd in *Pastor Aeternus* ('De Eeuwige Herder'), de constitutie over de kerk van Christus, nog eens officieel bevestigd dat de bisschop van Rome een uitgelezen positie bekleedt op grond van de beloften die Christus aan Petrus en zijn opvolgers had gedaan:

> Niemand betwijfelt, want het is vanouds bekend, dat de heilige en allerzaligste Petrus, de vorst en het hoofd van de apostelen, de zuil des geloofs, de grondslag van de katholieke Kerk, van onze Heer Jezus Christus, de Heiland en verlosser van het menselijk geslacht, de sleutels van het Rijk ontving. En hij leeft tot op deze tijd en voor immer in zijn opvolgers, de Bisschoppen van de heilige stoel van Rome, die door hemzelf gesticht en met zijn bloed gewijd is.[58]

Bijna honderd jaar later werd deze uitspraak nog eens bevestigd tijdens het Tweede Vaticaans Concilie. In de nieuwe constitutie over de kerk, getiteld *Lumen Gentium* ('Het Licht der Volkeren'), die plechtig werd uitgevaardigd door paus Paulus VI op 21 november 1964, lezen we:

> Dit is de enige Kerk van Christus, waarvan wij in het Symbolum[59] belijden, dat zij één, heilig, katholiek en apostolisch is. Over deze Kerk heeft onze Verlosser, na zijn verrijzenis, Petrus als herder aangesteld; Hij heeft aan hem en de andere apostelen de opdracht gegeven, haar te verbreiden en te besturen; en Hij heeft haar voor altijd gevestigd als *pijler en grondslag van de waarheid*. Deze Kerk, in deze wereld gesticht en gestructureerd als een maatschappij, wordt gevonden in de katholieke Kerk, bestuurd door de opvolger van Petrus en door de bisschoppen, die met hem in vereniging leven, ofschoon men buiten haar meerdere elementen van heiliging en waarheid vindt, die, als eigen gaven van Christus' Kerk, een uitnodiging zijn tot de katholieke eenheid.'[60]

De traditie had zijn werk gedaan.

Een eindeloze discussie

Met opzet heb ik de opvattingen van de vele geleerden die in de loop der eeuwen hun licht over de aanwezigheid van Petrus in Rome hebben laten schijnen nog niet ter sprake gebracht. Ik wilde de lezer meenemen op mijn zoektocht naar de totstandkoming en ontwikkeling van de traditie, waarin Petrus, die zo plotseling uit de Handelingen van de apostelen was verdwenen, in latere teksten ineens opduikt in Rome en daar de kruisdood sterft.

De twijfel over de juistheid van de traditie is al heel oud. Al in de dertiende eeuw kwam er commentaar los op de betrouwbaarheid van de beeldvorming. De kritiek begint bij de Waldensers, oorspronkelijk een lekengemeenschap, die aan het einde van de twaalfde eeuw was gesticht door Petrus Valdes. Ze leefden sober, indachtig de woorden van Jezus in de evangeliën, en trokken rond om de blijde boodschap te verkondigen. Omdat er in het Nieuwe Testament niets staat over een verblijf van Petrus in Rome, sloten ze dat uit. Hoewel hun invloed beperkt bleef, werden hun opvattingen wel bestreden door de kerk, vooral later, toen de kritiek op de Romeinse Petrus vanuit verschillende hoeken werd geuit.[61]

De standpunten van de Waldensers werden in grote lijnen onderschreven door bisschop Marsilius van Padua (1275-1343). In 1326 schreef hij zijn werk *Defensor Pacis* ('Verdediger van de Vrede'), dat een stormachtige ontvangst beleefde. Kerkleiders waren boos en Marsilius moest vluchten, naar Neurenberg, waar hij ook is gestorven. Kort en bondig stelde hij dat Petrus nooit in Rome is geweest. Hij baseerde zich daarbij vooral op de bekende passage uit Paulus' Brief aan de Galaten (2:8-9), waarin werd gesteld dat Petrus zich zou richten op de 'besnedenen' en Paulus op de niet-Joden. Daaruit vloeide voort dat de komst van Paulus naar de hoofdstad van het Romeinse rijk aannemelijk was, maar dat er voor Petrus geen noodzaak was om daarheen te gaan.

Tot de reformatie wordt er verder niet veel over deze kwestie vernomen. Zo nu en dan doken er berichten op waarin getwijfeld werd aan de juistheid van de door de kerk uitgedragen visie. Maar van een breed gedragen anti-Roomse of anti-paapse traditie op dit punt was geen sprake. Zo laat Luther weten dat het hem bekend is dat er geleerden zijn die Petrus' verblijf in Rome in twijfel trekken en dat hij de paus aanraadt om zich hiertegen te verweren, maar hij wil zich persoonlijk niet in deze zaak als rechter opstellen. Wel is het voor hem duidelijk dat de aanspraken van de katholieke kerk dat Petrus vijfentwintig jaar in Rome is geweest op pure fantasie berusten.[62]

Enkele reformatorische historici hebben zich wel serieus over de kwestie van Petrus in Rome gebogen. Een van hen was Ulrichus Velenus. In 1520 publiceerde hij een traktaat van zo'n zestig bladzijden waarin hij, zoals hij op het titelblad stelt, wil bewijzen dat *Apostolum Petrum Rhomam non venisse* ('de apostel Petrus niet naar Rome is gekomen'). Met zijn opmerking dat hij in boeken over Petrus in Rome alleen maar contradicties had aangetroffen, raakte hij de kerk van Rome in het hart. Hij bespreekt de elkaar tegensprekende passages over de duur van Petrus' verblijf in Rome en concludeert daaruit en uit het ontbreken van berichten in het Nieuwe Testament, dat het uitgesloten moet worden geacht dat Petrus ooit in Rome is geweest. Als hij de eerste bisschop van Rome was geweest, had men zeker meer zekerheid gehad bij het noemen van zijn opvolgers. Nu worden verschillende namen genoemd. Voor de een is Linus zijn opvolger, voor de ander Clemens. Het geeft nog maar eens aan dat de vroege christenen niet wisten hoe het precies zat, wat niet wijst op een consistente overlevering.

Velenus achtte het ongeloofwaardig dat Petrus in Rome de martelaarsdood is gestorven. Hij ging niet mee in de traditie die Nero verantwoordelijk houdt voor de dood van Petrus en Paulus.[63] Tot zo ver kan ik hem volgen, maar als hij pleit voor Jeruzalem als executieplaats, niet alleen voor Petrus maar ook voor Paulus, gaat hij mijns inziens een stap te ver, want ook voor die constatering is meer nodig dan een speculatieve redenering.

Het traktaat heeft in de reformatie een niet onbelangrijke rol gespeeld. De publicatiedatum was goed gekozen: 24 november 1520. Twee weken later, op 10 december, zou Luther de pauselijke bul *Exsurge Domine* ('Rijs op Heer') bij de stadspoort van Wittemberg verbranden. Velenus' traktaat sloot mooi aan bij Luthers plannen. Met zijn argumentatie gaf hij hem de benodigde munitie voor een ondermijning van de pauselijke aanspraken op het primaat van de bisschop van Rome, die immers teruggingen op Petrus. Niet zonder reden werd het werk in de volgende eeuwen enkele malen herdrukt.

In ons land is in de zestiende eeuw eveneens kritiek op de Romeinse Petrus losgekomen. Ik heb al aangestipt dat de Leidse professor Joseph Scaliger (1540-1609) ervoor pleitte dat Petrus niet in Rome is geweest, maar in het echte Babylon is gestorven (zie blz. 111). De komst van Petrus naar Rome was naar zijn mening pure fantasie. Dat hij gedurende vijfentwintig jaar bisschop van Rome was geweest en daar om het leven was gebracht, kon een verstandig mens toch niet geloven. Dat Scaligers uitspraken niet zo maar ter zijde geschoven werden, maar in wetenschappelijke kringen geregeld werden aangehaald, moge blijken uit het weerwoord rond 1740, bijna twee eeuwen later, van de bibliothecaris van het Vaticaan, Pier Francesco Foggini. Hij was blijkbaar niet goed op de hoogte van wat er vóór Scaliger over deze kwestie was beweerd, want in een kort zinnetje zegt hij dat 'vóór Scaliger niemand eraan had getwijfeld dat Petrus naar Rome was gekomen'.[64]

Scaligers argumenten werden in protestantse kring niet altijd met instemming begroet. De meeste protestantse theologen accepteerden de Petrustraditie op hoofdzaken. Zo ook Hugo de Groot (Grotius). In zijn in 1640 in Parijs geschreven commentaar op bepaalde passages uit het Nieuwe Testament laat hij het bij kanttekeningen, maar aanvaardt hij het gezag van de kerkvaders en acht hij Petrus' kruisiging in Rome overtuigend genoeg aangetoond.[65]

Aan de Universiteit van Leiden bleef de twijfel aan de betrouwbaarheid van de overlevering knagen. In 1679 stelde Fredericus Spanheim dat protestantse historici veel te lichtvaardig de Rooms-katholieke traditie hebben aanvaard en te weinig van zich hebben laten horen. Hij vond het onbegrijpelijk dat zij in overgrote meerderheid Petrus' episcopaat in Rome als een historisch feit accepteerden. Petrus' verblijf in Rome was volgens hem niet slechts twijfelachtig, het was totaal in strijd met de waarheid. Het was pure fictie.[66]

De richtingenstrijd luwde in de achttiende eeuw. De 'Petrustraditie' werd veelal geaccepteerd. De discussie laaide weer op door een artikel van de katholieke theoloog Johan Georg Herbst (1787-1836). Hij stelde dat het historisch een feit is dat de apostel Petrus Rome heeft bezocht, daar de Romeinse gemeente heeft geleid en vanwege zijn geloof is gemarteld. Over de duur van Petrus' verblijf in Rome had hij wel een van de traditie afwijkende mening: niet twintig of vijfentwintig jaar, maar hooguit enkele maanden of een jaar.[67]

De befaamde theoloog Ferdinand Christian Baur (1792-1860) was het hier niet mee eens. Hij probeerde het ontstaan van, zoals hij het noemt, de 'sage' van Petrus in Rome vanuit een andere invalshoek te verklaren en ging daarbij uit van de oude tegenstellingen tussen de kerk van de Joodse christenen, die van Petrus, en de kerk van de niet-besnedenen, die van Paulus. In de tweede eeuw waren die snel verdwenen. Hoewel vooral Paulus het evangelie onder de niet-Joden had verkondigd, hadden beide apostelen samen de eer van de succesvolle kerstening van de heidenen in Rome gekregen. Daarvoor moesten wel argumenten worden aangedragen, en die vonden de gelovigen in de verhalen uit de Handelingen van Petrus en die van Paulus en in andere opzienbarende weergaven van beider optreden en martelaarsdood in Rome. Dat Paulus naar Rome was gekomen en daar de martelaarsdood was gestorven, ontkent Baur niet. Maar over de kwestie of Petrus in Rome is geweest is hij stellig. Alles over hem zou berusten op verzinsels. Hij is niet in Rome gemarteld. Hij heeft het aan Paulus te danken dat hij in het spoor van zijn collega als blinde passagier in de glorie van diens martelaarschap is opgenomen.[68]

Een nieuwe fase in de discussie brak aan met het Eerste Vaticaans Concilie. Met de uitspraak dat de heilige en allerzaligste Petrus, de vorst en het hoofd van de apostelen, de zuil des geloofs, de grondslag van de katholieke Kerk, tot in die tijd voortleefde in de bisschoppen van de Heilige Stoel van Rome, die door hemzelf gesticht en met zijn bloed gewijd was, zette de kerk de zaak op scherp. Dat de lange Petrustraditie als dogmatische zekerheid voor Petrus' aanwezigheid in Rome werd gebruikt, zette kwaad bloed. De discussie concentreerde zich nu op Petrus en zijn opvolgers. De lijst met bisschoppen werd door een aantal theologen als pure, op niets gebaseerde beeldvorming beschouwd. De onbetrouwbare Handelingen van Petrus lagen ten grondslag aan de meeste teksten over Petrus als bisschop van Rome. De toon werd harder, met name vanuit protestantse hoek. Eduard Zeller liet van de Romeinse Petrustraditie weinig heel. In zijn artikel 'Die sage von Petrus als römischen Bisschof' opent hij vol de aanval op de kerk en bestempelt haar standpunten over Petrus als onzin. De apostel was nooit in Rome geweest. Alles wat daarover werd verteld was gemakkelijk te weerleggen. Aan het einde van zijn artikel kan hij het niet nalaten een sneer uit te delen aan de kerk, die zich niet de apostel Petrus had toegeëigend maar de tovenaar Petrus, die met 'magische trucs' zijn tegenstander Simon Magus had uitgeschakeld.[69] Zeller rekent het de kerk zwaar aan dat zij zich niet van de donkere geesten van de onwetendheid had weten te bevrijden.

Natuurlijk bleef ook nu een weerwoord niet uit. Kerkhistorici probeerden aan te tonen dat de traditie, die met de Eerste Brief van Petrus en de Eerste Brief van Clemens een bescheiden begin had gekend, betrouwbaar was. Petrus was wel degelijk in Rome geweest en had tijdens de vervolgingen van Nero de dood gevonden.[70] Zo bleef de twist in leven. Voor- en tegenstanders becommentarieerden elkaars standpunten, soms in milde bewoordingen, niet zelden met harde verwijten.

Door de opgravingen die vanaf 1940 waren uitgevoerd kwam er een nieuwe dimensie bij, hoewel het onderzoek onder de Basiliek van Petrus geen resultaten had opgeleverd die commentatoren van mening deden veranderen. De tegenstanders volhardden in hun standpunt dat er geen concrete aanwijzingen waren dat Petrus hier was begraven, de voorstanders bleven erop wijzen dat het tropaion van Petrus een afdoende bewijs was voor zijn dood en begrafenis ter plekke.

In de tweede helft van de twintigste eeuw is 'Petrus in Rome' in mindere mate een twistpunt geweest. De apostel stond weliswaar volop in de belangstelling, maar het ging meer om zijn persoon dan om zijn verblijf in Rome, dat vooral zijdelings werd belicht. Wel tekende zich een meerderheid af voor het standpunt dat Petrus in Rome heeft gepreekt en daar ook is gestorven, wat niet geldt voor de stelling dat zijn graf zich onder het hoofdaltaar in de Basiliek van Petrus bevindt. Die werd in meerderheid afgewezen, wat volgens de voorstanders van een verblijf van Petrus in Rome niets afdoet aan het beeld van de Romeinse Petrus zoals dat in de literaire bronnen vanaf de tweede eeuw wordt gepresenteerd. Martin Hengel stelt in zijn mooie boek *Der unterschätzte Petrus* onomwonden dat we weliswaar over heel weinig exacte gegevens beschikken, maar dat er niet aan getwijfeld hoeft te worden dat Petrus en Paulus in Rome als martelaars zijn gestorven.[71]

De discussie is allerminst beslecht. Zoveel werd mij wel duidelijk na het lezen van *Petrus und Paulus in Rom*. Het boek vormt de neerslag van twee conferenties over de Romeinse Petrustraditie. Aanleiding voor de bijeenkomsten was het boek *Petrus in Rom. Die literarischen Zeugnisse*, van de hand van Otto Zwierlein. Na een grondige analyse van de Griekse en Latijnse teksten uit de Petrus-overlevering komt de Duitse Latinist tot de conclusie dat er geen betrouwbare aanwijzingen zijn dat Petrus in Rome is geweest. De reacties waren voorspelbaar. Naast bijval werd ook kritiek geuit. Alle argumenten die in de loop der eeuwen zijn gebruikt, werden weer naar boven gehaald. Petrus blijft de gemoederen bezighouden.

Plaatsen van herinnering

Ruim een jaar geleden was ik in Israël. Ik reisde langs steden en dorpen, waar de herinnering aan Jezus in talrijke *lieux de mémoire* levend wordt gehouden. Tijdens mijn reis raakte ik steeds meer geïnteresseerd in plaatsen waar Petrus werd of wordt vereerd. Zo belandde ik op een dag in Kapernaüm. Het toenmalige vissersstadje van bescheiden omvang aan het Meer van Galilea zou al lang in de anonimiteit van de geschiedenis zijn weggezakt, als het niet een plaats van herinnering aan Petrus was geworden. Je wordt er weliswaar verwelkomd met het opzichtig aangebrachte opschrift 'stad van Jezus', maar binnen de muren is het Petrus die alle aandacht opeist. Direct achter de toegangspoort staat een beeld van hem, afgebeeld als de sleutel dragende apostel. De aandacht wordt getrokken door twee 'monumenten': de synagoge en het huis van Petrus. Vlak bij elkaar gelegen bieden ze een prachtig inzicht in de complexe ideeënwereld in de tijd van Jezus. De synagoge uit de derde of vierde eeuw op de plaats waar in de eerste eeuw een kleinere versie heeft gestaan staat model voor de leefwereld van de Joden; de omvorming van het huis van Petrus tot een kerk tekent de houding van de christenen, die blijvend getuigenis wilden afleggen van het voor hen heuglijke feit dat hier de eerste volgelingen van Jezus hebben geleefd. Vanuit de moderne kerk, een achthoekig, bijna zwevend gebouw uit de negentiger jaren van de vorige eeuw, zie je beneden in de diepte een kerk uit de vijfde eeuw, die weer staat op een honderd jaar oudere kerk,

Synagoge in Kapernaüm op de plaats waar een synagoge uit de tijd van Jezus stond

waarvan het grondplan is uitgelegd over het woonhuis van de apostel, een eenvoudige visserswoning van 6 bij 6.50 meter.

In Kapernaüm probeerde ik mij voor te stellen hoe de bevolking zich opstelde toen Jezus hier tijdelijk zijn intrek nam. Geloofden ze direct in zijn boodschap? Of kwamen ze pas tot geloof nadat Jezus in het huis van Simon Petrus diens schoonmoeder had genezen (Marc. 1:29-31)?[72] Of had Petrus hen overgehaald? Petrus was een van hen, hij was geen wereldvreemde man met ideeën die bij de bewoners verwondering opriepen, maar een gewone gehuwde plaatsgenoot. Geen bijbelgeleerde, maar een man van de praktijk, gevoelig voor de in eenvoudige woorden uitgesproken boodschap van een prediker als Jezus. Een trouwe volgeling, die Jezus' woorden misschien niet altijd even goed begreep, maar wel zijn best deed om ze zo goed mogelijk over te brengen.

In Nof Ginosar, niet ver van het stadje Magdala, bekeek ik in een speciaal daarvoor gebouwd museum een bootje uit de tijd van Jezus. Toen het in 1986 in een gedeelte van het Meer van Galilea, dat door langdurig uitblijven van regen was drooggevallen, zichtbaar werd en in zijn geheel werd gelicht, veroorzaakte het grote opschudding. Het eerste wat journalisten meldden was dat het hier ging om het bootje van Jezus. De namen van de vissers Petrus of Andreas werden niet genoemd, hoewel dat misschien meer voor de hand had gelegen. Dat het hier een wilde speculatie betreft, omdat de onderzoekers op basis van onderzoek alleen maar hadden geconcludeerd dat het scheepje gezonken was tussen 90 v.Chr. en 80 n.Chr., werd al snel duidelijk. Met zijn lengte van 8,20 meter en breedte van 2,35 meter is het een vissersvaartuig zoals er zovele waren op het meer, vóór, ten tijde van en na Jezus. Het is heel goed mogelijk dat Petrus, Andreas, Jakobus en Johannes met gelijksoortige scheepjes iedere dag het meer opgingen, voordat zij door Jezus werden beroepen. Maar daarmee is niet gezegd dat dit het bootje van Petrus of Andreas is. Het roept alleen gedachten aan de beide broers op, meer niet.

Petrus volgde Jezus tot het einde toe, maar niet steeds even standvastig. Zeker niet in de laatste uren van Jezus' lijden, toen hij in Jeruzalem in de hof van Kajafas zijn meester drie keer verloochende. De zwakheid van Petrus wordt door de evangelist Matteüs mooi weergegeven (Matt. 26:33-35) en is sinds 1931 verbeeld in de kerk Sint Petrus in Gallicantu ('Petrus van het hanengekraai'). De kerk ligt fraai boven het Kidrondal, als een stille getuige van de ontluistering van de belangrijkste leerling. Daar wordt een Petrus gememoreerd die zijn zelfverzekerdheid tijdens het paasmaal moest bekopen met een ernstige reprimande van zijn meester. Of de kerk precies op de plaats staat van het paleis van de hogepriester Kajafas, zoals vaak wordt beweerd, is niet zo belangrijk. Het gebrek aan zelfkennis van Petrus is de echte reden voor deze *lieu de mémoire*.

Petrus' grootste triomf wordt eveneens in een kerk tot uitdrukking gebracht: in Tabgha, aan de noordwestelijke oever van het Meer van Galilea. De *Mensa Domini* ('Tafel van de Heer') is een kleine kerk die de bezoeker herinnert aan wat er gebeurde toen de opgestane Christus aan de leerlingen verscheen. Petrus gaf gehoor aan de oproep van zijn meester om het net uit te werpen en ving 153 vissen (Joh. 21:11). De cirkel was rond. Petrus' visvangst staat voor zijn toekomstige rol als 'visser van mensen'. Hij zal mensen tot het geloof brengen. Kort daarop sprak Christus daar de beroemde woorden 'weid mijn schapen' (Joh.

21:17). In het kerkje is een grote rots, voor gelovigen de plaats waar Jezus die beroemde uitspraak zou hebben gedaan.

Drie maanden later was ik in Rome. Weer ging ik op zoek naar Petrus. Geen eenvoudige opgave. Zijn optreden vanaf zijn komst naar Rome tot aan zijn kruisdood in de buurt van het Vaticaan is in de overlevering vooral op raadselachtige informatie en speculaties gebaseerd. Mijn queeste naar 'sporen' van Petrus begon op de Via Appia, in het kerkje *Domine Quo Vadis*. Hier zou Petrus, toen hij zich aan een arrestatie door Romeinse soldaten wilde onttrekken, Jezus zijn tegengekomen. Op zijn vaak geciteerde vraag in Handelingen van Petrus 'Waar gaat u heen, Heer?' had Jezus geantwoord dat hij naar Rome ging om opnieuw gekruisigd te worden. Als ik het kerkje binnenga, zie ik de voetafdrukken van Jezus, in het oude plaveisel. Tot mijn teleurstelling zijn ze niet echt, de 'originele afdrukken' bevinden zich in de kerk van de Heilige Sebastianus, even verderop. Maar echt of niet, ze doen mij net als de bewuste woorden in de Handelingen van Petrus toch vooral denken aan een mooie legende.

Mijn volgende *lieu de mémoire* is een plaats aan de voet van het Capitool, die in de middeleeuwen geregeld in verband met Petrus werd gebracht: de Mamertijnse gevangenis. In het Tullianum, de kerker diep onder de grond, brachten grote vijanden van Rome hun laatste dagen door alvorens een gruwelijke dood te sterven. Het vereist het nodige inlevingsvermogen om je voor te stellen dat ook Petrus hier (samen met Paulus) gevangengezeten heeft. Ik daal de treden af en kom op het straatniveau van de eerste eeuw. Van de meeste cellen is weinig meer te zien, maar het meest gruwelijke en diepst gelegen deel van de gevangenis, het eigenlijke Tullianum, is redelijk goed geconserveerd. De schimmen van de Numidische koning Jugurtha en de Gallische verzetsleider Vercingetorix, die hier geruime tijd gevangen hebben gezeten, waren er nog rond. In de kleine, bedompte, met grote steenblokken ommuurde ruimte, diep onder de grond, zonder openingen waar enig licht doorheen kwam, wachtten zij op het onvermijdelijke: executie door de beul. Hier bereikte het Romeinse sadisme een hoogtepunt, want de doodstraf werd pas voltrokken nadat de gevangene eerst had meegelopen in een triomftocht van de overwinnaar. Hebben Petrus en

Paulus dit lot gedeeld? We lezen er niets over in de oude bronnen, maar in het religieuze centrum boven het Tullianum bij de kerk San Giuseppe dei Falegnami wordt er alles aan gedaan om de indruk te wekken dat zij beiden daar gevangen hebben gezeten.

Ik keer weer terug naar de Via Appia, naar Ad Catacumbas, niet ver van het kerkje *Domine Quo Vadis*, in de hoop daar enige zekerheid te krijgen. Geleidelijk was het verhaal in omloop gekomen dat het gebeente van Petrus en Paulus vanaf 257/258 tijdens de christenvervolgingen onder keizer Valerianus tijdelijk hier was gedeponeerd. Echte sporen ontbreken. De ronde Kerk van de Apostelen, gebouwd boven de plaats waar hun stoffelijke overschotten kort zouden hebben gelegen, is opgegaan in de latere kerk, gewijd aan de Heilige Sebastianus. Onder de basiliek is een kleine, goed geplaveide hof opgegraven met open ruimten aan de west-, noord- en oostkant. De muren zijn bekleed met fresco's. Daarvóór staan stenen banken. Graven zijn er niet, alleen een nis waarin plaats zou zijn voor stoffelijke resten. Ik probeer mij voor te stellen hoe de christenen in het midden van de derde eeuw ongezien het stoffelijk overschot van Petrus vanuit de aedicula hierheen hebben kunnen brengen. Zouden ze de Romeinse overheid, die hard optrad tegen wetsovertreders, hebben kunnen misleiden? Ik heb mijn twijfels. De gelovigen hadden die niet. Zij waren ervan overtuigd dat het zo was gegaan, vragen werden niet gesteld. Nadat Constantijn hun de vrijheid had gegeven om hun tradities te volgen droegen ze openlijk uit dat Petrus hier enige decennia begraven was geweest.

In de Sint-Pieter word ik mij er nog eens extra van bewust dat het beeld van Petrus als grondlegger van de kerk van Rome zich heeft vastgezet in het collectieve geheugen. Duizenden toeristen en pelgrims schuifelen van monument naar monument. Suppoosten manen gidsen en andere rondleiders tot stilte. Ook als ze gehoor geven aan de oproepen is er van serene rust geen sprake. Voortdurend klinkt gezang op uit een van de kapellen, waar missen worden opgedragen en koren zich laten horen. Op sommige plekken is het extreem druk. Voor het bronzen Petrusbeeld van Arnolfo di Cambio (dertiende eeuw) staan lange rijen mensen, wachtend tot ze de voet van de apostel kunnen aanraken. Het hoofdaltaar is alleen van een afstand te bezichtigen.

Petrus-beeld van Arnolfo di Cambio in de Sint-Pieter (dertiende eeuw)

Kom bij de gelovigen in de basiliek of op het grote door de zuilen van Bernini omgeven plein niet aan met kritiek. Bespaar je de moeite te betogen dat het verhaal over Petrus in Rome niet berust op controleerbare feiten maar op legendevorming, die klein begon en steeds grotere vormen aannam. Het beeld is en blijft dat de kerk van Rome is gesticht door de apostelen Petrus en Paulus en dat zij beiden in Rome zijn gemarteld en begraven, Petrus onder het hoofdaltaar van de Sint Pieter, Paulus even verderop in zijn eigen basiliek aan de oude Via Ostiensis.

Ik moet denken aan de vele afbeeldingen van hen, broederlijk verenigd als de gezamenlijke grondleggers van de kerk. In de loop van de vierde eeuw had dat idee zich gevormd onder de christenen. Vergeten waren de onder hen levende spanningen, vergeten was Paulus' opmerking in Antiochië dat Petrus een huichelaar was. De harmonie werd benadrukt, zoals we kunnen zien op de triomfboog in de door Theodosius gebouwde Basiliek van Paulus. De beide apostelen zitten aan weerszijden van Christus: Petrus met de sleutels aan zijn linkerzijde, Paulus aan de andere kant. Dit is het beeld dat de kerk van de beide apostelen heeft geconstrueerd en wil uitdragen. Nog fraaier is de eenheid te zien in de Santa Pudenziana, in het apsismozaïek: Petrus met zijn volgelingen aan de ene, Paulus aan de andere zijde van Christus. Achter de beide apostelen staan twee allegorische gesluierde vrouwen. De dame achter Petrus representeert de *Ecclesia ex circumcisione* (Kerk van de besneden Joden). Die achter Paulus de *Ecclesia ex gentibus* (Kerk van de niet-Joden).

In de Basiliek van Petrus zoek ik naar de Joodse visser die gehoor gaf aan Jezus' oproep om hem te volgen. Weinig herinnert aan de eenvoudige leerling die zijn weg moest vinden in de beweging van Jezus. De twijfelaar, wiens geloof enkele keren door Jezus zwaar op de proef werd gesteld, zien we er nauwelijks terug. Evenmin de man die zijn meester verloochende. Om daaraan herinnerd te worden moeten we de basiliek uit naar de befaamde *Porta Santa*. Iedere vijf jaar opent de paus de Heilige Deur, waarmee het Heilig Jaar wordt ingewijd. Op een van de panelen zien we Petrus en een kraaiende haan.

In de basiliek draait bijna alles om de man die door Jezus was aangewezen als de rots van de kerk. Op architraven in de Sint-Pieter zijn enkele Latijnse inscripties te zien die teruggaan op de aanwijzing van Petrus als de toekomstige leider van de kerk. Op de onderbouw van de koepel lezen we de iets aangepaste woorden van Matteüs (16:18-19):

Inscriptie Tu es Petrus op architraaf van Sint-Pieter

TU ES PETRUS ET SUPER HANC PETRAM AEDIFICABO ECCLESIAM MEAM ET TIBI DABO CLAVES REGNI CAELORUM ('Jij bent Petrus en op deze rots zal ik mijn kerk bouwen en ik zal je de sleutels van het koninkrijk der hemelen geven').

Ook andere teksten op architraven[73] duiden op zijn toekomstige rol. De Joodse Petrus, die in zijn eerste redevoering vijftig dagen na de opstanding van Jezus ten overstaan van een grote menigte in Jeruzalem nog uitsluitend had gesproken voor Joden, is naar de achtergrond verdrongen. Zijn woorden: 'Laat het hele volk van Israël er daarom zeker van zijn dat Jezus die u gekruisigd hebt, door God tot Heer en messias is aangesteld' (Hand, 2:36), lijken uit een andere wereld te komen. Met zijn bekering van de centurio Cornelius had Petrus zich dan wel onder niet-Joden begeven, maar om nu te zeggen dat hij de geloofsverkondiger onder de heidenen was geworden, gaat, zoals we hebben gezien, te ver. Die rol was weggelegd voor Paulus, die bovendien met zijn zendingsreizen en brieven veel meer potentiële gelovigen bereikte dan Petrus. Maar voor latere gelovigen kon het toch niet zo zijn dat alleen de man die Jezus aanvankelijk had vervolgd de eer zou krijgen het geloof naar het westen te hebben verspreid. Wat Petrus ook had gedaan, of hij nu in het oosten was gebleven of de weg naar het westen was ingeslagen, er moest iets worden gezegd over zijn bemoeienis met de christenen in het centrum van het rijk.

In de Sint-Pieter overdenk ik nog eens hoe de christenen vanaf de tweede helft van de tweede eeuw flinterdunne aanwijzingen in de Eerste Brief van Petrus en de Eerste Brief van Clemens stukje bij beetje hebben aangevuld, totdat in de tijd van Constantijn bisschop Eusebius in zijn *Kerkgeschiedenis* een interpretatie van Petrus' komst naar Rome en van zijn dood aldaar naar buiten kon brengen, die in brede kring als *waarheid* werd geaccepteerd. Vanaf dat moment bestond er geen twijfel meer dat hij de eerste bisschop van Rome was geweest. Slechts weinigen vroegen zich in de vierde en vijfde eeuw nog af of de traditie niet op fictie berustte.

Ik realiseer mij dat de discussies over Petrus' verblijf in Rome nog altijd doorgaan. Hoewel de voorstanders van deze theorie geen harde bewijzen hebben, dragen zij nog altijd hun standpunten met grote stelligheid uit. Het graf van Petrus wordt daarbij nadrukkelijk als extra bewijs opgevoerd. Dat het zegeteken pas rond 200 werd opgemerkt, meer dan honderd jaar nadat Petrus in het Nieuwe Testament uit beeld was geraakt, heeft vele, veelal Rooms-katholieke, commentatoren niet aan het wankelen gebracht. Ze blijven bij hun opvatting dat hij hier werkelijk begraven is.

Wie de teksten en archeologische gegevens analyseert en de kwestie niet als een geloofszaak behandelt, maar als een zoektocht naar het waarheidsgehalte van literaire teksten, inscripties en materiële cultuur, heeft geen zekerheden. Deze gedachten spelen door mijn hoofd terwijl ik opgesloten raak in een kluwen van mensen in de Sint-Pieter. Ik kijk om me heen. Sommige gelovigen zijn bijna 'in Petrus'. Vreugde en, een soms bijna hemels aandoende, blijdschap overheersen. De Basiliek van Petrus is voor deze mensen de 'zekerheid' dat het gebeente van de eerste apostel onder het hoofdaltaar ligt. De gedachte aan een ingenieus opgezette fictie komt niet bij hen op. Ze vinden houvast in de wetenschap dat zich onder het altaar, dat dateert uit de tijd van paus Clemens VIII (1592-1605), het altaar bevindt van paus Callistus II (1119-1124) en daar weer onder het altaar van paus Gregorius de Grote (590-604). Het kan volgens hen toch niet zo zijn dat die kerkleiders het in de loop der eeuwen verkeerd hebben gezien.

Ik meld mij aan voor een excursie naar het 'graf van Petrus' en een week later loop ik mee naar de oude necropool. Onder de deelnemers bevinden zich veel priesters en nonnen. Sommigen hebben het Nieuwe Testament onder hun arm, alsof ze daarin de bevestiging voor Petrus' aanwezigheid op deze plaats hopen te vinden. Via een trap komen we op het straatniveau van de eerste eeuwen van onze jaartelling. Door een opening in een buitenmuur van de oude Basiliek van Constantijn betreden we de voormalige dodenstad, bijna tien meter onder de huidige Sint Pieter. De grafmonumenten roepen bij mij niet direct een christelijke sfeer op, ik voel mij hier meer verbonden met het oude heidense Rome. Ik probeer mij voor te stellen hoe het er hier heeft uitgezien in de tweede eeuw toen de necropool in de open lucht lag en rijke Romei-

Het straatje dat leidt naar het tropaion van Petrus

nen hun dierbaren de laatste eer bewezen met grafhuizen en mausolea. Het straatje met de mausolea loopt iets omhoog naar de plek van het tropaion van Petrus, ongeveer zes meter recht onder het hoofdaltaar. Hoe de gids ook zijn best doet om mij met zijn enthousiaste betoog over de Jood Petrus, die door Christus naar Rome was gezonden, van zijn gelijk te overtuigen, mijn twijfels kan hij niet wegnemen. Geven de literaire teksten mij al een onbestemd gevoel, als ik door de necropool loop, ervaar ik dat er wel heel veel inlevingsvermogen voor nodig is om hier het graf van Petrus te herkennen. De woorden van bisschop Gaius dat hij het tropaion had gezien schieten mij te binnen. Hij doorbrak de stilte. Zijn aanwijzingen dat het een zegeteken betrof hebben de basis gelegd voor de opvatting dat Petrus hier daadwerkelijk begraven ligt. We blijven op enige afstand van het monumentje, maar kunnen wel de verschillende lagen van het zegeteken zien, aan de rand van een kleine open ruimte.

Ook hier kom ik niet dichter bij Petrus. Hij blijft gehuld in nevelen. Een wazige literaire overlevering. Een nauwelijks te duiden zegeteken. Een cryptische figuur, over wie verhalen de ronde doen die je op geen enkele manier kunt verifiëren.

Als ik weer boven ben en in het volle daglicht sta, dringt het opnieuw tot mij door hoe verstrekkend de gevolgen zijn geweest van de traag op gang gekomen maar vervolgens almaar uitdijende traditie, die door tallozen wordt omarmd. Ik wandel rond de Sint-Pieter en bekijk de basiliek van verschillende kanten. De koepel torent hoog boven de stad uit als een teken van macht van een instituut dat honderden miljoenen mensen aanspreekt. Mijn scepsis over alles wat de kerk heeft aangevoerd om de komst van Petrus naar Rome te bewijzen maakt plaats voor een cynische bewondering. Want het is zeker een prestatie van formaat om op basis van controversiële argumenten Petrus zo om te vormen, dat de paus van Rome zich tot op de dag van vandaag op hem kan beroepen en tallozen hem aanbidden op plaatsen waar hij, naar mijn overtuiging, nooit een stap heeft gezet.

NAWOORD

Dit boek is het slot van een drieluik over de grondleggers van het vroegste christendom. Het begin was bescheiden. Ik belandde in de wereld van Jezus en zijn volgelingen via een omweg. De zeegeschiedenis van de klassieke oudheid was mijn studieterrein. Tijdens het schrijven van een artikel over lange zeereizen kwam het idee bij mij op om een tekstanalyse te geven van Handelingen van de apostelen 27-28, waarin de zo moeilijk verlopen overtocht van Paulus van Caesarea in Judea naar Italië beeldend wordt beschreven. Ik bestudeerde de tekst regel voor regel en publiceerde de resultaten in het boek *Paulus' zeereis naar Rome. Een reconstructie*. Tijdens lezingen over die bewuste zeereis werd mij regelmatig de vraag voorgelegd of ik de andere tochten van de reizende apostel van de heidenen ook niet nader wilde belichten voor een groter publiek. Het duurde nog geruime tijd voor ik er gehoor aan gaf en de biografie *Paulus. Een leven tussen Jeruzalem en Rome* schreef. Ik verdiepte mij in Paulus' reisgedrag en vroeg mij af waarom hij bepaalde steden wel aandeed en andere niet en waarom zijn denkbeelden in de ene stad wel aansloegen en in de andere niet.

Mijn verwachting dat het hierbij zou blijven en dat ik mij weer zou wijden aan onderwerpen uit de 'traditionele' Grieks-Romeinse geschiedenis, kwam niet uit. Kort na de eeuwwisseling herlas ik *De Joodse Oorlog* en *De Oude Geschiedenis van de Joden*, de twee dikke boeken van Flavius Josephus die ik samen met Marinus Wes uit het Grieks had vertaald. Al lezende begon ik mij steeds meer af te vragen hoe Jezus in de conflictueuze wereld van zijn tijd, waarin de spanningen altijd voelbaar waren, te werk was gegaan. Uiteindelijk waagde ik mij aan een boek over Jezus. Na enkele jaren zag *Jezus en de vijfde evangelist* het licht. Jezus' boodschap en voorspellingen, waarvan hij kon vermoeden dat die bij velen, zowel Joden als Romeinen, op verzet zouden stuiten, kwamen aan de orde in de context van de uitlatingen van eerdere, vooral door Josephus beschreven Joodse predikers.

Jezus zou zeker mijn laatste bijdrage zijn aan het inzichtelijk maken van de wortels van het christelijk geloof voor een breder publiek, zo dacht ik. Maar weer kende ik mijzelf slecht. In de nasleep van mijn boek herlas ik opnieuw de evangeliën en de Handelingen van de apostelen, alsof ik zocht naar een excuus om nog geen afscheid van Jezus en de zijnen te hoeven nemen. Toen ik mij opnieuw verdiepte in Jezus' rondgang door Galilea en Judea, doemde steeds Petrus, Jezus' prominentste leerling, op. Ik raakte gefascineerd door deze volgeling, die na Jezus' dood de leiding over de gelovigen in de Jeruzalemgemeente op zich had genomen. Na enige aarzeling besloot ik om zowel zijn optreden tijdens en na het leven van Jezus als zijn raadselachtige geschiedenis in Rome te beschrijven. Het resultaat van mijn onderzoek naar Petrus heeft u hierboven gelezen.

Nu ik echt aan het einde ben gekomen van mijn reis door de wereld van het vroegste christendom voel ik mij verplicht mijn dank uit te spreken aan geleerden aan wier werk ik schatplichtig ben voor mijn onderzoek. In *Paulus* en *Jezus* heb ik al enkele toonaangevende onderzoekers genoemd. Van de personen die het Petrusonderzoek een gezicht hebben gegeven hebben de theologen Oscar Cullmann, Martin Hengel en Rudolph Pesch en de Latinist Otto Zwierlein mij het meest geïnspireerd.

De afgelopen jaren heb ik met veel personen over Petrus gesproken, soms uitgebreid, soms summier. Enkelen van hen hebben mij gewezen op de valkuilen in het Petrusonderzoek en nuttige tips gegeven. Ik wil speciaal noemen Stijn Fens, Paul van Geest, Henk Jan de Jonge en Bert Jan Lietaert Peerbolte. Op geen enkele manier zijn zij evenwel verantwoordelijk voor mijn opvattingen. Ten slotte wil ik mijn dank uitspreken aan Frits van der Meij en Rob Zweedijk van uitgeverij Athenaeum voor hun steun bij het schrijven van dit boek.

Nu keer ik terug naar de grote wereld van de klassieke oudheid.

APPENDIX

PETRUS IN ROME

Petrus' optreden tijdens Jezus' tocht door Judea en Galilea en zijn geloofsverkondiging na Jezus' kruisdood zijn te volgen in de vier canonieke evangeliën en in de Handelingen van de apostelen. De teksten zijn voor iedereen beschikbaar in de diverse uitgaven van het Nieuwe Testament. Anders ligt het met het verslag van Petrus' daden na zijn 'verdwijning' uit de Handelingen van de apostelen. Informatie daarover moet worden vergaard uit zeer uiteenlopende teksten. Die zijn veel minder bekend en moeilijker te vinden in bronnenuitgaven.

In de tekst verwijs ik herhaaldelijk naar bronnen over de 'Romeinse Petrus'. De belangrijkste daarvan heb ik hieronder, chronologisch en thematisch gerangschikt, opgenomen. Zo kan de lezer zelf de ontwikkeling in het denken over de aanwezigheid van Petrus in Rome volgen.

Een aantal tekstpassages heb ik gevonden in Otto Zwierlein, *Petrus in Rom. Die literarischen Zeugnisse*, Berlijn 2010. Mijn vertalingen van de teksten over het martelaarschap van Petrus en dat van Paulus zijn gebaseerd op de kritische uitgave van Zwierlein van gedeelten uit de Handelingen van Petrus en de Handelingen van Paulus. Een kort overzicht van de belangrijkste passages is te vinden in Andrea Carandini, *Su questa pietra. Gesù, Pietro e la nascita della chiesa*, Rome 2013. Ook heb ik geput uit *Das Frühe Christentum bis zum Ende der Verfolgungen* (twee delen), vertaald en samengesteld door Peter Guyot en Richard Klein, Darmstadt 1993. Alle vertalingen, met uitzondering van die van de Eerste Brief van Petrus (Nieuwe Bijbelvertaling) zijn van mijn hand.

Begin van de 'Rome-traditie'

De Eerste Brief van Petrus, de Brief van Clemens en de Brief aan de Romeinen van Ignatius worden door de voorstanders van de theorie dat Petrus in Rome is geweest gepresenteerd als voorzichtige 'bewijzen' voor hun opvattingen. Bisschop Eusebius heeft er in het begin van de vierde eeuw dankbaar gebruik van gemaakt.

1 1 Petrus 1:1 (ca. 90-100)

Van Petrus, apostel van Jezus Christus. Aan de uitverkorenen die als vreemdelingen verspreid in Pontus, Galatië, Kappadocië, Asia en Bitynië verblijven.

2 1 Petrus 5:12-13 (ca. 90-100)

Met de hulp van Silvanus, die ik als een betrouwbare broeder beschouw, heb ik deze korte brief geschreven, om u moed in te spreken en om u er nadrukkelijk van te verzekeren dat het werkelijk de genade van God is die u staande houdt. De uitverkorenen in Babylon en mijn zoon Marcus groeten u.

3 Eusebius, *Kerkgeschiedenis* 3,3,1 (begin vierde eeuw)

Wat de geschriften van Petrus aangaat: de brief, die de eerste wordt genoemd, beschouwt men als echt. De oude kerkvaders namen die vroeger al op in hun eigen geschriften, omdat zij er niet aan twijfelden dat die brief was geschreven door de apostel.

4 Eusebius, *Kerkgeschiedenis* 2,15,1-2 (begin vierde eeuw)

Petrus noemt Marcus ook, in de eerste brief die hij, naar men zegt, in Rome heeft geschreven. Dat het hier echt Rome betreft blijkt uit de naam die hij voor de stad gebruikt: Babylon.

5 1 Clemens 5,1-7 (ca. 90-100)

Maar laten we nu ophouden met het geven van voorbeelden uit het verleden en laten we kijken naar de atleten uit de recente geschiedenis. Laten we de voortreffelijke voorbeelden van mensen van ons geslacht nemen. Als gevolg van na-ijver en nijd werden de grootste en rechtvaardigste zuilen van ons geloof vervolgd en streden zij tot de dood. We moeten de goede apostelen voor ogen houden. Petrus, die als gevolg van de ongerechtvaardigde na-ijver niet een of twee maar vele uiteenlopende folteringen moest ondergaan, ging, nadat hij zo van zijn geloof had getuigd, naar de welverdiende plaats van heerlijkheid. Als gevolg van na-ijver en haat liet Paulus de prijs van de overwinning voor zijn standvastigheid zien. Zevenmaal werd hij in ketenen geboeid, hij werd verdreven en gestenigd, en ontving als verkondiger in het oosten en in het westen edele roem voor zijn geloof. Hij onderrichtte de hele wereld in gerechtigheid; hij kwam tot aan de rijksgrenzen in het westen en getuigde ten overstaan van heersers van zijn geloof. Zo verliet hij de wereld en bereikte de heilige plaats, als een groot voorbeeld van standvastigheid.

6 Ignatius, *Brief aan de Romeinen* 4,3 (na 110)

Ik zal jullie geen opdrachten geven zoals Petrus en Paulus! Zij waren apostelen, ik ben een veroordeelde; zij waren vrij, ik ben tot nu toe een slaaf. Maar wanneer ik geleden heb, zal ik een vrijgelatene van Jezus Christus zijn en in Hem als vrij man weer opstaan. Maar nu ben ik nog geketend en leer ik om niets te begeren.

7 *Ascensio Jesaiae* 4,1-4 (eerste helft tweede eeuw)

Daarom, Hezekia en Josab, mijn zoon, dit zijn de dagen van het einde van de wereld. Wanneer dat is gekomen zal Beliar afdalen, de grote heerser, de koning van deze wereld, waarover hij heeft geregeerd sinds haar bestaan. Hij zal afdalen vanuit het firmament in de gestalte van een man, een wetteloze keizer, een moedermoordenaar – dat is de heerser van deze wereld – en hij zal de aanplant van de twaalf apostelen van de Geliefde Heer vervolgen, en een van de twaalf zal aan hem worden uitgeleverd. Deze heerser zal komen in de gestalte van deze keizer.

8 *Apocalyps van Petrus* 14, 4-6 (eerste helft tweede eeuw)

Kijk, Petrus, ik heb je alles geopenbaard en uitgelegd [het laatste oordeel na de vernietiging van de wereld]. Ga dus nu naar de stad die heerst over het westen en drink uit de kelk die ik je voorspeld heb uit de handen van de zoon [Nero] van degene die in de Hades is [de duivel], zodat de ondergang een aanvang kan nemen.

9 *Ascensio Jesaiae* 4,11-12 (eerste helft tweede eeuw)

Zie, hij [Beliar/Nero] zal beelden met zijn eigen beeltenis in alle steden oprichten. En hij zal [vanaf het martelaarschap van Petrus] drie jaar, zeven maanden en zevenentwintig dagen regeren.

10 Hiëronymus, *De viris illustribus* 1 (ca. 400)

Simon Petrus, de zoon van Johannes, uit de provincie Galilea en het dorp Betsaïda, broer van de apostel Andreas en eerste van de apostelen, is na zijn episcopaat van de kerk van Antiochië en zijn prediking in de diaspora onder de besnedenen die tot geloof waren gekomen, in Pontus, Galatië, Kappadocië, Asia en Bitynia, in het tweede jaar van de regering van keizer Claudius naar Rome gegaan om Simon Magus te verdrijven. Daar heeft hij de bisschopszetel vijfentwintig jaar bezet, tot het laatste jaar van de regering van Nero, dat wil zeggen het veertiende jaar van diens regiem. Door hem is hij aan het kruis geslagen. Hij heeft de martelaarskroon verworven, met zijn hoofd naar de aarde gericht en zijn voeten naar boven, omdat hij uitsprak dat hij onwaardig was om zo gekruisigd te worden als zijn Heer. [....] Hij is in Rome in het Vaticaan begraven, vlakbij de Triomfweg. Hem is de verering van de hele wereld deelachtig geworden.

Competitie tussen Petrus en Simon Magus

In Samaria hadden Petrus en Simon Magus het met elkaar aan de stok gehad. De laatste had het onderspit gedolven. Wat er van hem was geworden weten we niet. Maar in de tweede eeuw duikt hij in teksten op als de grote tegenstander van Petrus in Rome. Het is geen gewone confrontatie meer tussen hen beiden. Ze proberen elkaar af te troeven in het verrichten van wonderen. Petrus staat voor de orthodoxie, Simon Magus voor de ketterijen. De apostel toont zich duidelijk de sterkste.

11 Justinus Martyr, *Apologia* 1,26 (midden tweede eeuw) = Eusebius, *Kerkgeschiedenis* 2,13, 3-5 (begin vierde eeuw)

Na de hemelvaart van Christus stuurden de demonen enige mensen die beweerden dat ze goden waren. Ze werden door jullie niet vervolgd, sterker nog, ze werden met eerbewijzen overladen. Tot deze groep behoorde een zekere Simon, uit het dorp Githon in Samaria. Onder keizer Claudius voerde hij onder invloed van de kracht van de in hem werkzame demonen magische rituelen uit. In jullie keizerstad Rome werd hij als god beschouwd. Door een beeldzuil in de Tiber tussen twee bruggen in hebben jullie hem als god vereerd, want op het voetstuk stond het Romeinse opschrift: SIMONI DEO SANCTO (voor de heilige god Simon). Talloze Samaritanen vereren hem, en ook nog een aantal mensen bij andere volken; ze erkennen hem als hun oppergod. Ook een zekere Helena behoorde tot de volgelingen. Vroeger leefde zij in een bordeel in Tyrus in Phoenicië. Later verkeerde zij permanent in het gezelschap van Simon. Er wordt verteld dat zij 'het eerste idee was dat van hem uitging'.

12 Handelingen van Petrus 1-22 (180-190), in de gecomprimeerde Latijnse interpretatie van Pseudo-Hegesippus, rond 371 uitgebracht door Ambrosius, in de tekstuitgave van V. Ussani, *Hegesippipi qui dicitur Historiae libri V*, band 1, Wenen-Leipzig 1932, p. 183,20.

In die tijd bevonden Petrus en Paulus zich als leraren van de christenen in Rome. Ze onderscheidden zich door hun werken en waren befaamd vanwege hun onderricht. Door de deugdzaamheid van hun leven hadden ze Nero tegen zich ingenomen. Nero zat helemaal gevangen in de verlokkingen van de magiër Simon, die zijn geest had betoverd. Hij beloofde hem met zijn verfoeilijk donkere kunsten hulp bij de overwinning, bij de onderwerping van volkeren, bij het bereiken van een hoge leeftijd met een goede gezondheid. Nero geloofde hem, omdat hij niet wist hoe hij de kracht die van zijn handelingen uitging moest onderzoeken. Uiteindelijk nam Simon de prominentste plaats in onder de vrienden van Nero, aangezien die hem beschouwde als garantie voor zijn welzijn en als beschermer van zijn leven. Maar zodra Petrus ontdekte dat zijn tovertrucs en wandaden niets voorstelden en dat Simon Magus alleen maar bedrog pleegde met valse voorstellingen van zaken, en openbaar maakte dat hij niets fundamenteels of waarachtigs tot stand bracht, werd de magiër het voorwerp van spotternijen en verteerde hij zichzelf in een onbedwingbare woede.

13 Handelingen van Petrus 28 (180-190), in de gecomprimeerde Latijnse versie van Pseudo-Hegesippus, rond 371 uitgebracht door Ambrosius in de bovengenoemde tekstuitgave van Ussani, p. 184-185

Er stierf in die tijd een jongeling uit een adellijke familie. Hij was verwant aan de keizer. Allen waren zeer bedroefd. De meeste mensen adviseerden om te onderzoeken of hij genezen kon worden. In dit soort werken had Petrus een grote reputatie. Maar de heidenen hadden niet echt vertrouwen in zijn optreden. Het verdriet vroeg evenwel om een radicaal geneesmiddel en men wendde zich tot Petrus. Er waren mensen die ervoor pleitten om ook Simon erbij te halen. Toen ze samen aanwezig waren zei Petrus tegen Simon, die pochte op zijn kracht, dat hij hem voorrang gaf bij zijn poging om de dode weer tot leven te wekken. Wanneer het hem niet zou lukken, moest hij erin berusten dat Christus de overledene hulp zou verlenen om op te staan. Simon, die geloofde dat in de stad van de heidenen zijn kunsten beter tot hun recht zouden komen, stelde de volgende voorwaarde: ‘Als hijzelf de dode tot leven had gewekt, zou Petrus worden gedood, omdat hij door het uitdagen van de grote kracht (zo noemde hij zichzelf) hem onrecht had aangedaan. Wanneer Petrus zijn superioriteit had getoond, zou het hem precies zo vergaan.' Petrus wachtte af en Simon begon aan zijn opdracht.

Hij liep naar het bed van de gestorven jongeling en begon gruwelijke toverformules te zingen en te prevelen. De dode leek zijn hoofd te bewegen. Onmiddellijk begonnen de heidenen te juichen dat hij weer leefde en met Simon sprak. Hun woede en verontwaardiging richtten zich op Petrus, omdat hij het had gewaagd zijn eigen kracht te vergelijken met een die zo groot was. Toen maande de heilige apostel tot stilte en zei: 'Wanneer de dode leeft, dan moet hij spreken; wanneer hij tot leven is gewekt, zal hij opstaan, rondlopen en praten. Het is alleen maar schijn, geen werkelijkheid, dat hij zijn hoofd heeft bewogen.' Ten slotte zei hij: 'Laat iemand Simon van de baar weghalen. Dan zal deze schijnvertoning zich niet nog eens voordoen.' Simon werd van de baar weggeleid, de dode lag daar zonder dat hij zich zichtbaar bewoog.

Petrus kwam nu dichterbij, bleef wel op enige afstand, was enige tijd verzonken in diepe gedachten en zei toen met luide stem: 'Jongen sta op, de Heer Jezus geneest je.' En meteen kwam de jongeling overeind, praatte, liep wat rond en at iets. Petrus bracht hem vervolgens naar zijn moeder. Toen men Petrus smeekte om de jongen niet te verlaten, antwoordde hij: 'Hij zal niet verlaten worden door Hem die hem liet opstaan; wij zijn slechts zijn dienaars. U, moeder, moet u geen zorgen maken om uw zoon en geen angst hebben: hij heeft zijn eigen beschermer.' Toen het volk zich tegen Simon keerde en hem wilde stenigen, zei Petrus: 'Het is voor hem voldoende straf dat hij moet erkennen dat zijn trucs niet werken. Laat hij in leven blijven en tegen zijn zin getuigen dat het koninkrijk van Christus groeit.'

14 Handelingen van Petrus 31-32 (180-190), in de Latijnse gecomprimeerde interpretatie van Pseudo-Hegesippus, rond 371 uitgebracht door Ambrosius in de bovengenoemde tekstuitgave van Ussani, p. 185

De magiër voelde zich pijnlijk getroffen door de grote faam van de apostel. Hij vermande zich, maakte maximaal gebruik van de kracht van zijn gezangen, verzamelde veel volk en beklaagde zich erover dat hij door de Galileeërs [bedoeld zijn Petrus en Paulus] was beledigd. Hij zou de stad verlaten, die hij steeds had gesteund en beschermd. Hij stelde een dag vast, en beloofde dat hij zou vliegen. Zijn vlucht zou hem wegvoeren naar hemelse plaatsen. De hemel zou zich voor hem openen, op welke dag hij maar wilde. Op de vastgestelde dag besteeg hij het Capitool, wierp zich van de hoge rots naar beneden en begon te vliegen. Het volk keek er met verbazing naar en aanbad hem. Heel veel mensen riepen uit dat hij werkelijk de 'kracht van God' was, en geen mens, omdat hij in staat was te vliegen. Zelfs Christus had zoiets niet gepresteerd. Daarop ging Petrus in hun midden staan en zei: 'Heer Jezus, laat hem zien dat zijn kunstjes niets voorstellen en dat het volk, dat door dit bedrog in hem dreigt te gaan geloven, niet misleid wordt. Laat hem neerstorten, Heer, maar wel zo dat hij nog levend zal moeten erkennen dat hij niets voorstelt.' En onmiddellijk, Petrus was nog niet uitgesproken, verschrompelden de vleugels die hij zich had aangemeten en stortte hij naar beneden. Hij was niet dood, maar had alleen zijn been gebroken. Ernstig verzwakt stemde hij erin toe dat hij naar Aricia werd overgebracht, waar hij ook is gestorven.

Het martelaarschap van Petrus

Aan het einde van de tweede eeuw werd er door christenen in Rome niet meer aan getwijfeld dat Petrus in Rome de martelaarsdood was gestorven. Zijn levenseinde wordt beschreven in het Martelaarschap van Petrus, dat deel uitmaakt van de Handelingen van Petrus, maar ook als een opzichzelfstaand document is uitgegeven.

15 Martelaarschap van Petrus 4-12 (180-190), *editio critica* van Zwierlein, *Petrus in Rom*, p. 405-425

Petrus, de apostel, verheugde zich in Rome met zijn broeders in de Heer en dankte God dag en nacht voor de grote mensenmassa's die dagelijks door zijn genade naar Jezus Christus werden geleid. Zo kwamen ook de vrouwen van de prefect Agrippa samen naar Petrus. Het waren er vier: Agrippina, Ikaria, Euphemia en Doris. Toen zij zijn preek over kuisheid hoorden en al die woorden van de Heer, brak hun hart en ze spraken met elkaar af dat ze kuis zouden blijven en geen omgang zouden hebben met Agrippa. Iedere dag oefende hij aandrang op hen uit. Omdat Agrippa radeloos en heel verdrietig was vanwege hun beslissing – want hij had hen zeer lief–, liet hij hen in de gaten houden. Hij stuurde spionnen achter hen aan, die hem moesten vertellen waar ze heen gingen. Zo kwam hij te weten dat Petrus hun doel was. Toen ze terugkeerden zei hij tegen hen: 'Dat jullie niet meer bij mij willen wonen, dat heeft Petrus met zijn verhalen over Christus jullie zeker geleerd? Weet goed, dat ik jullie te gronde kan richten en hem levend kan verbranden.' Zij verdroegen al het leed dat Agrippa hen aandeed, om maar niet door hem bevlekt te worden en vonden daarbij steun in de kracht van Jezus Christus.

Nu was er een heel mooie vrouw, de echtgenote van Albinus, een vriend van de keizer. Haar naam was Xantippe. Samen met andere getrouwde vrouwen kwam zij naar Petrus en vertelde dat zij eveneens afzag van de omgang met haar man. Albinus was razend van woede, want hij was nog altijd hopeloos verliefd op Xantippe. Pijnlijk getroffen omdat zij hem afwees werd hij wild als een dier en hij wilde Petrus ombrengen. Voor hem was het namelijk zonneklaar dat die de schuld ervan was dat zij niet meer het bed met hem wilde delen. Ook vele andere vrouwen scheidden, geïnspireerd door de preek over de kuisheid, van hun mannen, en een aantal mannen verliet hun vrouwen in hun verlangen om zuiver en waardig God te vereren. Zo heerste er in Rome grote onrust. Albinus maakte Agrippa duidelijk wat hem was overkomen en zei tegen hem: 'Agrippa, jij zorgt ervoor dat mij recht wordt gedaan tegenover Petrus, die mijn vrouw van mij heeft gescheiden, of ik wreek mij zelf.' Toen bekende Agrippa dat hij door toedoen van Petrus hetzelfde had ervaren. Albinus zei daarop: 'Wat aarzel je nog, Agrippa? Laten we hem gevangennemen en hem als een man die tovenarij bedrijft uit de weg ruimen en ons wreken, zodat we onze vrouwen terugkrijgen en ook degenen recht doen die niet zelf hun recht kunnen halen, maar wier vrouwen hij eveneens heeft afgepakt.

Terwijl ze dit bedachten, kwam Xantippe erachter wat haar man aan Agrippa had geadviseerd. Ze stuurde iemand naar Petrus om het hem te vertellen, zodat hij Rome snel kon verlaten. Ook de overige broeders raadden hem samen met Marcellus aan om weg te gaan. Petrus sprak echter tot hen: 'Broeders, moeten we als slaven op de vlucht slaan?' Zij antwoordden: 'Nee, dat niet, maar in het volle bewustzijn dat je de Heer nog kunt dienen, moet je omwille van ons in leven blijven.' Overtuigd door zijn broeders maakte Petrus zich op om zonder de anderen Rome te verlaten. Maar eerst zei hij nog tegen hen: 'Niemand van jullie mag met mij meegaan. Ik ga alleen, ik zal me eerst omkleden zodat ik er anders uitzie.' Toen hij door de stadspoort naar buiten wilde gaan, zag hij de Heer de stad Rome binnengaan. Petrus keek hem aan en sprak: 'Wat komt U hier doen?' En de Heer antwoordde hem: 'Ik ga Rome binnen om gekruisigd te worden.' Petrus zei tegen hem: 'Mijn Heer, zult U opnieuw gekruisigd worden?' En de Heer antwoordde hem: 'Ja Petrus, Ik zal opnieuw gekruisigd worden.' Petrus ging bij zichzelf te rade en toen hij de Heer naar de hemel zag opstijgen, keerde hij terug naar de stad Rome, met een blij gemoed en de Heer lovend, omdat Hij gezegd had dat Hijzelf nog een keer zou worden gekruisigd, waarmee Hij in feite aankondigde wat Petrus zou ondergaan.

Dus ging hij opnieuw naar zijn broeders en vertelde hun van de verschijning van de Heer. Toen zij dit hoorden waren ze bedroefd in hun hart. Ze weenden en zeiden tegen hem: 'We smeken je Petrus, denk aan ons die het geloof pas hebben ontvangen.' Petrus zei tot hen: 'Als het de wil van God is, zal het gebeuren, ook als wij het niet willen. De Heer heeft namelijk de macht jullie sterker te maken in het geloof in Hem en jullie tot een fundament van Hem te maken en verder te laten groeien, jullie, die Hij zelf heeft uitgekozen. Ook jullie zullen weer andere mensen in het geloof opnemen en door Hem tot leven brengen. Ik zal, zolang de Heer wil dat ik levend in het geloof blijf, Hem niet tegenspreken en ik zal, wanneer Hij mij bij zich wil opnemen, opnieuw juichen en mijn blijdschap tonen.'

Terwijl Petrus dit tegen hen zei en alle broeders tot tranen toe bewogen waren, grepen vier soldaten hem vast en voerden hem weg naar Agrippa. Die beval, ziekelijk achterdochtig, om Petrus te kruisigen.

Een hele menigte van broeders liep mee, rijk en arm, wees en weduwe, machteloos en machtig; ze wilden allemaal Petrus zien en hem uit handen van de soldaten bevrijden. Toen het volk zijn diepe emoties toonde en met één stem riep: 'Wat heeft Petrus voor slechts gedaan, Agrippa, waardoor heeft hij u zo boos op hem gemaakt? Zeg het aan de Romeinen! Rome komt in opstand wanneer deze man sterft!', was Petrus aangekomen op de plek waar de executie zou worden voltrokken. Hij probeerde de menigte tot kalmte te manen met deze woorden: 'Mannen die voor God krijgsdienst verrichten, mannen die jullie verwachtingen stellen op God, mannen die jullie leven leiden in dienst van Christus: denk aan de tekenen en wonderen die jullie door mij hebben gezien, denk aan het mededogen van God, hoe vele en hoe uiteenlopende wonderen Hij door ons onder jullie heeft volbracht. Wacht dus tot Hij zal komen en ieder zal belonen op grond van zijn daden voor Hem. Richt uw boosheid niet op Agrippa, want hij is slechts de dienaar van het gezag, de macht en het complot-denken van zijn vader. En zo komt nu de openbaring door mijn Heer uit dat dit mij zal overkomen. Maar wat talm ik en waarom ga ik niet direct naar het kruis.'

Toen hij naar het kruis was gelopen en ernaast stond, begon hij te spreken: 'O naam van het kruis, mysterie dat geheel voor ons verborgen is, o onuitsprekelijke genade, die in naam van het kruis is uitgesproken, o natuur van de mens, die niet van het kruis gescheiden kan worden, onzegbare en onscheidbare liefde, die door onreine lippen niet kan worden verkondigd, ik voel mij op dit moment, nu ik aan het einde van deze aardse gevangenis sta, gedwongen jou, mens, te openbaren wie je bent. Ik zal niets achterhouden van het reeds lang in mijn hart opgesloten en verborgen geheim van het kruis. Niet dit wat voor jullie zichtbaar is, mag in jullie verwachtingen op Christus de naam kruis dragen. Het kruis is namelijk iets anders dan het kruis dat jullie hier voor je zien. En zeker op dit moment, nu jullie, die in staat zijn te horen, naar mij luisteren in het laatste en afsluitende uur van het leven dat mij nog rest: luister goed. Maak jullie geest los van alles wat zich aan het oog voordoet, omdat het niet echt is. Maak blind jullie lijfelijke ogen, maak doof jullie oren voor wat zich in het openbaar voordoet en leer kennen wat eerder door Christus tot stand is gekomen, en het hele mysterie van de verlossing, dat overal wordt verkondigd, maar niet ten volle wordt gehoord. Nu is de tijd gekomen, Petrus, om je lichaam over te geven aan hen die het willen vastgrijpen. Neem hem dan gevangen die het recht op dit lichaam bezit. Ik vraag jullie, beulen: Kruisig mij met het hoofd naar beneden, en niet anders. Waarom ik dat wil, zal ik zeggen aan degenen die het willen horen.'

Toen zij hem aan het kruis hadden gehangen zoals hij had gevraagd, begon hij weer te spreken: 'Mannen, die het recht hebben om te luisteren, hoor nu wat ik, hangend aan het kruis, aan jullie zal verkondigen. Leer het mysterie van de hele natuur en de oorsprong van alle dingen kennen, hoe die in het begin was. Want de eerste mens, die ontstond in de gedaante die ik nu heb, werd met het hoofd naar beneden op de aarde geworpen en kwam tot leven op een bijzondere wijze, niet uit de dood, want dood is de materiële onbezielde natuur zelf, die ook geen beweging kent. Toen hij op aarde kwam en zijn oerbegin op de aarde wierp, vormde hij naar zijn eigen beeld de hele vorm van de kosmische ordening, waarin hij wat rechts was als links bestempelde en rechts noemde wat links was en waarin alle kenmerken hun natuurlijke betekenis verloren, zodat het mooie als lelijk gold en het van nature goede als slecht werd aangemerkt. Daarover zegt de Heer in het mysterie: 'Wanneer jullie niet rechts tot links maken en links tot rechts en dat wat boven is onder noemen en wat verder is naar voren halen, zullen jullie niet het koninkrijk van God betreden. Wanneer ik deze gedachte op mijzelf betrek <...> De positie, waarin jullie mij nu aan het kruis zien hangen is een voorstelling van die neergedaalde en door de geboorte in het bestaan getreden mens. De opdracht aan jullie, mijn dierbaren, die jullie nu horen en die jullie in de toekomst zullen horen, is om de eerste dwaalweg te verlaten en terug te keren naar het oorspronkelijke vaderland en om op te stijgen via het kruis van de Heer, die het uitgesponnen woord is, één en alleen, waarover de geest zegt: "Wat anders is Christus dan het woord, de echo van God?" Het woord staat voor dit rechtopstaande hout waaraan ik gekruisigd ben. De galm is de dwarsbalk, de natuur van de mens. De nagel, die de dwarsbalk in het midden van het rechtopstaande hout vasthoudt, is de bekering en de gedachteverandering van de mens.

Omdat U nu dit aan mij verkondigd en geopenbaard heeft, woord des levens, zoals nu op dit moment het hout door mij is genoemd, zeg ik U dank – niet met deze lippen, waarmee ik nu vastgenageld spreek, ook niet met de tong, waardoor waarheid en leugens naar buiten komen, en ook niet met dit woord, dat door een kunstgreep van de stoffelijke natuur ontstaat, maar ik zeg U dank met de stem die door stilzwijgen waargenomen wordt, die niet voortkomt uit organen van het lichaam, die niet tot lijfelijke oren doordringt, die niet in de verderfelijke natuur wordt genoemd, die niet in de wereld is en niet op de aarde is losgelaten en niet in boeken wordt opgeschreven, die niet voor de een gebod is en voor de ander niet. Ik dank U met dit zwijgen – uw stem – met de geest in mij, die U liefheeft en die tot U spreekt en U ziet, die U deelachtig wordt en die alleen voor uw geest herkenbaar is. U bent voor mij vader, moeder, broeder, vriend, dienaar, beheerder van het huis, U bent alles voor mij en alles staat vast in U, en buiten U is er voor niemand redding mogelijk. Neem dus ook jullie toevlucht tot Hem, broeders, en vernieuw jezelf. Want alleen in Hem is de zekerheid, dat jullie, zoals jullie geleerd hebben, dat deelachtig worden waarvan Hij zegt dat Hij het jullie zal geven: "Wat geen oog heeft gezien, geen oor heeft gehoord en evenmin in het hart van een zondig mens is gekomen." Wij bidden U, onbevlekte, om ons te geven wat U ons beloofd heeft. Wij loven U, terwijl wij U dankzeggen, en prijzen U, terwijl wij U smeken, en verheerlijken U, terwijl we nog zwakke mensen zijn. U bent immers de redder van onze zielen en God en Vader en enige Heer, en alleen U bent God en geen ander. U komt alle eer toe, nu en tot in eeuwen der eeuwen. Amen.'

Toen nu de menigte die om het kruis stond het 'Amen' met luide stem gelijk met hem naar de hemel had gezonden, gaf de apostel Petrus zijn geest over aan God. Marcellus zag dat de zalige Petrus de geest had gegeven en nam, zonder iemands mening te vragen, wat ook niet mogelijk zou zijn geweest, met zijn eigen handen het lichaam van het kruis en waste het met melk en wijn. Hij wreef vijftig pond mastix fijn en nog eens vijftig pond mirre, aloë en bladeren en zalfde zijn stoffelijke resten. Hierna vulde hij een grote, kostbare stenen kist met Attische honing en legde het lichaam erin. De apostel Petrus kwam 's nachts bij

Marcellus staan en zei: 'Heb je de Heer niet horen zeggen "laat de doden de doden begraven"?' Toen Marcellus dat bevestigde, zei Petrus tegen hem: 'Wat je aan de dode hebt besteed, heb je verloren; want hoewel je leeft heb je als een dode voor een dode gezorgd.' Nadat Marcellus was ontwaakt vertelde hij meteen over de verschijning aan zijn broeders, die door Petrus in het geloof in Christus gesterkt waren. Meer en meer mensen kwamen tot geloof in Christus, tot de komst van Paulus in Rome.

Nero vernam later dat Petrus om het leven was gebracht en had felle kritiek op de prefect Agrippa, omdat hij Petrus had laten ombrengen zonder zijn oordeel af te wachten. Hij was namelijk van plan geweest om hem veel harder te bestraffen en zich met meer geweld op hem te wreken. Petrus had immers ook enkele van zijn dienaren onderwezen en hen zo ontrouw aan hem gemaakt. Om die reden was Nero boos en sprak hij lange tijd niet met Agrippa. Nero stelde nu alles in het werk om alle broeders die door Petrus waren onderricht om te laten brengen. Maar 's nachts zag hij iemand die hem geselslagen toediende en tegen hem zei: 'Nero, je kunt nu niet de dienaren van Christus vervolgen of te gronde richten; houd je handen van hen af.' Door deze verschijning werd Nero zeer angstig en zag af van een vervolging van de leerlingen in die tijd waarin Petrus het leven verliet. In de jaren die volgden waren de leerlingen eensgezind in hun blijdschap en vreugde in de Heer en ze prezen de Vader en de Zoon en de Heilige Geest, die de eer toekomt tot in de eeuwen der eeuwen. Amen.

16 Handelingen van Petrus en Paulus (na de vierde eeuw), Pseudo-Marcellus 63

Onmiddellijk verschenen er heilige mannen. Ze waren daarvoor nog door niemand gezien en zouden daarna ook door niemand nog gezien worden. Ze zeiden dat ze omwille van Petrus uit Jeruzalem waren gekomen. Samen met Marcellus, een edele man, die het geloof had aangenomen, Simon Magus had verlaten en Petrus was gevolgd, droegen ze het lichaam heimelijk weg en legden het onder een terebint naast de Naumachie op een plaats die Vaticanus wordt genoemd.

Het martelaarschap van Paulus in Rome

Vaak wordt gezegd dat Petrus en Paulus tegelijk in Rome werden gedood, maar in de Handelingen van Paulus wordt verteld dat hij later dan Petrus werd gedood. Nu speelt Nero wel een belangrijke rol.

17 Martelaarschap van Paulus, Pseudo-Linus 1-7 (einde vierde eeuw), *editio critica* in Zwierlein, *Petrus in Rom*, p. 427-437

Lucas, die uit Galatië was gekomen, en Titus uit Dalmatië waren in Rome in afwachting van de komst van Paulus. Toen deze hen zag was hij zeer verheugd en hij besloot daarom buiten Rome een schuur te huren, waarin hij vervolgens samen met zijn broeders het woord van de waarheid onderrichtte. Zijn faam verspreidde zich snel tot in de verre omgeving en vele mensen getuigden van het geloof in de Heer, zodat er in Rome veel over werd gepraat en een groot aantal mensen uit het huis van de keizer naar Paulus toekwam en onmiddellijk vertrouwde op zijn boodschap, tot grote blijdschap van Paulus en zijn toehoorders. Ook een wijnschenker van de keizer, Patroclus genaamd, ging laat in de avond naar de schuur. Vanwege het grote aantal mensen daar kon hij echter niet bij Paulus komen. Daarom ging hij zitten in een hoog venster en probeerde het woord van God te horen. Omdat de boze duivel echter jaloers was op de liefde tot de Heer en op de redding van de broeders, viel Patroclus in slaap. Hij viel van de vensterbank naar beneden en 'blies zijn laatste adem uit'. Onmiddellijk werd zijn dood door dienaren aan Nero gemeld. Maar Paulus overdacht het voorval en sprak: 'Mannen, broeders, de boze heeft een gelegenheid gevonden om ons op de proef te stellen. Ga naar buiten. Jullie zullen daar een dienaar vinden die naar beneden is gevallen en nu zijn laatste adem uitblaast. Breng hem naar mij toe. Ze gingen naar buiten en brachten de dienaar naar hem toe. Toen de menigte hem zag raakte iedereen in grote verwarring. En Paulus sprak: 'Nu zal ons geloof duidelijk zichtbaar worden. Laten we allen in tranen onze Heer Jezus Christus smeken dat deze man leeft en dat wij niet meer lastiggevallen worden.' En toen allen de Heer hierom smeekten, stond de jongeman op uit de dood en kreeg zijn levensadem weer terug. Zij hielpen hem overeind en deden hem, samen met de andere aanwezigen, uitgeleide uit het huis van de keizer.

De keizer werd door het bericht van de dood van Patroclus vervuld van grote droefheid, en toen hij na een bad aan tafel terugkwam, benoemde hij een ander tot chef van de wijn. De dienaren zeiden echter tegen hem: 'Keizer, Patroclus leeft en staat al weer bij de wijntafel. De keizer liet hem bij zich komen. Toen hij de keizerlijke eetzaal was binnengegaan zei de keizer: 'Patroclus, je leeft?' En hij antwoordde: 'Ja, ik leef.' Daarop vroeg de keizer: 'En wie is het die jou weer levend heeft gemaakt?' Gedragen door de gedachte aan het geloof antwoordde Patroclus: 'Jezus Christus, de koning van de hele kosmos en van alle tijden.' De keizer raakte daarop in grote verwarring en vroeg: 'Is hij ook degene die zal heersen tot in de eeuwigheid en een einde zal maken aan alle koninkrijken onder de hemel?' En Patroclus gaf als antwoord: 'Ja, want hij is koning in de hemel en op aarde, Jezus Christus, en hij maakt niet alleen een einde aan de koninkrijken onder de hemel, maar aan ieder rijk van de duisternis, aan de macht van de dood en de kracht van het slechte. Hij is de enige aan wiens koninkrijk tot in eeuwigheid geen einde zal komen en zijn heerschappij kan hem niet ontnomen worden.' De keizer sloeg hem in het gezicht en zei: 'Patroclus, verricht ook jij krijgsdienst voor deze koning?' En hij zei: 'Ja, want hij was het die mij uit de dood heeft opgewekt.' Daarop zeiden Justus, de platvoet, en Orion, de Kappadociër, en Hepaistus, de Galaat, die de hoogste in rang waren onder de lijfwachten van Nero: 'Ook wij verrichten krijgsdienst voor de eeuwige koning.' De keizer liet hen in de boeien slaan en folteren, hoewel hij hen zeer liefhad, en hij stuurde spionnen erop uit om de soldaten van de grote koning te zoeken. Ook vaardigde hij een edict uit met de volgende strekking: 'Allen, van wie wordt aangetoond dat ze christen zijn, moeten worden omgebracht.'

Ook Paulus werd samen met vele anderen geboeid voorgeleid. Alle medegevangenen hielden hun blik op hem gericht, vol spanning wat Paulus zou antwoorden, zodat de keizer zou begrijpen dat hij de aanvoerder van deze soldaten was. En Nero sprak tegen hem: 'Man van de grote koning en legeraanvoerder, wat denk je wel, dat je in het geheim het door de Romeinen beheerste gebied kunt binnendringen en soldaten uit mijn koninkrijk kunt rekruteren?' Paulus antwoordde ten overstaan van allen: 'Niet alleen uit uw rijk trekken we soldaten aan, maar uit de hele wereld. Ons is namelijk opgedragen om niemand uit te sluiten die bereid is voor mijn koning krijgsdienst te verrichten. Daarom ben ik, als u het zo wilt horen, soldaat in zijn dienst. Want niet rijkdom of wat in het leven schitterend is, zal u redden, maar als u in mijn koning Jezus Christus gelooft, zal hij u redden. Hij zal namelijk op een dag over de wereld oordelen in rechtvaardigheid.' Toen de keizer dit allemaal had gehoord, beval hij alle gevangenen in het vuur te verbranden, maar Paulus te onthoofden, overeenkomstig de wet van de Romeinen. Paulus deed er echter niet het zwijgen toe, maar verkondigde aan allen het woord van God en liet het ook horen aan de prefect Longinus en de centurio Cescus. Maar Nero voelde zich in Rome door de hardnekkige inwerking van het boze gedwongen om vele christenen om te brengen, zodat uiteindelijk de Romeinen zich bij het paleis verzamelden en riepen: 'Het is genoeg, keizer. Dit zijn onze mensen. U richt de macht van Rome te gronde.' Daarop bond hij in en liet in een edict vastleggen dat niemand de christenen iets mocht aandoen, totdat hij hun zaak had onderzocht.

Toen Paulus na het uitvaardigen van het edict aan hem werd voorgeleid, bleef Nero bij zijn besluit en zei: 'Onthoofd deze man, zodat hij geen aanspraak kan maken op iets dat van een ander is.' Paulus zei daarop: 'Door mijn koning leef ik niet voor korte tijd. Dit moet u goed weten: Wanneer u mij zult laten onthoofden, zal ik het volgende doen: Wanneer ik weer ben opgewekt zal ik aan u verschijnen, zodat u goed weet dat ik niet gestorven ben, maar leef voor mijn koning Jezus Christus, die over de hele bewoonde wereld zal oordelen.' Longinus en Cescus zeiden echter tegen Paulus: 'Vanwaar komt deze koning, dat jullie zo op hem vertrouwen en niet bereid zijn van mening te veranderen en zelfs de dood minachten?' Paulus antwoordde hun: 'Jullie, die in onwetendheid en dwalingen gevangen zijn, verander van mening en laat je redden voor het vuur dat over de hele bewoonde wereld trekt. Want het is anders dan jullie vermoeden. Wij verrichten geen krijgsdienst voor een koning op aarde, maar voor de levende en in eeuwigheid verblijvende God in de hemel, die vanwege de in de wereld om zich heen grijpende wetteloosheid als rechter van de levenden en de doden komt. Gelukzalig de man die vóór de komst van God in Hem heeft geloofd: Hij zal leven in eeuwigheid, wanneer Hij komt om de aarde te reinigen en te verbranden.' Longinus en Cescus zeiden echter: 'Wij smeken je, help ons en zorg ervoor dat we zo worden – en we zullen je vrijlaten.' Paulus echter zei: 'Ik ben geen slaaf die op de vlucht is en jullie bewijzen mij hier geen dienst mee, maar ik ben een aan mijn eed gebonden soldaat van Christus. Want als ik zou weten dat ik sterf, Longinus en Cescus, zou ik vluchten; maar omdat ik weet dat ik leef door mijn koning Christus, ga ik vol vreugde naar Hem toe om met Hem te komen in de heerlijkheid van zijn Vader.' Na deze woorden zeiden ze tot hem: 'En hoe moeten wij, als jij bent onthoofd, op onszelf aangewezen verder leven?'

Terwijl ze over dit soort zaken praatten, stuurde Nero Parthenius en Pheres om te controleren of Paulus al was onthoofd. Ze vonden hem nog in leven. Paulus sprak hen aan en zei: 'Geloof in de levende God, die mij en degenen die in Hem geloofd hebben uit de dood opwekt.' Zij antwoordden hem: 'Wij gaan intussen terug naar Nero; wanneer jij echter sterft en wordt opgewekt, zullen wij in jouw God geloven.' Toen Longinus en Cescus verder vragen stelden over hun redding zei Paulus: 'Wanneer jullie kort na mijn dood naar mijn graf zullen komen zullen jullie daar twee mannen in gebed aantreffen, Titus en Lucas. Zij zullen jullie het zegel in Christus geven.' En Paulus wendde zich naar het oosten, strekte zijn handen uit en bad geruime tijd in het Hebreeuws. Toen hij zijn gebed had beëindigd, maakte hij hen deelachtig aan zijn woorden, sprak het Amen uit en bood zijn hals aan voor de doodsteek. Toen hij zweeg en niet meer praatte, sloeg de soldaat zijn hoofd af. Zodra het hoofd van zijn lichaam was gescheiden, spatte er melk op de mantels van de soldaten. En de mensen eromheen, die getuige waren van de executie, verwonderden zich en prezen God dat hij zoveel genade aan Paulus had geschonken. Daarna gingen ze weg en meldden aan Nero wat er was gebeurd.

Terwijl de keizer nog in opperste verbazing was en niet wist wat hij moest doen, kwam Paulus rond het negende uur bij hem. Een aantal filosofen, staatsbeambten en rijke en voorname Romeinen stond erbij en ook de centurio was aanwezig. En voor iedereen goed zichtbaar sprak Paulus: 'Keizer, kijk goed, de soldaat van God is niet dood, maar leeft. U echter zal veel kwaads overkomen als vergelding voor het bloed van vele rechtvaardige mensen dat u vergoten hebt. Na enkele dagen zal het kwaad aanvangen.' Nero geraakte in grote verwarring en gaf bevel alle gevangenen vrij te laten, zowel Patroclus als alle anderen.

En precies zoals Paulus het hun had opgedragen, begaven de centurio en zijn metgezellen zich in de vroege morgen op pad en gingen met angst en beven naar het graf van Paulus. Toen ze het genaderd waren, zagen ze mannen in gebed, Titus en Lucas, en tussen hen beiden in Paulus, zodat ze bij deze aanblik door grote schrik werden bevangen. Titus en Lucas zetten het op een lopen, omdat ze nu eenmaal mensen waren en in paniek raakten. Zij echter renden achter hen aan en probeerden hen in te halen: 'Niet om jullie te doden rennen we achter jullie aan, dienaren van Christus, maar om van jullie het eeuwige leven te ontvangen, zoals Paulus het ons heeft opgedragen, toen hij over jullie sprak, hij die kort geleden nog in jullie midden verkeerde en met jullie in gebed verzonken was.' Toen ze dit hoorden, lieten ze de mannen bij zich komen en prezen God. Ze gaven hun het zegel in Christus door de genade van onze Heer Jezus Christus, wiens faam reikt tot in de eeuwigheid. Amen

18 Tertullianus, *De scorpiace* 15, 1-4 (rond 203)

Dat de apostelen veel hebben geleden, weten we. Die kennis is voor iedereen toegankelijk. Zoveel wordt mij duidelijk als ik de Handelingen van de apostelen doorneem. Meer vragen heb ik niet. De kerkers daar, de boeien, gesels, stenen en zwaarden, de agressie van de Joden, de samenkomsten van de heidenen, de aanklachten van de tribunen, de audiënties van de koningen, de rechterstoelen van de proconsuls en de naam van de keizer, ze behoeven geen nadere verklaring. Dat Petrus werd afgeslacht, Stephanus werd overweldigd door stenen, Jakobus werd neergehouwen als offer op het altaar en Paulus uiteen werd getrokken, is met hun eigen bloed geschreven. Als een ketter alleen vertrouwen heeft in een openbaar verslag, dan zullen de rijksarchieven spreken, evenals de stenen van Jeruzalem. We lezen de keizerlevens. Nero heeft als eerste het ontluikende geloof met bloed bezoedeld. In die tijd werd Petrus 'door een ander omgord', toen hij aan het kruis gebonden werd. Paulus kreeg zijn nieuwe geboorte overeenkomstig het Romeinse burgerrecht, toen hij in Rome door zijn hoogstaande martelaarschap opnieuw geboren werd.

Martelaarschap en graven van Petrus en Paulus in Rome

In de tweede eeuw brachten de christenen nog een argument naar voren om hun stelling dat Petrus en Paulus in Rome hadden gepreekt en daar onder Nero de martelaarsdood waren gestorven te ondersteunen: hun graven. Gaius wees rond 200 de zegetekenen aan die steeds meer werden beschouwd als de graven van de beide apostelen.

19 Eusebius, *Kerkgeschiedenis* 2,25,1-8 (begin vierde eeuw)

Toen zijn heerschappij al stevig was gevestigd, bedacht Nero allerlei misdadige plannen en richtte hij zijn woede op de verering van de ene almachtige God. Het is niet de bedoeling van deze studie om de morele slechtheid van Nero te beschrijven. Omdat vele auteurs nauwkeurige biografieën van de keizer hebben geschreven, heeft ieder die het wil de mogelijkheid daaruit zelf de gruwelijke waanzin van deze vreemde man te leren kennen, waarmee hij zonder enige redelijkheid zo vele duizenden mensen in het verderf heeft gestort. Hij dreef zijn moordpartijen zo ver door dat hij zijn naaste verwanten en zijn beste vrienden nooit ontzag, maar zelfs zijn moeder, zijn broers en zijn vrouw en ontelbare andere familieleden, alsof het zijn persoonlijke tegenstanders of staatsvijanden betrof, op verschillende manieren liet ombrengen. Aan de informatie van de schrijvers over hem zou ik nog dit moeten toevoegen, dat hij de eerste keizer was die als vijand van de verering van God optrad.

Dit brengt de Romein Tertullianus onder onze aandacht in ongeveer de volgende bewoordingen: 'Leest u uw geschiedenisboeken er maar op na, dan zult u zelf te weten komen dat Nero eerst dit geloof vervolgde en, nadat hij de ontplooiing ervan had verhinderd, in Rome verschrikkelijk tegen alle gelovigen tekeerging. Wij zijn er trots op dat zo'n slecht mens ons gestraft heeft. Want wie hem kent, weet dat alleen het zeer goede door Nero werd veroordeeld.'

Zo liet hij, die als voorvechter van de strijd tegen God op aller lippen is, zich verleiden tot het ombrengen van de apostelen. In Rome werd onder zijn heerschappij Paulus onthoofd en werd Petrus gekruisigd, zoals historici berichten. Deze mededeling wordt ook bevestigd door de namen van Petrus en Paulus op de graven daar, die tot op de dag van vandaag bewaard gebleven zijn, en door de uitlating van een man, Gaius geheten, die leefde toen Zephyrinus bisschop van Rome was. Hij zegt in een dialoog, die hij voerde met Proclus, een voorman van de Frygische sekte, en later publiceerde, het volgende over die graven, waar de heilige stoffelijke resten van de genoemde apostelen rusten: 'Ik zal de zegetekenen van de apostelen aanwijzen. Wanneer je naar het Vaticaan of over de weg naar Ostia wilt gaan, zal je de zegetekenen vinden van hen die deze kerk gesticht hebben.'

Beide apostelen hebben tegelijkertijd het martelaarschap ondergaan, zo is de opvatting van Dionysius, bisschop van Korinte. In een brief aan de Romeinen schrijft hij in de volgende bewoordingen: 'Daarom hebben jullie ook met zulke sterke richtlijnen dat wat Petrus en Paulus in Rome en Korinte hebben geplant met elkaar verbonden. Want beiden hebben, toen ze in onze stad Korinte het geloof begonnen te planten, ons gelijkelijk onderricht en toen ze ons later ook in Italië gelijktijdig onderrichten, stierven ze in diezelfde tijd de martelaarsdood.'

De verdwijning en terugkeer van de vervolger

Nero wordt zwaar gestraft voor zijn misdaden tegen Petrus en Paulus. Zelfs zijn graf is onvindbaar.

20 Lactantius, *Over de dood van de vervolgers* 2,5-8 (rond 300)

Toen Nero al keizer was, kwam Petrus naar Rome en bracht met enige wonderen, die hij verrichtte dankzij de hem door de goddelijke almacht verleende kracht van God, velen tot gerechtigheid. En hij bouwde voor God een ware en sterke tempel. Toen dat aan Nero werd doorgegeven en hij erachter kwam dat niet alleen in Rome maar overal grote menigten mensen zich afkeerden van de verering van de godenbeelden en overgingen op de nieuwe godsdienst, nadat ze de oude vervloekt hadden, sprong hij als een laakbare en misdadige tiran naar voren om de hemelse tempel te verwoesten en de gerechtigheid te vernietigen. Als eerste vervolgde hij de dienaren van God; hij liet Petrus kruisigen en Paulus [met het zwaard] ombrengen. Maar zijn wangedrag bleef niet onbestraft. God bekommerde zich namelijk om het lijden van zijn volk. De onmachtige tiran werd van de hoogte van zijn gezag in de diepte neergeworpen. Plotseling was hij verdwenen, zodat zelfs de plaats van het graf van dat slechte beest op aarde niet bekend is. Daarom ging een aantal waanzinnige lieden geloven dat hij was meegenomen en levend bewaard werd om, zoals hij al de eerste vervolger was, zo ook als de laatste terug te keren en vooraf te gaan aan de komst van de antichrist, zoals de sibille zegt: 'De moedermoordenaar die op de vlucht is zal vanuit een uithoek van de aarde komen.' Het is een zonde dat te geloven. Zoals enkele van onze schrijvers vertellen dat twee profeten levend zijn overgebracht naar het einde der tijden voor het heilige en eeuwige rijk van Christus, wanneer Hij vanuit de hemel op aarde zal komen, zo geloven zij dat Nero zal terugkeren als voorloper en voorbode van de duivel, wanneer deze komt om de aarde te verwoesten en het menselijk geslacht uit te roeien.

29 juni: het feest van Petrus en Paulus

Oorspronkelijk was 29 juni het feest van de stichting van Rome door Romulus en Remus. De christenen 'kaapten' deze datum en maakten er de feestdag van Petrus en Paulus van, de stichters van het nieuwe Rome

21 Bisschop Leo I, *Preek* 82 (midden vijfde eeuw)

Zij [de apostelen Petrus en Paulus] zijn jullie heilige vaders en ware herders. Zij hebben jullie, in jullie verlangen om deelgenoot te worden aan de hemelse heerschappij, veel beter en veel gelukzaliger 'gesticht', dan die tweeling, wier tweedracht uitmondde in broedermoord. Zodoende zijn jullie als 'heilig geslacht', als 'uitverkoren volk', en als 'priesterlijke en koninklijke gemeente', door de heilige stoel van de gelukzalige Petrus het hoofd van de hele wereld geworden en hebben jullie wijd en zijd de meest vooraanstaande positie verworven op grond van jullie goddelijke religie en niet vanwege de Romeinse heerschappij in de wereld.

Petrus en Paulus stichters van de kerk van Rome

Vanaf het eind van de tweede eeuw kwamen er berichten in omloop dat Petrus de eerste bisschop van Rome was geweest.

22 Irenaeus, *Adversus Haereses* 3,1,1 (ca. 185) = Eusebius, *Kerkgeschiedenis* 5,8,2-4 (begin vierde eeuw)

In dezelfde tijd dat Matteüs bij de Joden in hun Hebreeuwse taal het evangelie opschreef, verkondigden Petrus en Paulus het evangelie in Rome en stichtten daar de kerk. Na hun dood heeft Marcus, de leerling en uitlegger van Petrus' denkbeelden, zelf de boodschap van Petrus opgeschreven en aan ons doorgegeven. En Lucas, die Paulus volgde, heeft de boodschap die door hem was verkondigd in een boek opgenomen. Vervolgens heeft Johannes, de leerling van de Heer, die aan zijn borst neerlag, ook zelf de boodschap doen uitgaan toen hij in Ephese verbleef.

Opvolgers van Petrus en Paulus

23 Irenaeus, *Adversus Haereses* 3,3,3 (ca. 185) = Eusebius, *Kerkgeschiedenis* 5,6,1-2 (begin vierde eeuw)

De heilige apostelen hebben dus de kerk gesticht en ingericht. Aan Linus hebben zij het episcopaat om de kerk te besturen doorgegeven. Van deze Linus maakt Paulus melding in zijn brieven aan Timoteüs. Anacletus volgde hem weer op. Na hem werd Clemens, gerekend na de apostelen, de derde bisschop. Hij heeft de gelukzalige apostelen zelf nog gezien en verkeerde met hen. Toen hij hun nog naklinkende prediking en de traditie voor ogen had, was hij niet alleen. Want er waren toen nog velen in leven die door de apostelen waren onderricht.

Deze Clemens werd opgevolgd door Evaristus en Alexander volgde Evaristus op. Vervolgens werd Xustus als zesde na de apostelen aangesteld. Na hem kwam Telesiphorus, die eveneens op roemrijke wijze getuigenis heeft afgelegd van zijn geloof. Vervolgens kwam Hyginus, na hem Pius en na hem Anicetus. Soter volgde Anicetus op. Nu bezet Eleutherus als twaalfde na de apostelen de bisschopszetel.

24 Damasus, *Epigram* 26 (ca. 380)

Wie de namen van Petrus en Paulus zoekt, moet weten dat hier voorheen de heiligen hebben gewoond. Het Oosten zond zijn leerlingen, iets wat wij spontaan toegeven. Maar dankzij de verdienste van hun bloed – zij volgden Christus door de sterren en bereikten hemelse velden en het rijk van de vromen – heeft Rome het voorrecht verdiend om aan te voeren dat zij zijn burgers zijn.

25 Hiëronymus, *De viris illustribus* 5 (begin vijfde eeuw)

Hier werd hij [Paulus] omwille van Christus onthoofd in het veertiende jaar van de regering van Nero, op dezelfde dag dat Petrus in Rome werd gedood. Hij werd begraven aan de Via Ostiensis, zevenendertig jaar na het lijden van de Heer.

BIBLIOGRAFIE

Over Petrus is veel minder geschreven dan over Jezus en Paulus. Maar nog altijd zo onnoemelijk veel dat ik mij ervan bewust ben dat ik van de omvangrijke Petrus-literatuur vermoedelijk slechts een zeer klein gedeelte heb gelezen. De volgende studies heb ik geraadpleegd:

S. L. Adams, *Social and economic Life in Second Temple Judea*, Louisville, Kentucky 2014

K. Armstrong, *De grote transformatie, het begin van onze religieuze tradities* (vertaling van *The Great Transformation*), Amsterdam 2005

K. Armstrong, *Paulus. Onze liefste vijand* (vertaling van *St. Paul*), Amsterdam 2015

The Anchor Yale Bible Dictionary (red. D.M. Freedman), New Haven & Londen 1992

D.E. Aune, *The New Testament in its Literary Environment*, Philadelphia 1989

M. Beard, J. North & S. Price, *Religions of Rome* (twee delen), Cambridge 1998

T. Bissell, *Apostle. Travels among the Tombs of the Twelve*, New York 2016

S. de Blaauw, *Cultus et decor. Liturgie en architectuur in laatantiek en middeleeuws Rome*, Delft 2007

H.K. Bond & L.W. Hurtado (red.), *Peter in Early Christianity*, Grand Rapids, Michigan, Cambridge 2015

Chr. Böttrich, *Petrus. Fischer, Fels und Funktionär*, Leipzig 2001

D. Burkard, 'Petrus in Rom? – eine Fiktion? Die Debatte im 19. Jahthundert', in: St. Heid (red.), *Petrus und Paulus in Rom. Eine interdisziplinäre Debatte*, Freiburg im Breisgau 2011, p. 32-66

A. Carandini, *Su questa pietra. Gesù, Pietro e la nascita della chiesa*, Rome 2015

P. Chatelion Counet, *Belichting van het Bijbelboek 1 & 2 Petrus / Judas*, 's Hertogenbosch 2006

P. Chatelion Counet, *Genie of misgeboorte. Zeven vooroordelen over de apostel Paulus*, 's-Hertogenbosch/Mechelen 2009

M. Clauss, *Ein neuer Gott für die alte Welt. Die Geschichte des frühen Christentums*, Berlijn 2015

O. Cullmann, *Petrus – Jünger – Apostel – Martyrer*, Zürich 1960

J.D. Crossan, *The Historical Jesus. The Life of a Mediterranean Jewish Peasant*, New York 1992

J.D. Crossan, *Jesus. A revolutionary Biography*, New York 1994

W. Dahlheim, *Die Welt zur Zeit Jesu*, München 2013

E. Dassmann, 'Petrus in Rom? Zu den Hintergrunden eines alten Streites', In: St. Heid (red.), *Petrus und Paulus in Rom. Eine interdisziplinäre Debatte*, Freiburg im Breisgau 2011, p. 13-31

M. Dickie, *Magic and Magicians in the Greco-Roman World*, Londen & New York 2003

E. Fagels, *The Origin of Satan*, New York 1996

E. Fagels, *Het vreemdste bijbelboek. Visioenen, voorspellingen en politiek in Openbaring* (vertaling van *Revelations, Visions, Prophecy and Politics in the Book of Revelation*), Amsterdam 2012

J. Gnilka, *Petrus und Rom. Das Petrusbild in der ersten zwei Jahrhunderten*, Freiburg 2002

M. Goodman, *Rome and Jerusalem. The Clash of Ancient Civilizations*, Londen 2007

I. Gradel, *Emperor Worship and Roman Religion*, Oxford 2002

B. Green, *Christianity in Ancient Rome. The first three centuries*, Londen & New York 2010

L. H. Grollenberg, *Nieuwe kijk op het oude boek*, Amsterdam 1974

Ch. Guignebert, *The Jewish World in the Time of Jesus*, Londen 1939 (reprint 1996)

P. Guyot & R. Klein (red.), *Das frühe Christentum bis zum Ende der Verfolgungen*, (twee delen), Darmstadt 1993-1994

St. Heid (red.), *Petrus und Paulus in Rom. Eine interdisziplinäre Debatte*, Freiburg im Breisgau 2011

M. Hengel, *Der unterschätzte Petrus. Zwei Studien*, Tübingen 2007

K. Heussi, *Die römische Petrustradition in Kritischer Sicht*, Tübingen 1955
P.H.R. van Houwelingen, *1 Petrus. Rondzendbrief uit Babylon*, Kampen 2010
C.J. den Heyer, *Paulus. Man van twee werelden*, Zoetermeer 1998
R. Krautheimer, *Profile of a City, 312-1308*, Princeton 2000
K-S. Krieger, *Was sagte Jesus wirklich*, Münsterschwarzach 2003
H. Küng, *Jezus* (vertaling van Jesus), Utrecht 2013
P. Lampe, 'Traces of Peter Veneration in Roman archaeology' in: H.K. Bond & L.W. Hurtado (red), *Peter in Early Christianity*, Grand Rapids, Michigan. Cambridge 2015, p. 273-320.
P. R. Lapide, *Wie waren er schuldig aan de dood van Jezus?* (vertaling van: *Wer war schuld an Jesu Tod?*), Kampen 1988
A. J. Lamping, *Ulrichus Velenus (Oldrich Velenský) and His Treatise against Papacy (diss.)*, Leiden 1975
R. Lenaers, *Jezus van Nazaret. Een mens als wij?* Kalmthout 2015
P. Leupen, *Gods stad op aarde. Eenheid van kerk en staat in het eerste millennium na Christus*, Amsterdam 1996
B.J. Lietaert Peerbolte, *Paulus en de rest. Van farizeeër tot profeet van Jezus*, Zoetermeer 2010
G. Lohfink, *Jesus von Nazaret. Was er wollte. Wer er war*, Freiburg 2011
J. R. Markley, 'Reassessing Peter's Imperception in Synoptic Tradition' in: H.K. Bond & L.W. Hurtado (red), *Peter in Early Christianity*, Grand Rapids, Michigan, Cambridge 2015, p. 99-108.
C. Marvin Pate, *Questions about the Historical Jesus*, Grand Rapids 2015
S. Mason, *Josephus and the new Testament*, Grand Rapids 2003
N. Matsier, *Het evangelie volgens Nicolaas Matsier*, Amsterdam 2011
W.A. Meeks, *The First Urban Christians. The Social World of the Apostle Paul*, New Haven-Londen 1983
P. Meier, *A Marginal Jew: Rethinking the Historical Jesus* (dln. 1-5), New Haven 1991-2015
F. Meijer, *Vreemd Volk. Integratie en segregatie in de Grieks-Romeinse wereld*, Amsterdam 2007
F. Meijer, *Paulus. Een leven tussen Jeruzalem en Rome*, Amsterdam 2012
F. Meijer, *Jezus en de vijfde evangelist*, Amsterdam 2015
E. Meijering, *Geschiedenis van het christendom van de jood Jezus van Nazareth*

tot de Romeinse keizer Constantijn, Amsterdam 2004
B. M. Metzger, *Der Kanon des Neuen Testaments: Entstehung, Entwicklung, Bedeutung* (vertaling van: *The Canon of the New testament: Its Origin, Development and Significance*), Ostfildern 1993
E.M. Meyers & M.A. Chancey, *Alexander to Constantine. Archaeology of the Land of the Bible*, New Haven & Londen 2012
J. Murphy-O'Connor, *The Holy Land. An Archaeological Guide from Earliest Times to 1700*, Oxford 1992
J. Murphy-O'Connor, *Paul. A Critical Life*, Oxford 1996.
E. Norelli, *La nascita del christianesimo*, Bologna 2014
J.L. Palache, *Inleiding in de talmoed*, Amstelveen 1984
P. Parvis, 'When Did Peter Become Bishop of Antioch?', in: H.K. Bond & L.W. Hurtado (red), *Peter in Early Christianity*, Grand Rapids, Michigan, Cambridge 2015, p.263-272
R. Pesch, *Simon Petrus*, Stuttgart 1980
P. Raedts, *De uitvinding van de katholieke kerk*, Amsterdam 2013
J. Ratzinger (Benedikt XVI), *Jesus von Nazareth*, Freiburg 2007
C. R. Ross, *The Other Christus. Imitating Jesus in Ancient Christian Ideologies of Martyrdom*, Oxford 2010
E.P. Sanders, *Jesus and Judaism*, Londen 1985
E.P. Sanders, *The Historical Figure of Jesus*, New York 1993
P. Schäfer, *Geschichte der Juden in der Antike*, Stuttgart 1983
E. Schillebeeckx, *Jezus. Het verhaal van een levende*, Bloemendaal 1974
E. Schürer, *The History of the Jewish People in the Age of Jesus Christ (175 B.C.-A.D.135): A new English Version* (rev. ed. G. Vermes, F. Millar & M. Black vol I, Edinburgh 1973 (herdruk 2015)
V. G. Shillington, *James and Paul. The Politics of Identity at the Turn of the Ages*, Minneapolis 2015
P.A. van Stempvoort, *Petrus en zijn graf te Rome*, Baarn 1960
P. Tomson, *De zaak Jezus en de Joden*, Zoetermeer 2001
P. Trouillez, *Van Petrus tot Constantijn. De eerste christenen*, Leuven 2002
G. Vermes, *Jesus the Jew: A Historian's Reading of the Gospels*, Londen 1973
G. Vermes, *Christian Beginnings. From Nazareth to Nicaea, AD 30-325*, Londen 2013

R. Wallace & W. Williams, *The Acts of the Apostles. A Companion*, Bristol 1993

M. H. Williams, 'From Shimon to Petros – Petrine Nomenclature in the Light of Contemporary Onomastic Practises, in: H.K.Bond & L.W. Hurtado (red), *Peter in Early Christianity*, Grand Rapids, Michigan, Cambridge 2015, p. 30-45

B. Witherington, *Women in the Ministry of Jesus*, Cambridge 1984

O. Zwierlein, *Petrus in Rom. Die literarischen Zeugnisse*, Berlijn 2010

O. Zwierlein, *Petrus und Paulus in Jerusalem und Rom. Vom Neuen Testament zu den Apokryphen Apostelakten*, Berlijn 2013

NOTEN

Volgeling

1. Het meer wordt ook het Meer van Tiberias genoemd naar de gelijknamige stad.

2. Flavius Josephus, *De Joodse Oorlog* 3,506-509; vertaling F.J.A.M. Meijer & M.A. Wes.

3. Volgens Flavius Josephus lag Betsaïda in het lagere gedeelte van de regio Gaulanitis, in de vlakte ten westen van de Golanhoogte, aan de oever van de Jordaan (Josephus, *De Joodse Oorlog* 2,168; 3,57).

4. Deze gedachte ontleen ik aan Williams, in: Bond & Hurtado (red.), p. 34.

5. Zie Williams, in: Bond & Hurtado (red.), p. 40.

6. 1 Kor. 1:12; 3:22; 9:5; 15:5; Gal. 1:18; 2:9; 2:11; 2:14.

7. Kepha betekent niet alleen rots, maar ook steen. Als we Matt. 16:18 wat nader beschouwen dan is de aanduiding rots wat al te gemakkelijk. Dan lijkt het erop alsof de evangelist Jezus wil laten zeggen: Jij bent Petrus/steen en op deze petra/rots zal ik mijn kerk bouwen. Zie voor meer informatie over de omvorming van de naam Hengel 32-39. Hij wijst ook op teksten van de Qumrangemeenschap, waarin Kêph eveneens in de betekenis van rots voorkomt, en noemt de belangrijkste literatuur over deze kwestie. Zie ook Williams, in: Bond & Hurtado (red.), p. 38-44.

8. Heel helder worden de verschillen uitgelegd door Tomson, p. 46-48 en 162.

9. Josephus, *De Joodse Oorlog* 2, 119-161.

10. Zie Meijer (2015), p. 111-114.

11. In het geschiedwerk van Flavius Josephus (*De Oude Geschiedenis van*

de Joden 18,117-118) komt de profeet naar voren als een charismatisch man, die bij velen bewondering afdwong. Josephus, die over vermeende profeten en zelfverklaarde leiders meestal niet erg positief is, betitelt hem als een goed man, die de Joden opriep deugdzaam te leven en tegenover elkaar gerechtigheid te betrachten, en eerbied voor God. Zijn propaganda voor een rechtvaardig leven en de weerklank van zijn preken brachten grote volksmenigten op de been. Maar zo belangrijk als bij de evangelisten is Johannes de Doper niet bij Josephus. De Joodse geschiedschrijver zet hem in het woelige tijdsbeeld neer als een zelfstandige prediker met een immense populariteit, niet als wegbereider, als voorloper van Jezus.

12. Zie Tomson, p. 50-51.

13. Babylonische Talmoed, Traktaat Berakot 34 b.

14. Josephus, *Uit mijn leven* 10-12.

15. Het evangelie van Marcus zag rond het jaar 70 het licht, de evangeliën van Matteüs en Lucas dateren vermoedelijk van tussen 80 en 90, en Johannes schreef zijn evangelie rond het jaar 100. Al in het vroege christendom zag men dat er een grote gelijkenis was tussen de evangeliën van Marcus, Matteüs en Lucas. In de achttiende eeuw legden theologen de drie evangeliën naast elkaar en constateerden dat inhoud en structuur grotendeels overeenkomen. Veel passages zijn bijna letterlijk hetzelfde. Om die reden worden deze evangeliën de synoptische (afgeleid van *synopsis* = gezamenlijke beschouwing) genoemd.

16. Zie voor deze lijsten ook Meier, deel 1, p. 130 en Marvin Pate, p. 229-230.

17. Deze gegevens heb ik overgenomen uit Meier, deel 3, p. 41.

18. Als beheerder van de gelden van de Jezusgemeenschap ontpopt hij zich als een dief (Joh. 12:6) en hij verraadt Jezus voor dertig zilverlingen (Matt. 26:14-16; Marc. 14:10-11; Luc. 22:3-6). Judas' spijt mag hem niet baten. Uiteindelijk pleegt hij zelfmoord (Matt. 27:3-10; Hand. 1:18-19).

19. Zie ook Matt. 12:46-50 en Luc. 8:19-21.

20. Deze gegevens zijn ontleend aan E. Feldmeier, 'Die Darstellung des Petrus in den synoptischen Evangeliën', in: P. Stuhlmacher (red.), *Das Evangelium und die Evangeliën. Vorträge vom Tübinger Symposium 1982*,

Tübingen 1983, 267-271. Wanneer we de lengte van de verschillende evangeliën in ogenschouw nemen, 11078 woorden bij Marcus, 18298 bij Matteus en 19448 bij Lucas, kunnen we zeggen dat hij door Marcus het vaakst wordt genoemd.

21. Tomson, p. 62 wijst op een lofzang uit Qumran, die bestaat uit aaneengeregen Bijbelse uitdrukkingen, vooral uit de Profeten. Daarin wordt beschreven hoe God en zijn messias gevangenen bevrijden, blinden het gezicht teruggeven, de doden doen herleven en ootmoedigen de goede boodschap verkondigen.

22. Zie ook Marc. 8:27-30; Luc. 9:18-21.

23. Zie Markley, in: Bond & Hurtado (red.), p. 107.

24. Küng, p. 115.

25. Herodotus, *Historiën* 3,40,1-3,43,2. Polykrates had van zijn vriend Amasis, de koning van Egypte, die bang was dat de grote voorspoed van zijn vriend de woede van de goden zou wekken, de raad gekregen om het kostbaarste dat hij bezat weg te gooien. Anders zou het wel eens slecht met hem kunnen aflopen. Polykrates volgde de raad op, voer de volgende dag de zee op en gooide zijn zegelring, waaraan hij zeer gehecht was, in zee. Enkele dagen later ving een visser een buitengewoon grote vis. Hij schonk die aan Polykrates. De kok sneed de vis in stukken en vond de ring. De strekking van het verhaal: de mens kan zijn lot niet ontlopen.

26. Zie Pesch, p. 35.

27. Er is ook een andere interpretatie mogelijk van deze tempelbelasting, die overigens niets afdoet aan Jezus' opdrachten aan Petrus. Matteüs schreef zijn evangelie meer dan tien jaar nadat de Tempel van Jeruzalem in 70 in vlammen was opgegaan. De tempelbelasting bestond niet meer, maar nu moesten de Joden een verplichte bijdrage leveren voor de instandhouding van de tempel van Jupiter op het Capitool (de *Fiscus Judaicus*). Voor de relatie tussen Jezus en Petrus maakt het niet veel uit of Matteüs deze belasting op het oog had en niet de verplichte bijdrage aan de Tempel in Jeruzalem. Jezus was intussen de kruisdood gestorven en Petrus had de leiding over de Jeruzalemgemeente op zich genomen. Matteüs moet dat hebben geweten en om de continuïteit te handhaven moest Petrus uitspraken doen en handelingen verrichten

die in lijn waren met de ideeën en daden van Jezus. Het was te veel gevraagd aan de evangelist om Petrus als een tweede Jezus te portretteren, maar met de anekdote van de tempelbelasting portretteerde hij hem in ieder geval als een volgeling wiens geloof snel groeide, en die op termijn kon uitgroeien tot een ware vertegenwoordiger van Jezus op aarde.

28. Je kunt de terechtwijzing ook negatief opvatten. Petrus is de prominentste van de leerlingen, maar hij onderscheidt zich vooral in negatieve zin. Daarom wijst Jezus hem terecht.

29. In het evangelie van Matteüs (21:20) zijn het de leerlingen die zich verbaasd afvragen waarom de vijgenboom zo plotseling verdorde, niet alleen Petrus.

30. Petrus wordt tijdens het laatste avondmaal en in de hof van Getsemane tegenover Judas geplaatst. Hij is de loyale leerling die zich probeert vrij te pleiten, Judas is de schurk die er het zwijgen toe doet. Tot dan toe is hij bij de evangelisten niet echt in beeld geweest en wordt hij geportretteerd als een meeloper. Maar vanaf nu wordt het anders. Voor even wordt hij de meest besproken leerling van Jezus. Zijn latere berouw en zijn zelfdoding, als hij de gevolgen van zijn verraad overziet (Matt. 27:3-10), mogen hem niet baten. Aan zijn imago valt niets meer te verbeteren. Bij Johannes is er sprake van een gelijkstelling van Judas met de andere Joden die Jezus' boodschap niet omarmen. Zij hebben, net als hij, 'de duivel als vader' (Joh. 8:44). Hij is het prototype geworden van de Joden die niet deugen. Petrus, die de volgende ochtend zijn meester zal verloochenen, wordt zijn tegenpool. Zijn Joodse identiteit is in de latere christelijke literatuur geen punt van discussie. Hij wordt geleidelijk getransformeerd van Joodse leerling van Jezus tot stichter van de kerk, zoals we in het tweede deel zullen zien. Zijn tekortkomingen en verloochening van Jezus worden hem niet aangerekend. Zie Lapide, p. 26-43.

31. Het eerste gedeelte van deze paragraaf is overgenomen uit Meijer (2015), p. 289-290.

32. Zie voor uitgebreidere informatie over deze leiders Meijer (2015), p. 131-140.

33. Shillington stelt in een interessant betoog op p. 149 de vraag of

de 'geliefde leerling' wellicht Jezus' broer Jakobus was. De broederliefde van Jezus zou zijn speciale positie verklaren.

34. Het evangelie van Tomas is een verzameling van aforismen, spreekwoorden, parabels, profetische uitspraken en gemeenschapsregels die in naam van Jezus bewaard zijn gebleven. Het gaat om een verzameling van 114 gezegden, die vermoedelijk vanuit het Grieks in het Koptisch zijn vertaald. Ze worden gedateerd rond het einde van de tweede eeuw. De teksten werden aangetroffen in Nag Hammadi in Egypte. De eerste woorden luiden: 'Dit zijn de geheime uitspraken van Jezus, de Levende, ze zijn opgeschreven door Judas Tomas.' Hoewel er gelijkenissen zijn met de synoptische evangeliën is er in de wetenschappelijke wereld nog altijd een discussie gaande of het evangelie van Tomas afhankelijk is van de evangeliën van Marcus, Matteüs en Lucas of daar volkomen los van staat.

35. De bewuste gebeurtenis wordt in Handelingen 22:6-11 en 26:12-18 eveneens ter sprake gebracht. Zie voor verklaringen voor het visioen Meijer (2012), 73-78.

Voorganger in de verkondiging

1. In Exodus 34:22 staat: Vier het Wekenfeest wanneer je de eerste opbrengst van de tarweoogst binnenhaalt. In Leviticus 23:15-16 lezen we: Vanaf die dag na de sabbat, vanaf de dag dat de schoof omhooggeheven is, moeten zeven volle weken worden afgeteld tot de dag na de zevende sabbat. Vijftig dagen moeten jullie aftellen. Van het Griekse woord *Pentèkostè* (vijftig) is Pinksteren afgeleid.

2. Zie Tomson, p. 103-104.

3. Josephus, *De Oude Geschiedenis van de Joden* 18,4-5.

4. Josephus, *De Oude Geschiedenis van de Joden* 20,97-98.

5. Zie Armstrong (2015), p. 31-33.

6. Het Griekse woord voor vrijgelatene *libertinoon* is ontleend aan het Latijnse *libertinus*. Romeinse burgers waren in twee categorieën verdeeld: de *ingenui*, de vrijgeborenen en de *libertini*, voormalige slaven die door hun meester waren vrijgelaten. Joden van geboorte die slaaf wa-

ren geworden van de Romeinen en later waren vrijgelaten of niet-Joodse slaven (of vrijgelatenen) van Romeinse burgers die tot het Jodendom waren bekeerd, werden tot de vrijgelatenen gerekend. Wallace en Williams, p. 44 vragen zich terecht af of voldoende mensen van deze categorie naar Jeruzalem verhuisd waren om een redelijk grote groep te vormen. Ik ben het met hen eens dat een zeer oude correctie in de tekst, *Libustinon* (Libiërs) in plaats van *libertinoon* aantrekkelijk is. Het plaatst hen naast de inwoners van Cyrene en Alexandrië.

7. Het aanbieden van geld door Simon Magus aan Petrus om hem de bevoegdheden te geven om mensen te bekeren en zieken beter te maken werd later in een begrip vastgelegd: simonie, het kopen of verkopen van geestelijke functies. Vanaf de vierde eeuw was er geregeld sprake van simonie.

8. Hiëronymus, *De viris illustribus* 2. Dat Jakobus al in 32 de leiding op zich nam lijkt mij niet erg waarschijnlijk, omdat in die tijd Petrus, de overige leerlingen van Jezus en de Griekssprekende predikers nog volop bezig waren met de vraag hoe de geloofsverbreiding georganiseerd moest worden. In ieder geval was Jakobus in 42, toen Petrus uit de gevangenis ontsnapte, wel een van de belangrijkste personen van de Jeruzalemgemeente.

9. Clemens van Alexandrië geeft rond 200 in zijn werk *Stromateis* 3,53 een verklaring waarom Paulus terughoudend was met zijn kritiek. De gehuwde apostelen richtten hun aandacht uitsluitend op de prediking zonder zich te laten afleiden. Hun vrouwen trokken mee, niet zozeer als echtgenotes, maar meer als assistenten in de verkondiging van de boodschap. Zij hadden toegang tot vrouwenclubs die voor de mannen moeilijker toegankelijk waren. Ook voor de gehuwde apostelen was onthouding het grootste ideaal. Ze hadden geen seksuele relaties meer met hun vrouwen, omdat, zo schrijft Clemens, 'de zinnelijke hartstocht in de liefde van een christen voor zijn vrouw geen rol (meer) speelt'. Ik vond deze passage in Hengel, p. 201-202, die ook nog andere commentatoren uit latere eeuwen noemt.

10. Zie Armstrong (2015), p. 64-65.

11. Zie Fagels (1995), p. 56-57.

12. Deze gedachte heb ik ontleend aan Hengel, p. 25-26.

13. Zie voor de overtocht met veel tegenspoed mijn *Paulus' zeereis naar Rome. Een reconstructie*, Amsterdam 2000.

Petrus in Rome?

1. Suetonius, *Leven van Augustus* 28,3.

2. Zie Goodman, p. 383-394.

3. Cassius Dio, *Romeinse geschiedenis* 17,1-2; vertaling G.H. de Vries.

4. Tacitus, *Historiën* 5,5; vertaling J.W. Meijer.

5. Goodman, p. 526.

6. Suetonius, *Leven van Claudius* 25,4. Ook het jaar 49 wordt genoemd als datum voor de verdrijving van de Joden uit Rome. In Meijer (2012), 176-177 heb ik uitgebreid aandacht aan deze kwestie besteed.

7. Een goed voorbeeld is C. Erbes, 'Petrus nicht in Rom, sondern in Jerusalem gestorben', *Zeitschrift für Kirchengeschichte* 22 (1901), p. 1-47. Hij brengt een boeiend element naar voren: in Handelingen *van Petrus* wordt gesproken over twee prefecten van Nero: Agrippa en Albinus. Volgens hem waren zij geen Romeinen. Agrippa was de koning van de Joden voor wie Paulus zichzelf moest verdedigen (Hand. 25:13-26:32). Albinus was de Romeinse prefect die in 62 Festus in Jeruzalem opvolgde (Josephus, *De Oude Geschiedenis van de Joden* 20, 199-200). De christenen in Rome konden dat doen omdat er vanuit Jeruzalem geen tegengeluiden kwamen, aangezien die stad na de verwoesting door de Romeinen in 135 nauwelijks nog Joden onder zijn inwoners telde.

8. Zie B. Bagatti, S.J. Saller, J.T. Milik, *Gli Scavi del* Dominus Flevit *(Monte Oliveto, Gerusalemme)*, Jeruzalem 1958-1964.

9. Dit zijn de namen: Epinetus, Maria, Andronikus, Junia, Ampliatus, Urbanus, Stachys, Apelles, Aristobulus, Herodion, de huisgenoten van Narcissus, Tryfena en Tryfosa, Persis, Rufus en zijn moeder, Asynkritus, Flegon, Hermes, Patrobas, Hermas en de broeders en zusters die bij hen samenkomen, Filologus en Julia, Nereus en zijn zuster, en Olympas.

10. Josephus, *De Oude Geschiedenis van de Joden* 20, 200. Zie ook Eusebius, *Kerkgeschiedenis* 2,23,16-18; Hiëronymus, *De viris illustribus* 2. Euse-

bius vertelt dat de Schriftgeleerden en Farizeeën bang waren dat het hele Joodse volk zijn verwachting op Christus zou stellen. Ze probeerden Jakobus de 'rechtvaardige' in 62 zover te krijgen dat hij de mensen zou overtuigen om niet de dwaalleer van Jezus te volgen. Ze brachten hem naar een van de vleugels van de Tempel om het woord tot hen te richten, maar Jakobus deed precies het tegendeel van wat ze van hem verwachtten: hij riep uit dat Jezus nu in de hemel zat aan de rechterhand van God. Zijn opponenten werden boos en wierpen Jakobus naar beneden. Omdat hij niet direct dood was werd hij vervolgens gestenigd.

11. De Eerste Brief van Petrus is door velen bestudeerd. Een prachtige analyse geeft Chatelion Counet. Heel diepgaand is Van Houwelingen.

12. Zie Van Houwelingen, p. 12.

13. Zie *Secunda Scaligerana*, Amsterdam 1740, p. 504.

14. Josephus, *De Oude Geschiedenis van de Joden* 18, 371-372.

15. Jes. 13; 43:14; Jer. 50-51; Dan. 1-7.

16. In het boek Openbaring 14:8, 16:19, 17:5 en 18:2 wordt Babylon geassocieerd met Rome.

17. De suggestie werd al in 1955 gedaan door Karl Heussi, maar heeft pas kort geleden door toedoen van Otto Zwierlein de aandacht gekregen die zij verdient. Zie Heussi, p. 36-41 en Zwierlein (2010), p. 7-12.

18. Brief aan Diognotus 5.

19. Eusebius, *Kerkgeschiedenis* 4,23,11 (Dionysius) en 5,6,1-3 (Irenaeus). Het citaat van Irenaeus is te vinden in *Adversus Haereses* 3,3,3.

20. Ik ga er na enige aarzeling van uit dat Ignatius' Brief aan de Romeinen echt is, al ben ik mij ervan bewust dat velen hem niet aan Ignatius toeschrijven. Hij zou zijn geschreven in het laatste kwart van de tweede eeuw. Zie Zwierlein (2010), 31-33; 183-237.

21. Tertullianus, *De corona militis* 3; *Traditio apostolica* 42.

22. Justinus Martyr, *Dialoog met de Jood Trypho*, 11,130.

23. *Corpus Inscriptionum Latinarum* 6, 567. Zie Zwierlein, p. 132.

24. Irenaeus, *Adversus Haereses* 1,23,1.

25. Er zijn vijf vroege apocriefe Handelingen van apostelen: Handelingen van Andreas (ca. 150), Handelingen van Petrus (180-190), Handelingen van Paulus (185-195), Handelingen van Johannes (ca.250) en Handelingen van Tomas (ca.250). Later volgden er vele bewerkingen.

26. Ik baseer mij hier op Metzger, p.175-176.

27. Hegesippus wordt meestal genoemd als de vertaler van het werk van Flavius Josephus. Wie hij was is niet duidelijk. Vandaar dat gesproken wordt van Pseudo-Hegesippus. Ambrosius zou in het werk van deze bewerker parafrases van de confrontaties tussen Petrus en Simon Magus hebben opgenomen. Bij het weergeven van de teksten van Handelingen van Petrus in de appendix heb ik vanwege de beknoptheid gekozen voor deze versie. Ik volg hier Zwierlein (2010), p. 36-61.

28. Het verhaal is niet meer te vinden in de oudste versie van de Handelingen van Petrus, maar in een papyrusfragment, uit de zesde eeuw, het zogeheten Koptische fragment 1-18, Berliner Papyri 8502.

29. Clemens van Alexandrië, *Stromateis* 3,52.

30. Het verhaal over de dochter van Petrus is in de middeleeuwen erg populair geworden. In de *Legenda Aurea*, waarin Jakobus van Voragine rond 1260 allerlei heiligenlevens beschrijft, is ook een verhaal gewijd aan de dochter van Petrus, die daar de naam Petronilla krijgt. De legende speelt zich niet meer af in Jeruzalem maar in Rome. Het is een hoogst merkwaardig verhaal. Petrus' dochter was zeer mooi en daarom (!) had zij voortdurend hoge koorts. De leerlingen aan tafel vragen Petrus om haar beter te maken. Hij voldoet aan hun verzoek. Vervolgens maakt hij haar weer ziek. Maar toen haar liefde voor God heel groot werd, genas hij haar wederom. De prefect Flaccus raakte betoverd door haar schoonheid en wilde haar meenemen naar zijn huis, maar Petronilla wilde zich uitsluitend aan God wijden. Zij vastte en bad en verkoos na drie dagen de dood.

31. Tacitus, *Annales* 15,38-41.

32. Suetonius, *Leven van Nero* 38.

33. Suetonius, *Leven van Nero* 16,2.

34. Tacitus, *Annales* 15,44, 2-5.

35. Zie voor een uitvoerige analyse Zwierlein (2010), p. 82-85.

36. Volgens Lactantius (*De dood van de vervolgers* 44,3-6) liet hij zijn mannen de volgende dag op de aangegeven plaats het Chi-Rhoteken schilderen, de eerste twee letters van de Griekse vorm van de naam van Christus (ΧΡΙΣΤΟΣ) die door elkaar heen werden geschreven. Later beweerde Eusebius (*Leven van Constantijn* 1,27-32), een persoon-

lijke vriend van Constantijn, dat hij op klaarlichte dag aan de hemel een kruisteken, of iets dat daarop leek, met de Griekse woorden EN TOUTΩI NIKA ('overwin hierin') had gezien. In het Latijn wordt dit vaak vertaald als *In hoc signo vinces* ('in dit teken zul je overwinnen'). Vervolgens zou Christus aan hem in een droom zijn verschenen en hem hebben opgedragen dat teken na te maken en als militaire standaard voor de troepen uit te dragen.

37. Niet-christenen waren er minder zeker van dat Constantijn een teken van de god van de christenen had gekregen. Hij had wel vaker visioenen gehad. Een anonieme redenaar uit Gallië schreef al in 310, twee jaar voor het befaamde visioen bij de Milvische Brug, in een lofrede op Constantijn (*Panegyrici Latini* 7 [6] 12) dat de aanstaande keizer in een visioen Apollo had gezien, in het gezelschap van de overwinningsgodin Victoria, die hem een laurierkrans aanbood. De verschillende visies op het visioen van Constantijn worden behandeld door P. Weiss, 'The vision of Constantine'. In: *Journal of Roman Archaeology* 16 (2003), p. 237-259.

38. T.D. Barnes, 'Another shall Gird Thee: Probabative Evidence for the Death of Peter' in: Bond & Hurtado (red.), p. 76-98 gaat nog verder. Naar zijn mening is Petrus (van wie hij zeker weet dat hij in Rome is geweest), niet gekruisigd – die traditie komt pas in de tweede helft van de tweede eeuw op – maar verbrand, ergens langs de oever van de Tiber. Zijn lichaam zou nooit zijn gevonden. Hij vindt steun in het verslag van Tacitus (*Annales* 15,44,4) dat de christenen als lichtgevende fakkels werden verbrand.

39. B.M. Apollonj Ghetti, A. Ferrua, E. Josi, E. Kirschbaum, *Esplorazioni sotto la confessione di San Pietro in Vaticano eseguite negli anni 1940-1949*, Vaticaanstad 1951.

40. M. Guarducci, *La reliquia di Pietro sotto la confessione della basilica vaticana*, Vaticaanstad 1965.

41. Guarducci kreeg van een medewerker van de archeologische dienst van het Vaticaan te horen dat de botten in 1942 door monseigneur Ludwig Kaas, die toezicht hield op de opgravingen, waren weggehaald en ergens in de Grotten onder de Basiliek van Constantijn waren verborgen. Over de reden waarom hij dat deed bestaat veel onzeker-

heid. Er wordt verteld dat hij van mening was dat de archeologen, met wie hij niet op goede voet stond, de botten wilden ruimen of wilden achterlaten in het puin. Bang dat ze verloren zouden gaan nam hij ze mee. Ik ontleen deze informatie aan J.E. Walsh, *The Bones of Saint Peter: A Fascinating Account of the Search fort he Apostle's Body*, Londen 1982; zie ook Bissell, p. 142, die overigens vertelt dat Kaas de botten opborg in een kamer van het pauselijk appartement.

42. Ik heb deze tekst gevonden in J. Zangenberg, 'Gebeine des Apostelfürsten? Zu den angeblich frühchristlichen Gräbern unter der Peterskirche in Rom', in: J. Zangenberg en M. Labahn (red.), *Christians as a Religious Minority in a Multicultural City. Modes of Interaction and Identity Formation in Early Imperial Rome (Journal for the Study of the New Testament Supplement Series 243*), Londen 2004, p. 108-138, noot 18. Zangenberg geeft een mooie beschrijving van de theorieën over het graf van Petrus en analyseert de archeologische data.

43. Dagblad Trouw, de verdieping, 19-11-2013; www.nos.nl/artikel 578805. Zie ook www.rk.documenten.nl. Wel werd in een uitzending van Radio Vaticana vermeld dat ook archeologen in het Vaticaan het er nog altijd niet over eens zijn of het hier echt gaat om het gebeente van Petrus.

44. Ik baseer mij hier op Lampe in: Bond & Hurtado (red,) p. 274-275. Zie voor een gedetailleerde beschrijving van het tropaion en de inpassing in de Basiliek van Petrus De Blaauw, p. 232-235.

45. Zie Zwierlein (2010) p. 4-7. W. Weber, 'Die Suche nach dem Petrusgrab. Zu den archäologischen Untersuchungen im Bereich der Confessio von St. Peter in: Heid (red.), p. 67-113 geeft een uitgebreide verhandeling over de zoektocht naar het graf van Petrus; zie ook H. Mielsch, 'Die Umgebung des Petrusgrabes im 2. Jahrhundert', in: Heid (red), p. 383-404 en H. Brandenburg, 'Die Aussagen der Schriftstellen und der archäologischen Zeugnisse zum Kult der Apostelfürsten in Rom', in: Heid (red.), p. 351-382. Ik heb ook de nodige gegevens gevonden in Carandini, p. 126-140.

46. Lampe, in: Bond & Hurtado (red.), p. 269.

47. Ambrosius, *Hymne* 12.

48. Augustinus, Brief 29,10.

49. Gregorius van Tours, *Liber in gloria martyrum* 27,54.

50. Op 29 juni 2009 werden de bevindingen naar buiten gebracht. Naast botresten werden in de sarcofaag ook stukjes lichtblauw en paars textiel met gouden draden aangetroffen, evenals wierookkorrels en rode vlasweefsels. Voor paus Benedictus XVI vormde dit onderzoek het 'bewijs' dat Paulus' graf was geïdentificeerd.

51. Deze traditie begint met een preek van Origenes (*Homilia in Lucam* 6). Daarin staat dat Ignatius de tweede bisschop van Antiochië was, na Petrus. Later zou Petrus naar Rome zijn gegaan. Zie voor deze suggestie Parvis, in: Bond & Hurtado (red.), p. 263-272.

52. Ambrosius, *Hymne* 12.

53. Ik vond deze uitspraak bij Böttrich, p. 264.

54. Zie Raedts, p. 45.

55. Het zou overigens tot ca. 1200 duren voordat de term Vicarius Christi onder paus Innocentius III (1198-2016) werd opgenomen in de officiële titulatuur.

56. Ik baseer mij hier op Böttrich, p. 261-267 en Raedts, p. 33-47.

57. Zie voor een lijst van de zevenentwintig stellingen Leupen, p. 152-153.

58. *Pastor Aeternus* 2,7. Ik heb deze tekst overgenomen uit RK. Documenten.nl.

59. Het *symbolum (apostolicum)* is de geloofsbelijdenis, die terug zou gaan op teksten van het Nieuwe Testament. Bisschop Irenaeus zou de tekst voor het eerst hebben opgeschreven.

60. *Lumen Gentium* 1,8. Ik heb deze tekst overgenomen uit RK. Documenten.nl.

61. We kunnen het lezen in het traktaat *Adversus Catharos et Valdenses* van de dominicaan Moneta van Cremona uit 1743. Hij maakt zich daarin kwaad over de Waldensers, die de kerk ervan beschuldigden dat ze op alle mogelijke manieren, onder meer met een inspectie van gevonden botten, proberen het ontbreken van gegevens te compenseren. Zie Lamping, p. 90.

62. Zie Dassmann, in: Heid (red.), p. 18. Hij citeert de woorden van Luther in diens *Evangeliën-Auslegung*, uitgegeven door E. Mülhaupt, Göttingen 1938, 551 ev.

63. Ik volg hier Lamping, p. 74-138.

64. Pier Francesco Foggini, *De Romano divi Petri itinere et episcopatu eiusque antiquissimis imaginibus Exercitationes historico-criticae*, Florence 1741. Zie ook H.J de Jonge, 'The study of the New Testament', in: Th Lunsingh Scheurleer, e.a. (red.), *Leiden University in the Seventeenth Century. An Exchange of Learning*, Leiden 1975, p. 86.

65. Hugo Grotius, *Commentatio ad loca quaedam Novi Testamenti, quae de antichristo agunt, aut agere putantur*. Zie Lamping, p. 198.

66. Fredericus Spanheim (jr.), *Dissertationum historici argumenti quaternio*, Leiden 1679. Het traktaat is in 1703 herdrukt in zijn postuum gepubliceerde *Opera. Tomus Secundus*, p. 331-380, onder de titel *Dissertatio tertia de ficta profectione Petri Apostoli in urbem Romam, deque non una traditionis origine*. Zie ook Lamping, p. 202.

67. J.G. Herbst, 'Über der Aufenthalt Petri zu Rom. Zugleich ein Beytrag zur ältesten christlichen Chronologie' in: *Tubinger Theologische Quartalschrift* 2 (1820), p. 567-626.

68. Ik baseer mij hier op Burkard in: Heid (red.), p. 42-43.

69. E. Zeller, 'Die Sage von Petrus als römischen Bischof', in: *Deutsche Rundschau* 2 (1875), p. 224. Burkard, in: Heid (red.), p. 33, 52-54 gaat uitgebreid op het standpunt van Zeller in.

70. Dit is het standpunt van Franz Xaver Funk in zijn *Lehrbuch der Kirchengeschichte*, Paderborn 1902. Zie voor zijn opvatting in samenhang met andere visies Burkard, in: Heid (red.), p. 57-58.

71. Hengel, p. 160. Zie ook Gnilka, p. 122, noot 35: 'Der Petrusaufenthalt in Rom wird heute nicht mehr ernsthaft bestritten'.

72. Zie ook Matt. 8:14-17; Luc. 4:38-39; 1.Kor. 9:5.

73. De andere inscripties zijn Matt. 16:16-17; 16:19; Luc. 22:32; Joh. 21:15-16; 21:17.

REGISTER VAN TEKSTEN

BIJBELTEKSTEN: OT

BIJBELTEKSTEN: NT

Matteüs

Lucas

Johannes

JOODSE WERKEN

APOCRIEFE CHRISTELIJKE TEKSTEN EN KERKVADERS

OVERIGE TEKSTEN

KERKELIJKE DOCUMENTEN